改变，从阅读开始

踏遍荒山军见松

李新百年诞辰纪念文集

本书编辑组 / 编

山西出版传媒集团
山西人民出版社

本书编辑组：陈铁健　邵维正　肖甡　黄修荣

李新夫妇 1949 年在河北正定

20 世纪 50 年代初初为人父的李新

1955年的全家福

即使在艰苦的环境里也时刻不忘读书的李新

下笔前的凝思

昆明湖畔的眺望

1986 年在广州

编书组同志到李老家聚会
左起,坐者曹玲、胡庆云、李新、邵维正、李义彬。立者陈铁健、常丕军、李玉贞、肖甡。

目 录

李新生平简介 …………………………………………… 1

序 …………………………………………… 金冲及 / 01

永远怀念恩师李新同志 …………………………… 李良志 / 001
回忆李新及其组织编写三部著作的情况 ………… 李义彬 / 007
缅怀恩师李新老师 ………………………………… 杨云若 / 014
怀念导师李新 ……………………………………… 陈铁健 / 029
李新师教我做学问 ………………………………… 邵维正 / 045
实事求是、秉笔直书 ……………………………… 姜华宣 / 057
对我一生影响最大的学者李新 …………………… 杨天石 / 068
参编《中国新民主革命通史》受益终生 ………… 肖　甡 / 084
东厂胡同四十余年前 ……………………………… 李玉贞 / 094
回忆李新先生 ……………………………………… 耿云志 / 104
颛戴李新导师 ……………………………………… 梁澄宇 / 111
永恒的怀念 ………………………………………… 黄修荣 / 123
我记忆中的李新先生 ……………………………… 章百家 / 126
恩师李新 …………………………………………… 潘　荣 / 132

斯人已去　风范长存……………………………汪朝光 / 139
寻找真实是最好的纪念……………………………李大兴 / 147

附录　李新回忆文章（选自《流逝的岁月：李新回忆录》）

我为什么写回忆录………………………………………… *161*
风雨巴山…………………………………………………… *165*
中共北方局整风记………………………………………… *228*
与任弼时的三日长谈……………………………………… *241*
八角亭编书记……………………………………………… *250*

后记………………………………………………………… *275*

李新生平简介

李新，1918年9月15日生于四川省荣昌县（现属重庆市）安富镇一个富于革命传统的家庭中，其父曾参加过同盟会和辛亥革命时的保路同志会。

1934年考入川东师范学校。1935年他积极参加了"一二·九"运动，被推为重庆学联主席。1936年遭学校开除后，到万县民众教育馆三正埠分馆任主任馆员，同年冬加入中国共产党。1938年初与同学罗义淮（后曾任军事学院秘书长）、王方名（作家王小波之父）、李直（作家李锐之父）等步行到延安，同年在陕北公学毕业后，到八路军西安办公处任招生委员。1939年返回延安任《中国青年》助编（主编胡乔木），同年秋任西北青年救国会第二剧团指导员兼团长，率该团赴华北抗日前线。其后历任中共北方局青年干部训练班主任（副主任彭梦庚，后曾任江西省副省长、省委秘书长、内蒙古自治区政府常务副主席），中共北方局、晋冀鲁豫中央局组织部（部长刘锡五）组织科长，晋冀鲁豫中央局青委书记，中共河南杞县县委书记。1946年任北平军事调处执行部整军小组成员、第十八集团军驻北平办事处滕代远将军中校秘书兼党支部书记。同年秋任中共河北永年县委书记兼围城司令部政委（司令员李大磊，后为解放军少将）。1948年任华北局青委负责人之一（另一负责人许世平，后曾任国务院知青办主任）。同年秋任华北大学一部副主任（主任由教务长钱俊瑞兼）。1949年任该校正定分校主任。

从1950年初起，投入中国人民大学的筹备工作。该校于当年秋成立后，历任教务部副部长（部长由副校长胡锡奎兼）、党委副书记、中国革命史教研室主任、历史研究所所长等职，并曾兼任团委书记。1956年任中央社会主义学院教务长、党组成员。1960年任中国文字改革委员会秘书长、党组副书记。

从1956年起，受高等教育部委托，开始与蔡尚思、陈旭麓、孙思白、彭明共同主编《中国新民主主义革命时期通史》（全书共4卷，于1961年完成）。1960年被高等教育部评定为教授。1961年至1962年，协助吴玉章写作《辛亥革命》和《历史文集》两部著作。1962年后辞去一切行政职务，调至中国科学院近代史研究所任研究员，专心从事研究工作，协助范文澜编写《中国通史简编》。

1972年，接受周恩来和董必武布置的编写民国史的任务，开始主编《中华民国史》。1978年，任中国社会科学院近代史研究所副所长、党委副书记（所长、书记刘大年，另一副所长、副书记黎澍）。同年在胡乔木院长的领导下，开始主编《中国新民主主义革命通史》（全书12卷，于1996年完成）。1980年，任中共中央党史编审委员会党史研究室副主任（主任胡乔木）。同年被增补为第五届全国政协委员，并担任文史资料工作委员会副主任委员（主任委员王首道）。在全国政协会议上，率先提出"撤社建乡"的提案，得到近百名委员的热烈响应，参与联署，并很快成为中央的决策。

1976年后，任中共党史人物研究会副会长，中国中共党史学会副会长，中国现代史学会理事长、名誉会长，兼任北京大学、清华大学、复旦大学、南京大学、中山大学、河北师范学院等校教授，是国务院学位委员会批准的第一批博士生导师。

1982年机构改革后,任中共中央党史研究室副主任(主任胡绳)。1986年免去该职,退居二线,仍任研究员。

1997年离休。

2004年2月5日,因病在北京逝世。

李新八十感赋

抗战孑遗八十翁,同侪洒血尽英雄。
弹雨枪林心益壮,按头喷气恨无穷。
曾经沧海方为水,踏遍荒山罕见松。
销除兽性扬人性,世道坎坷趋大同。

序

现有的中国史学史著作,大抵只写到晚清和民国时期。对新中国的发展即便讲到,也十分粗略。此中原因是可以理解的。但再过若干年,总会有比较详备的包括新中国在内的中国史学史著作问世。拿文学界来说,不是已有不少《中国当代文学史》之类的著作出版了吗?以论述和剖析历史为己任的史学工作者,决不会长期对这几十年来中国史学自身的历史置之不顾,不去对它的发展历程进行严肃认真的分析研究。

到那时,我想在这类著作中应该讲到李新同志,尤其是他主持开拓的中华民国史研究工作,因为它产生的影响对史学界来说是全局性的,而且过些时间后会看得更清楚。

李新同志是我尊敬的前辈学者。我知道他的名字已经近七十年。但我最初听说他并不是因为史学,而是因为教育工作。20世纪50年代后期,我在复旦大学担任教务部副主任。全国的高等学校在院系调整后都在努力建设新的教学体系和制度。应该怎么做?大家心里却没有数。我们许多人认真读的是苏联学者凯洛夫的《教育学》,想从这里找到依据,但总觉得同中国的实际情况不相合。从解放区迁来扩建而成的高等学校只有中国人民大学,李新同志正在帮助吴玉章校长负责人民大学的教务工作。那时，上海和北京的交通往来还相当不便，从浦口渡江到南京就要三个小时，很难有机会到人民大学看看，更不容易见到他请益。但在教育部内部材料上多次读到过李新同志对怎样建立一套中国自己的新教育制度的谈话或文章，文风总是明白晓畅，独有见地，给人留下很深的印象。

第一次见到李新同志，是1961年10月在武汉参加辛亥革命五十周年学术讨论会。现在经常忙于参加各种学术会议的中青年学者也许很难想象，那时举行全国性的学术会议极为罕见。在上海的复旦大学不算闭塞，我在复旦给学生讲中国近代史的课程也已经八年多，但这还是我生平第一次参加全国性的学术讨论会。那次参加讨论会的前辈学者很多，如吴玉章、李达、范文澜、吕振羽、吴晗、白寿彝、邵循正、何干之等。摄影时，我和戴逸、李侃、李文海、祁龙威、王思治等站在第三排，而时年43岁的李新同志坐在第一排，可见史学界对他的尊重。在这种场合下，我不好凑上去找他，所以那次并没有同他说过话。

会后，我和胡绳武同志开始着手写《辛亥革命史稿》第一卷。这时吴玉章同志关于辛亥革命的回忆录刚刚出版，我至少认真地读过五六遍。后来听说它是李新同志帮助整理的，确实使我肃然起敬。

1965年，我调到北京工作，但"文化大革命"随即开始。我被审查了五年，自然更谈不上和他有见面的机会。

我同近代史研究所一些年长的同志本来很熟悉。一到北京，最早来看我的，就有丁守和等同志。王学庄、刘志琴、朱宗震、丘权政、吕景琳等是我在复旦教中国近代史课程时的学生。"文化大革命"结束后和近代史所同志的来往就很多了，同李新同志也有了接触的机会。那时，我在文物出版社担任副总编辑。1980年，近代史所曾两次来商调，都没有办成。我心里是很愿意到近代史所做研究工作的，但习惯于工作安排完全听从组织决定，所以自己完全没有过问，更没有发表任何意见。后来有近代史所的朋友对我说："调你，是'三驾马车'都能接受的。"我才知道这件事也包含着李新同志对我的厚爱。

1985年起，我被聘为近代史研究所的学术委员会委员（当时，所外的学术委员还有严中平、胡华、戴逸三位），前后共十五年。李新同志当然也是研究所学术委员会委员，在这些时间内还有机会同他一起参加过不少国内的学术会议，接触就多起来了。谈的最多的，自然是关于中华民国史的编写，有几点给我的印象最深：

第一，民国时期的中国，同新中国直接衔接，如果对这段历史的方方面面不进行切实的研究，那么，对中国的国情和它的由来就难有更深入的了解。但是，在当时的特殊条件下，能够毅然决然地把这项任务担当起来，坚持到底，做出在国内外产生巨大影响的成果，实在极不容易。

这一点，我有切身的体会。前面讲到，我和胡绳武同志从1961年起开始动手写多卷本的《辛亥革命史稿》。到1963年，第一卷已经完稿，并经上海人民出版社审读后决定出版，编辑部的具体意见也提给了我们。但当时国内的政治空气已越来越紧张。听到说：夏衍同志准备拍摄关于秋瑾的电影。江青知道后就说："怎么？现在还要宣传国民党？"我们写的《辛亥革命史稿》第一卷从孙中山革命活动开始时起，到兴中会成立，再到同盟会成立前夜，那不是更要被说成"宣传国民党"吗？那岂不是自己对准着正来势凶猛的枪口冲去？还是把这本书的出版先搁下来，看看情况再说。这一放，就放了18年，到1981年辛亥革命七十周年时才稍作补充修改后出版。

一比，就见高下。李新同志主持编写中华民国史，虽然是周恩来总理在1972年提出来的，但那时"文化大革命"还在继续，这项工作一做起来，就遇到许多阻力，编写中更会遇到许许多多原来没有预料到而不易处理的问题，存在许多未知数。如果不是李新同志下这样大的决心，既有胆略，又有韧性，那么，拖一拖就可以把这件事情拖黄。中华民国史研究一时仍可能停顿下来，至少还要经历不少曲折。李新同志在紧要关头表现出来的胆略和勇气，想起来不能不令人钦佩。

第二，下决心承担这个任务后，应该编写成怎样的一部中华民国史，又面临两种选择：是匆忙地草草了事，也算完成了任务，还是坚持高标准、严要求，尽力写出一部在当时所能达到的高水平的著作来？

李新同志有过主持编写多卷本《中国新民主主义革命时期通史》等作品的丰富经验。他一开始就提出很高的要求，强调不能急于求成，必须首先扎扎实实地掌握丰富可靠的历史资料，进行具体分析，尽力弄清事实真相，才能动手进行论述。中华民国史的编写就是这样起步的。

他对编写中的中华民国史的结构，也提出一个气魄宏伟的构想，要包括《中华民国史》《中华民国人物志》《中华民国大事记》《中华民国专题资料》等几个部分。这既体现他要求先把有关史实弄清楚弄准确，以避免出现"硬伤"或流于徒发空论，又在一定程度上继承了中国史学著作的编写传统。大家知道，中国号称正史的"二十四史"，大体上是由纪、传、志、表几部分组成。《中华民国史》是主体，类似正史中的"纪"。《中华民国人物志》在体裁上就是"列传"。《中华民国大事记》在一定程度上起了"表"的作用。缺少的是"志"，《中华民国专题资料》原来设想在这方面起些补充作用，但没有做完。当然，民国史研究这样的巨大工程本来不可能毕其功于一役，研究也很难说有止境，但前人"筚路蓝缕"的开启之功是永存的。

第三，参加中华民国史编写工作的学者人数众多，组内人员最多时达四十多人，以后有些人分散到其他高等学校和研究单位去。参加协作的单位和人员更多。不少编写成果和副产品陆续在学术刊物上发表。这些对新时期史学界的学风所起"润物细无声"的作用，是很大的。

编写中华民国史这件事，既是许多学者众志成城的成果，反过来，也培育出为数不少的人才，活跃在今天的史坛上，成为史学界后起之秀的骨干力量。这是一项无声的重要成果。

李新同志知人善任，能够把可以掌握的力量迅速组织起来，各尽所能，既大胆放手，又严格要求。使参加这项工作的年轻人明白自己的任务和要求，心情愉快，比较快地上手并得到成长。他十分关心参加这项工作的成员在工作和生活上的甘苦，帮助不少年轻人解决了他们难以解决的重要困难。这在本书中有不少感人的描述，就不再多说了。

这里只补充一个我亲身经历的例子，也可以看出他对中青年学者取得的研究成果是多么喜悦，并希望这些成果被更多人所了解。

在《中华民国史》有一个分卷刚出版的时候，一天他突然到我家里来。我实在惶恐不安，对他说："李新同志，您老人家怎么自己来了？只要打个电话，我立刻会赶到您家去的。"他就拿出这本近六十万字的书来，叮嘱我写篇介绍文章，书上还有他自己的签名。这件事使我很感动。我一直把这本书放在我对面的书柜中，也是对李新同志的纪念。

今年是李新同志百年诞辰。民国史的研究已取得丰硕成果，不断走向深入。研究民国时期方方面面历史的史学工作者，在中国史学界已占有很大的比重，成为引人注目的事实。此时此刻，曾在李新同志领导下工作过的学者写出一批怀念他的文章汇成这本纪念文集。陈铁健同志嘱我也写几句话，这是我应该做的。虽然写得很匆忙，但多少也表达了我对这位前辈的缅怀之情。

金冲及

2018年6月10日

永远怀念恩师李新同志

李良志

我不是李新同志的研究生、博士生,他在中国人民大学工作期间,我已是人民大学教师队伍中的一员了,而且长期以来,我也并不认识他。但是,我要说:李新同志不仅是我的老师,而且是我的恩师。

我和李新同志认识,是1978年秋。那时,他筹划成立了中国新民主主义革命史写作组和中华民国史写作组。前一个写作组设在中共中央党校,后一个组主要设在中国社会科学院中国近代史所,地点在王府井大街东厂胡同一号院内。为了要编写中国革命史,李新同志从北京和其他许多省市的高等院校借调来十多位教政治课、历史课的在职老师。我记得有中国人民大学、北京大学、北京师范大学、北京师范学院的,还有解放军政治学院、军事学院、后勤学院、军事科学院、中央团校、吉林大学、四川美术学院、内蒙古大学、北京医科大学的。人民大学来了三位,即党史教研室副主任王淇,教师杨云若和我。

为了编好《中国新民主主义革命史》,李新同志在办公、住宿、资料等方面,都为我们做了周到安排:办公地点设在中共中央党校南院,后搬到该校的招待所、主楼;从所里调来两位打字员、一个通信员;选定富有编书经验、做事认真负责的刘明逵研究员,负责这个写作组的全部事务工作;还争来一份由中共北京市委主编的《北京工作》,每期让我们传阅。特别是李新同志把近代史所馆藏的原延安中共中央图书馆的许多图书资料,也搬到这里来了,让我们自由阅读。

我在这个写作组,前前后后、断断续续共工作五年之久,直到1983年底,才基本离开,回校主要从事教学工作。我最后一次见到李新同志是1998年9月15日他老人家八十周岁诞辰之日。那天,我们在京的八九位写作组的同志,由陈铁健同志主持,给李老庆祝八十诞辰。我们每个参加者,都从家里做好一份菜带到万寿路李新同志家中。我记得,我做了一锅冰糖莲子带去,李老很高兴:"李良志,你这份菜很好,很受欢迎。"那天,李新同志即兴给我们几位门生赋诗一首:

抗战孑遗八十翁,同侪洒血尽英雄。
弹雨枪林心益壮,按头喷气恨无穷。
曾经沧海方为水,踏遍荒山罕见松。
销除兽性扬人性,世道坎坷趋大同。

这首诗,叙述了他出生入死的革命战斗生涯,感怀他一生中所受的屈辱、迫害,沉痛怀念他的为革命牺牲的战友,也批评了我党历史上的重大错误;诗中,对党和国家则表示永远忠于使命的初心。可惜,从这天以后,我再未见到过李新同志。更为遗憾的是,他老人家逝世后,我完全不知情,未能在遗体告别仪式上见他老人家最后一面。

我说李新同志是我的恩师,首先是,李新同志教导我们怎样做一个合格的史学工作者,史学工作者应具有什么样的精神、品格。其次是,李新同志也教导我们如何做学问、科研,比如如何鉴别各种各样的浩瀚历史资料,等等。再次是,李新同志为我们博览档案历史资料,提供了很好的条件,比如为我们争得了进中共中央档案馆的阅览证,这为我后来提高教学水平,开始做些科研工作,提供了帮助。

在写作组工作期间，每逢周二，李新同志必定来到写作组，同我们聚谈。李新同志，不仅是"九一八"事变后，四川学生抗日救国运动中的领导人之一；也是1938年到延安后，在太行山区游击战争中，身经百战的英勇战士；还是一位擅长诗文，精通中国古代史、近代史、现代史的著名史学家。他博学多闻，记忆力惊人，且非常健谈。他一来到我们写作组，就滔滔不绝，海阔天空地谈时局，谈党内状况，谈史学界和史学研究中的种种问题。一整个上午，可以说他全包了，不容我们多插嘴。当然，这也是我们最为高兴的时候，因为他的所谈，都是富有启发性、有独到见解的问题。我们听得津津有味，一个上午不知不觉很快就过去了。

当然，在聚会中，李新同志谈得最多的，还是中共党史、中国革命史中许多有争论、待研究和澄清的问题，以及如何做学问，如何做一个真正的马克思主义史学工作者的问题。他常说：

> 做一个历史工作者，不管讲课也好，写文章也好，一定要讲真话、讲实话，写真史、写实史。这是一个史学工作者的基本道德。要实事求是，敢于追求真理，捍卫真理。

> 该说的我就说，只要是说真话，也不管它该不该，要说就说，没有什么顾虑。难道不怕杀头吗？不用怕，历史上像董狐、司马迁这样的史学家有的是；既然不怕杀头，有什么不可写、不可说呢？要做一个有良心、有魄力的历史工作者。

> 如何才算是坚持马克思主义、毛泽东思想？写真史、信史，才算是坚持马克思主义、毛泽东思想。写历史不真、不信，就是党性不强，就是违背了毛泽东思想。所谓贯穿红线，就是要用马

克思主义、毛泽东思想去叙述历史、分析问题，而不是只写正面的、不写反面的。

写中国历史，我们能不写北洋军阀吗？能不写蒋介石吗？能不写日本帝国主义和汉奸卖国贼吗？如果不写、不敢写，那算什么马克思主义毛泽东思想？问题是立场、观点要正确，做到了这点，就是贯彻了红线。

有人说，写历史要为政治服务，这就是要求你根据政治需要去改写历史，把历史的真相弄得面目全非。我们常说"以史为鉴"，但写历史不真、不信，怎能"以史为鉴"！"以论带史"是完全错误的，应该是"论从史出"。只有忠于史实，以真实的历史为依据，才能得出正确的结论，才能写出信史，才会有真理。

李新同志正是本着上述正确的治学精神、治学原则来讲述历史、写作历史的。该肯定的，他坚决肯定；该揭露、批判、否定的，他态度分明，立场坚定，坚决予以揭露、批判、否定。

比如，他给我们讲述1942年党的整风运动时，他一方面肯定整风运动中反主观主义、反教条主义等方面的伟大成绩，认为这些举措大大地提高了我党的马克思主义水平，同时他对运动中搞"人人过关"，强迫参加学习的人员夸大自己的错误、无限上纲等，则予以批评、否定；特别对接踵而来的审干运动有很大意见，一些经不起追查煎熬的人，因此寻了短路，而死后还要遭受谴责，被指责是"自绝于人民""背叛革命"。李新说这个审干"经验"，到了"史无前例的文化大革命"中，更发展到登峰造极。

抗日战争胜利后，蒋介石紧接着发动内战，党中央为了巩固根据地，动员广大农民起来保卫根据地、支援解放战争，在各根据地先后实行土地改革，召开了全国土地会议，制定了土地改革政策。李新同志对当时实行土地改革的必要性予以充分肯定，但对当时搞平均主义的"彻底平分一切土地"，组织贫农团，把许多中农排斥在外，在分土地时侵犯中农利益，以及侵犯私营工商业，把一些中药铺的中草药也分掉了，等等，则予以批判。李新对土改后的整党运动中"查三代""搬石头"，将许多出身不大好的、积极参加革命的农村干部，当作"石头"搬掉，更是持否定态度。李新同志对1964年的"四清"运动中推广"桃园经验"，更是持批评态度。

  李新同志对历史一贯坚持实事求是的态度，对就是对，错就是错，谁对谁错，毫不含糊，反对歪曲历史，反对掩盖错误。他在晚年写的回忆录《流逝的岁月》一书中，对新中国成立后的历次政治运动如"三反""五反""整风反右""大跃进""人民公社""反右倾"……以及"史无前例的文化大革命"，都有自己的评价；对其中出现的偏差、错误，以及对党和国家造成的损失，都做了批判；对他的一些在历次运动中消失的战友，对一些他本应予以挽救、帮助的战友、友人，而未能尽到自己的职责，则表达了内心的愧疚、伤痛。但是，对另一些人，如知错不改，还得意忘形、自吹自擂的人；比如有的史学家、政治家，专为政治服务，讲大话、讲空话；有的人，功劳归自己，错误推别人……对这些人，李新同志则表示出内心的厌恶，不屑一顾。

  李新同志关于史学工作者应有的品格、情操的许多讲话、文字，深深地教育了我，我牢牢铭记在心。他的回忆录《流逝的岁月》，是他一生的真实写照，是给我们史学工作者的铮铮遗言。

  我说李新同志是我的恩师，还有一件事，是应予重写一笔的。这就是在写作组期间，他给我们创造了阅读许多宝贵历史资料的条件，如由他从近代史所运到中央党校的中共中央原图书馆的藏书，对我们完全开放。我记得其中就有几乎全部的《斗争》期刊，有《红色中华》《红旗周报》等报刊，还有整风运动后的西北高干会资料、陕北公学的资料，等等。我是第一次接触到这些机密资料的。更为重要的是，李新同志为我们写作组的部分同志办了进中共中央档案馆的阅览证，使我真的大开眼界。

当时，胡耀邦同志是党中央负责人，他认为研究党史，中共中央档案馆应对外开放。中央档案馆将全部《中共中央文件汇集》共57卷，摆在我们的阅览室，我们可以随意阅读，还可以做笔记。当时在写作组，我与王淇老师还有北师大的王桧林等同志负责抗战时期各卷，我在中央档案馆重点阅读了从1931年至1945年的中央文件，以及一些零星的其他资料，记了十本笔记。这些笔记经档案馆审看后，可以带走。在中央档案馆，我们可以吃饭，还可无偿夜宿。前后三四年之久，来来往往，我真的对党在抗战时期的各项政策、战略策略，对许多历史事件、战斗战役，有了一些真实的了解。这些是我在学校里完全做不到的。我过去在学校讲课，只不过是把何干之、胡华老师写的有关党史、革命史的书，对学生照本宣科，另外就是参阅各种文史资料，补充某些史实，如是而已。对我党的历史，可说不甚了了。至于搞科研，写作论文，根本谈不上。但阅读了中共中央原图书馆的藏书，特别是在中共中央档案馆阅读许多宝贵原始资料之后，大开眼界，我的讲课内容丰富一些了，我也从1981年开始写作论文。1984年北京电视台还约请我与我系肖效钦同志系统讲授中国革命史。我的教学内容的提高，我之所以能开始做一些科学研究，都要归功于李新同志的帮助。我在写作中，也学习李新同志，秉笔直书，讲真话，写真史，做一个有良心的史学工作者。

时光荏苒，李新同志离开我们已经十四年了。他的音容笑貌，永远留在我的记忆中。我永远地怀念恩师李新。

回忆李新及其组织编写三部著作的情况

李义彬

李新是我走上历史研究道路的引路人。尽管已经离世十四年了,他的音容笑貌却依旧时常在我脑海中浮现,在其百年诞辰之际,感佩、敬仰之情更是油然而生。

1918年,李新生于四川荣昌(今属重庆)。他的青年时期正值中华民族危亡之际,日本帝国主义侵略东北四省(奉天、吉林、黑龙江、热河)后,又染指华北,中国的大好河山行将沦为日本帝国主义的殖民地。面对此情此景,李新积极参加救亡图存的爱国学生运动,并被推为重庆学生联合会主席。1936年,加入中国共产党。1938年,徒步投奔延安,进入陕北公学学习。随后在八路军西安办事处、北方局、晋冀鲁豫中央局等部门工作,参加抗日斗争。抗战胜利后,作为军事调处执行部工作人员参加了对国民党的斗争,随后还在河北永年参加了解放战争。1948年,李新主动要求改做教育工作,任弼时支持了他的想法。李新由此"弃武从文",走上了学术研究的道路。同年秋,他担任刚刚组建的华北大学第一研究部副主任,后又成为该校正定分校主任。新中国成立后,李新参与筹办中国人民大学,曾任校团委书记、党委副书记、教务部副部长、革命史教研室主任。

李新的学术成就很多,我认为其中最具影响力的是组织编写了三个大部头著作——《中国新民主主义革命时期通史》（共4卷，1960年至1962年出版）、《中华民国史》（共12卷，1981年至2011年出版）和《中国新民主主义革命史长编》（共12卷，1991年至1997年出版）。我极为有幸地参与了这三部著作的写作，下面就简单地回忆一下相关情况。

1956年，高教部决定由当时在中国人民大学工作的李新组织编写中国现代史教材。在人民大学彭明的协助下，李新首先拟出大纲，然后由高教部出面召开座谈会，写作提纲获得与会者赞成后，正式组织队伍开始编写。他请来了复旦大学的蔡尚思、华东师范大学的陈旭麓、山东大学的孙思白，再加上彭明，组成编写组。工作地点先是在如今的"段祺瑞执政府旧址"（"铁狮子胡同"1号）人民大学办公室，后迁入东厂胡同中国社会科学院近代史研究所（原"中国科学院近代史研究所"）的八角亭。

我是1961年9月来到这个编书组的。1958年，我从吉林大学历史系本科毕业，留校担任中国现代史教学工作。过去我们学的是革命史，对现代史十分陌生。当时为了应付教学，系里组织学习小组，由知名历史学家佟冬（在延安时曾和范文澜等在历史研究室一起工作）、系党总支书记、革命史教师李木庚指导我们几个青年教师一起读书讨论，并设法派我们去外地进修学习。恰在此时，在北京近代史所进修的刘跃老师返回学校。他曾参加《中国新民主主义革命时期通史》书稿撰写，经他介绍，系里决定派我到这个编书组边工作边学习。

我到这个编书组的初衷，就是想把这部书学通，围绕它多搜集些资料，回去给学生讲课，根本没想做研究工作。到这个编书组以后，通过与李新、彭明和近代史所学者接触，认识到作为一名称职的教师，必须进行研究工作，要深入了解历史事件本身，还要了解它的来龙去脉以及事件发生的原因、作用和意义。在这个编书组组织的第一项研究工作，是与编书组成员、人民大学教师路尔铭、桑咸之共同撰写的《为什么说五四运动是新民主主义革命的开始》（刊于《历史研究》1963年第2期）。

编写《中国新民主主义革命时期通史》的过程中，每个星期都要召开一次座谈会，汇报、交流写作进度以及遇到的问题。座谈会的最后一个环节是李新讲话，他除了解答大家提出的问题之外，还评述学术界动态，勉励大家以范老（范文澜）为榜样，树立实事求是的学风，甘坐冷板凳，不讲假话，不放空炮。在他的带动下，编写组成了培养青年人才的学校，不仅出了学术成果，也出了人才。

《中国新民主主义革命时期通史》共有四卷，我来到编写组时，前三卷已由高等教育出版社出版，第四卷的书稿也交给出版社了，手头的工作主要是修订前三卷，以便由人民出版社再版。作为一名大学老师，我深切地感到，这部书的出版解决了大学历史教学的燃眉之急，也填补了中国现代史研究的一项空白。白寿彝总主编的《中国通史》指出："这是第一部关于现代中国的通史。"

"文化大革命"中，李新受到冲击，不但被抄了家，还被关进"牛棚"。1972年，复出后担任近代史所副所长的李新开始组织本所研究人员编写《中华民国史》。我是1980年调入近代史所工作的，随即参加了这部书的编写。

即便"文化大革命"已经结束，研究民国史仍然要面临很大的压力。有人认定写民国史是"歌颂"蒋介石，搞"两个中国"。1983年春节前，社科院在人民大会堂宴会厅举行迎春茶话会，我和李新等同志就座的位置在中间过道旁边。一位宣传部门的领导路过这里时，半开玩笑似的对李新说："李新，你搞民国史，不怕说你是给蒋介石树碑立传啊？"李新没有在压力面前退缩，在姜克夫、孙思白等同志协助下，坚持民国史的研究和写作。

到了 20 世纪 80 年代后期，民国史研究的处境大为改观，甚至成为热门学科，各地（特别是南京）纷纷开展相关研究。李新主编的《中华民国史》实有开创之功。民国史研究专家张宪文在一篇文章中指出："自 1971 年周恩来再次提出编修民国史的号召后，中国社会科学院近代史研究所在李新主持下，率先开进这一领域，大力开展。"

《中华民国史》甚至引起了海峡对岸学者的关注，因为当时台湾还没有完整、系统的民国史著作。1987 年，时任"中研院"近代史研究所负责人的李云汉来北京访问时，执意到北京医院病房探望李新，以表达敬佩之情。

李新组织编写的第三部力作是《中国新民主主义革命史长编》。1978 年，时任社科院院长的胡乔木提出编写三部著作，以迎接新中国成立 35 周年，清除"四人帮"在历史领域的流毒，其中就有《中国新民主主义革命史长编》（另两部是《毛泽东生平思想》和《中华人民共和国史》，分别由廖盖隆、黎澍主持）。为了编写好三部著作，社科院成立了专门的写作机构（现代史研究室，直属院部领导），还特意调拨了一笔款项（由近代史所财务室代管）。胡乔木亲自带黎澍、李新到中共中央党校，向主持党校工作的冯文彬借房子（当时党校学员不多，有许多空房），安排编写人员的食宿。

李新运用编写民主革命通史、民国史的经验，广泛延揽人才，组织编写力量。先后借调来的有中共中央党史研究室的王淇、李越，北京大学的周承恩、张注洪，清华大学的刘桂生、丁士堃、钱逊，中国人民大学的李良志，北京师范学院的高军，北京医科大学的时光，北京化工学院的姜华宣，北京农业大学的傅元朔、刘敏言，中央美术学院的李流华，军事科学院的陈昊苏，解放军军事学院的冯建辉、周子信，解放军政治学院的肖甡、胡庆云，解放军后勤学院的邵维正，西北师范学院的徐世华，四川美术学院的乔毅民，吉林大学的曹仲彬，等等。我作为近代史所的一员,也参加了《中国新民主主义革命史长编》的编写工作,并担任第六卷《从内战到抗战》的主编。

编写开始前,李新向大家传达胡乔木的要求:要以《苏联伟大卫国战争史》为蓝本,写出一部长篇著作。《中国新民主主义革命史长编》的编写很有意义,可以为革命史研究和教学提供参考,也可以为文艺创作提供资料;但是困难也很多,例如档案不全,许多领导人没有留下回忆录,报纸杂志分散各地,等等。李新再次号召大家向范老学习,写出真史、信史,写成一部经得起历史检验的著作。五六十年代编书时每周召开一次编写组会议的做法,也得到了延续。由于有了好的氛围、好的做法,再加上李新等老一辈历史学家的言传身教,许多编写组成员在编写这部著作的过程中,逐步成长为近现代史研究领域的著名学者。

为了掌握重要史料,在好几年时间里,编写人员坚持到中央档案馆、军委档案馆、第二历史档案馆查阅档案,到图书馆查阅报纸杂志,还走访了很多历史见证人,例如许德珩、于树德、张申府、包惠僧、刘仁静、易礼容、王会悟、萧劲光等,搜集到许多从未公开的材料。

万事开头难,我们首先集中力量编写第一卷《伟大的开端》。我本人也是执笔者之一。经过三年努力,初稿完成,提交给李新审读定稿。当时他身兼多职,除主持民国史、革命史两套著作的编写,还兼任中共中央党史研究室副主任。此外,他想写《朱德传》,我曾陪同他去河北、山西搜集朱德在太行山抗日的事迹。他还一度参与了人民大学的复校工作。经过编写组同志几年的奋发努力,到1981年冬完成第一卷四十多万字书稿的编写,交给李新审读。此时,李新已接近七旬,体力、精力已不如从前,他的主要精力放在民国史编写,在征得黎澍同意后,把在国史组工作的陈铁健调革命史组来帮助审读革命史第一卷书稿,共同主编这套革命史长编。他和我聊天时,暗示我多多支持陈的工作，使他减少其他工作干扰。我心领神会，把西郊编书和现代史研究室一些事务的日常工作以及与各卷编书组的联系，尽力承担起来，使陈铁健有更充足的时间和精力审读书稿。

从1983年第一卷出版，到1996年最后三卷出齐，《中国新民主主义革命史长编》详尽地展示了现代中国革命的整个过程，是一部有较高质量的通史类著作（2001年，此书更名《中国新民主革命通史》，共12卷，由上海人民出版社出版）。

除了上述三部著作，李新还组织人员与中国革命博物馆合作编写了《图说近代中国》（光明日报出版社1991年版）以及《"一大"前后》（人民出版社1980年版）、《"二大"和"三大"》（中国社会科学出版社1985年版）等资料丛书。陈铁健著《重评〈多余的话〉》和《瞿秋白传》、刘明逵编《中国工人阶级历史状况》等著作，陈铁健《论西路军——读徐向前〈历史的回顾〉札记》、邵维正《中国共产党第一次全国代表大会召开日期和出席人数的考证》、肖甡和姜华宣《第一次国共合作统一战线的形成》、李玉贞《关于参加共产国际第一、二次代表大会的中国代表》、我的《少年中国学会内部的斗争》等学术论文，也是在编写革命史过程中做出的学术成果。

在不到四十年的时间，李新接连组织编写了三部著作，都获得圆满成功，这在近代史界实属罕见。根据我亲闻亲见，其成功的原因有以下几点：

他一贯坚持原则，从不趋炎附势，从不随风转。写民国史遇到顶头上司那么大的压力，他没有屈从，坚持研究，最后获得了成功。1983年，筹建中央文献研究室时，院部撤销现代史研究室建制，胡乔木提出现代史研究室并入文献研究室。李新为了写完12卷革命史，坚持没并进去，否则革命史长编肯定夭折。

李新一贯坚持实事求是的学风，强调写真史、信史，即使环境不允许,宁可不写,绝不能讲假话,力求减少空话;写出的著作,要经得起历史的检验。

他虽为党的高级干部,仍十分关心下属,与群众打成一片。20世纪60年代末期,由于众所周知的原因,国家处于经济困难时期,不少人饿肚皮。因营养不良,不少人罹患疾病。李新把《中国新民主主义革命时期通史》的绝大部分稿费用来改善编书人员的营养和文化生活,保证所有人员身体健康,顺利地完成了任务。1979年我随他去石家庄、太原出差,按规定他可吃小灶、住高级客房,但为了照顾我,同我一起吃大灶、住普通客房。在党校几年编书期间,他为就近指导编书工作,就以党校办公室作为宿舍,和大家一起在职工食堂用餐。

他一生不为名、不图利、不恋官位,默默地为历史科学事业奋斗几十年。他不愧是党的高级干部中清廉、联系群众的楷模。他的高风亮节像一块磁铁,将群众紧紧地吸引到他的周围。

缅怀恩师李新老师

杨云若

1952年至1953年，我在中国人民大学马列主义研究班中国革命史分班学习。李新老师当时是人民大学教务部副部长兼中国革命史教研室主任，他到我们班上做过报告。那是我第一次见到老师，印象是他历史知识渊博、讲话生动活泼、态度平易近人，同学们全神贯注聆听他的讲话。

在我后来的人生中，李新老师对我帮助很大，使我对他一直怀着深深的尊敬和感恩的心情。主要体现在两个方面：

一、李新老师在我的家庭被迫长期分散、生活十分困难的情况下，当机立断，解决了我家的团聚难题。

1969年3月，中苏边界黑龙江珍宝岛发生了中苏两国武装冲突，同年10月17日，时任中央副主席的林彪发出《关于加强战备、防止敌人突然袭击的紧急指示》，全国立即进入紧急备战状态。10月末，这个决定的精神传达到高校，决定凡能外迁的高校都要迁出北京，或者到外地去办"五七干校"。我所在的北京石油学院立即召开全校大会，宣布：学校全体人员、全部设备必须于最短时间内迅速搬迁到山东胜利油田。我们图书馆人员立即行动起来，夜以继日，在三四天内将一百多万册书刊捆扎装箱。11月7日，我带着六岁的小女儿和简单的行李向爱人林茂生及两个大女儿匆匆告别，即随大家一起登上火车，到了胜利油田。

与此同时，林茂生所在单位中国人民大学也在酝酿全部人员开赴江西省余江县建设"五七干校"。鉴于当时人大校内有许多夫妻在北京不同单位工作，人大军工宣队领导宣布，越早去江西，就能越早解决两地分居问题。为了能早日解决团聚问题，11月17日，老茂作为人大第一批"五七战士"离京奔赴江西。

这样，我们一家五口，分为三处：我带小女儿在山东；老茂在江西刘家站打石头盖房子；两个大女儿随后也到江西，在江西余江县锦江镇和人大的家属们一起居住。她俩一个十四岁，一个十一岁，开始接受半学习、半劳动的生活磨炼。老茂每个月休息三天，可以到锦江镇去看看她们。

自1969年冬分别之后，我们就开始为团聚而努力。当时，有这样的规定：如果一方去了干校，另一方虽然不在同一单位，也可以把关系转过来在干校一起劳动。

老茂和我都认为，革命者应以四海为家，祖国任何地方对热爱祖国和人民的人来说都是美好的，高山、大海、戈壁、丘陵、盐碱滩、大平原，都有生命的诗歌，但最好是一家人团聚在一起。至于在哪儿团聚，对我们来说则真是无所谓。祖国何处不青山？江西干校的劳动比较繁重，全靠肩扛手抬，不如胜利油田工具齐全、田间劳动也已普及车子化。但是为了能使全家团聚，大人和孩子们互相照顾，再苦再累我也心甘。去干校在当时比较容易，于是我力争去江西干校。1970年夏，我送在锦江镇染上肝炎的次女赴苏州我弟弟处治病。安排好后，我直接从苏州坐火车到北京找人大留守处的人事干部，要求允许我去人大江西干校。

人大人事处干部采取敷衍推脱态度。第一次去，他们说："我们研究研究。"第二次去,他们说:"再等等!"第三次去,干脆挂下一副冷脸,说:"很困难,恐怕希望不大。"

人大教工中凡有夫妻一方是外单位的,只要愿意去干校的,基本上陆陆续续都去了干校,他们的孩子因此都能得到照顾,却卡住不让我去。我不要求别的任何东西,只要求一家人在一起劳动,但连这样的机会都不给。不难猜测到,不让我去的理由只因我是摘帽右派,只是他们没有公然说明而已。

经老茂同意,我转而向我院提出,能否把老茂调来华东石油学院(北京石油学院迁鲁后改为此名),干什么都行。我院管人事的同志,过去我曾经很熟悉,我被划成右派之前,我们常在一起参加党委扩大会,这时也打官腔:"要看我们这边的工作是否需要,我们研究研究。"

我们在希望中等待,等来的却总是失望。在胜利油田的生活中,我常遇到一些磨难,只举一例以明之:

初冬的一个傍晚,我把白薯放在大锅里蒸着,就去找友人给小女儿裁棉衣,准备半小时就回来。但不到二十分钟,隔壁邻居急急忙忙来找我,说家里孩子病了。我急忙回家,只见小女儿已在床上昏迷不醒,大小便失禁;二女儿也摇摇晃晃,站立不稳。跟我进来的邻居一看,就说:"天然气中毒,快送校医院!"边说边把火关了。

我立即用被子把小女儿裹起来,和邻居一起抱着把她送到校医院,经过打针、人工呼吸,才慢慢地使她回过神来。我又回去接老二,只见她自己正慢慢地向校医院走来。我立即搀她进校医院,也及时打了针。

情况稳定后,我带她俩回家,打开所有门窗通风,撤换被褥。经查,是天然气的送气嘴歪在一边了,部分天然气泄到屋子里,造成这场事故。随后,单位的同志帮我把炉子调到了安全要求。

这时我才坐下来松一口气,已是子夜十二点。痛定思痛,颇感后怕。如果动作再晚一点或慢一点,不知会产生什么后果,不由得百感交集：老茂不在身边，生活真艰难啊！这时，我特别想他，无奈天各一方，只得九曲回肠而已。

1972年秋，人大干校撤销。老茂随大队人马返京，人大党史系暂时划归北京师大。由于这时他已确诊患有老慢支，经常感冒或哮喘，老二随之返京，照顾她爸。不久，小女儿也返京，就读人大附小。老大从江西到了山东我处，上石院附中。家里情况稍微稳定一些，但仍是分居北京、山东两地。

老茂和我在北京和山东之间的鸿雁传书中互相安慰、互相鼓励。例如，1974年12月4日，他在来信中说："我们战胜过各种各样的困难，有过真正的欢乐，我们还要勇敢地迎接各种困难。到那时，我们就会对党、对人民无愧地说，我们勤奋正直地为人民战斗了一生。"1975年1月1日，信中说："我恳切地希望你我今后在各个方面都要坚强，让我们临终时能让自己的女儿知道，她们的父母都是坚强的人，对祖国对人民是忠诚的。"同年11月8日："我希望我们思念的花园中，即使在雪飘冰封的季节里，也有俏丽的鲜花。"

每周互相写信一次交流思想和生活情况，慢慢形成了规律。他每周六晚上写信，按邮路时间，我可以在下周三收到；当天晚上我写回信，他会在周六收到，他当晚即复。这是当时最便捷的交流和反馈信息的办法。

有时也会发生意外，如果邮路中哪个环节出了差错，我们就会在应该收到信的日子收不到信，这时我们就会纳闷、不安，不知对方出了什么事。如1975年12月27日，老茂在信中说："大概是邮局出的问题，使我们父女三人整整一周未得安宁，由焦虑而不安。从上周六上午我们开始等信，以后是每天上午、下午，饭前、饭后，直到上床睡去。这中间小鸣和林杨好几次要我给你发电报，起初我还沉着，后来也坐不住了，各种设想纷纷冒出来，是你病了？是小茵在劳动中出事了？是你骑车被撞得不能动了？直到星期五下午5点25分收到你的信，一家轮流着把你的信都看了一遍，心中才算一块石头落地。"邮局把信弄丢了，这是我们通信史上的第二次，其结果是精神受磨损……"

1976年，我国发生了许多大事。1月8日，周总理不堪各方面的压力和疾病的肆虐，不幸逝世。全国人民纷纷自发悼念总理，我们在信中也忍不住互相表达对总理的敬仰和思念之情。同年7月28日凌晨，唐山发生了7.8级强烈地震，地震波及京津地区。我们在山东听到了许多关于这次地震以及有关北京的消息，诸如北京东城地区房屋有被震倒的，据地震局预报短期内还有较强地震，北京居民都已撤到户外，等等。将近一个星期得不到北京家里的信息，我着实紧张了。震后几天，北京常下大雨，而且都在晚上下大雷阵雨，他们在外面怎么安身啊！好几天，我寝食不安，一直担心他们之中会有谁病了，也担心如果再发生地震，会产生什么后果。我想，一家人，要活一起活，要死一起死，同生死，共命运。如果有一人出了点什么问题，活下来的人将比死去还难受。

1976年10月6日，"四人帮"被打倒，"文化大革命"终于结束。全国人民欢欣鼓舞，曙光照耀祖国大地。1976年11月和12月交替之际，有关北京的震情还不断从由北京回山东的老师们那里传递出来，诸如：北京香山附近冒黑水，大兴县一带小震不断，青蛙出土、蛇出洞，等等。直到12月中旬，类似传说还在不断传来，对在北京的家人孩子，我真是时时处于牵肠挂肚、忧心忡忡之中。不过，孩子们好像情绪还不错，这使我稍感欣慰。老茂在12月24日的信中说："已经是晚上6点10分了，我从系里开会回来，刚推开房门，小鸣就叫：'你的亲人来信啦，快去看吧！'到我房间，来信已被拆开摊在桌上。开了灯，刚戴上眼镜想看，小女儿就嚷嚷：'先别看了，老爹！我们要去操场看洪湖水浪打浪，快吃饭吧！'为了照顾孩子们看电影的好奇心，只好赶紧去吃饭。饭很简单，两碗稀粥，几分钟就解决了。小鸣先穿上大衣拿着围巾溜了，小女儿在洗碗。我重新戴上眼镜看你的来信。'哐当！'什么东西掉地上摔碎了。我赶过去一看，这位公主不知怎么搞的，从肚子以下到脚全泼上水了，尤其左脚湿得更厉害，这时我才发现她不仅棉鞋，就连袜子也未能掩藏住露在外面的三个脚趾头。这使我惊恐，这么冷的天，她三个脚趾露在外面是怎么受得住的。我急忙问她棉鞋什么时候坏的，不是去年刚买的吗？她说：'这双鞋太小，我的脚在里面是"弓"形的，脚挤得受不了，撑破的。'我二话没说，要她别去看电影了，否则脚会冻坏的，然后回来继续看信。但等我意识到隔壁房间怎么没有声音而过去看时，灯已经关了，房内是黑的。就是说她不顾脚会挨冻还是去了。等她们回来，我看林杨是穿上毛袜再套上白球鞋去的。没等我问，她就先说一点也不冻脚。我说她：'你看，一年一双也太那个了。'她说：'根本不是一年，已经是第三年了。'不管是一年还是三年吧，明天我得去给她买双棉鞋……"

1977年春节，老茂终于带了林杨来山东过春节。这次探亲，我深感老茂的身体状况已大不如前。可能在北京生活马虎，缺乏照顾自己的时间和精力，他经常感冒发烧，老慢支、肺气肿，加上泌尿系统的前列腺炎，他经常会阵发咳喘、腰疼和尿频，发烧时乏人照料，身体越来越虚。正在成长的孩子们也需要家长随时的关爱和照顾。我们形成一个共识：分离已达八年，这不是一个短时间了，艰难困苦的八年抗日战争在我们的印象中是够漫长的了，而我们的分离也已有八年之久。在我们的一生中，还能有几个八年啊！我们决定，再次设法争取家庭团聚的机会。

这时，李新老师已由人大调任中国社科院近代史研究所所长兼中国现代史研究室主任。50年代李新老师兼任人大中国革命史教研室主任时，老茂是该教研室成员。老茂回京后即找到这位老领导，提出了我们家的问题。李新老师很同情我们家的情况，经商量，他决定先以借调的方式解决我们的团聚问题，然后再寻机办正式调动。

很快，3月中旬，中国社会科学院向山东石油学院发出了借调函。然而石油学院人事部门却不同意办理借调。有关同志告诉我，人事处的回函已经写好："正式调动，可以；借调，不办。"只是尚未寄出。于是，我立即去找了石油学院人事处的负责人，还有副院长、院长，希望他们本着毛主席"关心群众生活"的精神，帮助我们解决长期分居问题。这段时间，每天晚饭后，我差不多都在为此事忙碌。

1977年5月25日上午10点，我正在阅览室值班，接人事处通知：速去取借调回京的介绍函。幸福终于降临！我立即飞奔到人事处取回有关函件，迅速向图书馆有关同志交接了工作，下午收拾行李，次日清晨大女儿即送我登上赴京火车，行动可称"神速"。此时的心情，一是怕学校反悔，又把介绍函要回去；二是只想尽快回到亲人身边。

北京市由于1969年紧急遣散造成两地分居的情况不少，但是绝大部分家庭都以各种途径逐渐调到了一起，像我们这样磕磕绊绊一路走来长达八年尚未解决的，属于极少数。老茂和我心里都明白，1957年我被划为右派是问题的总根源。虽然1961年已经摘帽，但在当时"左"倾思潮仍占主导的氛围中，"摘帽右派仍是右派"的观念，在一些人的头脑中仍然是根深蒂固的。

李新老师目光深邃、心中有数、敢于担当、实事求是地关心和帮助有困难的同志，在我们所在单位的领导都不敢贸然行动的情况下，毅然出手，解决了我们的问题。

我在前面花了较多的笔墨，然而仍是非常扼要地描述了我们在八年中的苦苦思念和生活窘迫的情况，就是想说明李新老师的决定给我们家庭带来了多么弥足珍贵的安定和幸福。老茂有这样的老领导，真是我们的幸运。

二、回京后，李新老师指导我要抓紧搜集第一手资料，为研究历史创造条件。

1977年6月1日，人大党史系的彭明同志、老茂和我于下午2点30分到达建国门外李新老师家：彭明找李新老师是商谈关于整理孔府档案的问题，老茂和我是向李新老师致谢并听取他分配我工作的指示。那天下午，李新老师侃侃而谈，谈到国内形势，也谈到当前历史研究的一些问题。他强调，历史是一座丰富的宝库，研究历史，首先要抓第一手资料，弄清历史真相，以此为基础，才能写出真实的历史，为后世总结出可靠可贵的经验教训。他一再强调，没有扎扎实实的史料为基础，就像部队没有武器一样，没法打仗。掌握了真实史料，才能使研究成果有所依据，立于不败之地。

对于老茂和北大的王树棣、杨淑娟正在编辑《陈独秀研究资料》，准备继续他自50年代就开始的研究陈独秀的工作，老师深表赞同。他认为应该实事求是地恢复历史本来面目，正确评价陈独秀。毫无疑问，陈独秀是五四运动的总司令，科学和民主的倡导者，是中国共产党的创始人。他对于前一阵史学界有人提出"历史要为政治服务"的提法，很不以为然，认为对历史进行随意解释经不起历史检验，是不科学的态度，会贻误我们的后代。

关于我的工作，他指示：你现在先帮彭明、孙健把《孔府档案选编》整理出来，这是中国近现代史中关于中国经济史研究的重要资料；时间：半年左右；在人大找间房子办公，不需要到所里去；之后，再进行现代史方面的编译工作。

这是我第一次面对面聆听李新老师谈话。他谈得很尽兴，直到他夫人推门进来对他说："你是不是该休息一会儿了？"我们一看表，5点30分了，才意识到不知不觉已谈了三个小时。这次谈话，李新老师又给我扎扎实实地上了一课,给我留下了深刻印象。他胸襟开阔、见解独到,在中国近现代史方面的知识非常渊博。

次日,我们从彭明同志处把孔府档案资料抱来,开始工作。孔府档案保存得非常完整,我们整编了孔府(衍圣公府)的由来及其特权、孔府的土地占有和地租收入、孔府佃户的抗租斗争以及土改时孔府的土地变动等,进行选材编辑,对每一件档案加上标点符号。10月26日,孙健、我,还有近代史所的林泉水、李廷霭四人带上材料去山东曲阜孔府和原始档案进行校对。我们在那里住了十一天,完成任务后回京,这项工作基本结束。

之后,按李新老师吩咐,我转为收集现代史方面的第一手资料。

这里要提到的是,我原在清华大学上学时的老师陈庆华和老同学刘桂生、张注洪,这时给了我很大的帮助。他们有的于1953年院系调整时转到北京大学历史系,有的仍在清华大学,二十多年来一直未脱离历史专业,因而在历史学方面知识之广、之博、之深,远远在我之上。50年代初老师和同学之间的关系,热情坦率,真诚相待。这时,他们都很理解我的心情,尽量向我介绍有关专题的研究动态,推荐一些相关代表作让我阅读。通过他们的帮助,我很快大致了解了国内外有关中国近现代史各个领域的研究状况和资料。要做到这一点,本来应该花费较多的时间,但是我的老师和同学们结结实实地拉了我一把。在他们帮助下,我用较短的时间,事半功倍地补上了二十二年脱离专业知识的课。为此,我一直很感激这几位好老师和好学长。

当时,伦敦出版的《中国季刊》先后刊登了两篇有关共产国际赴华代表马林在华帮助建立中国共产党的指导思想和活动的介绍。1977年末,刘桂生和我分别把它们译了出来,人大党史系王淇同志进行了校阅;经刘桂生联系,又把清华大学党史教研室贾观、丁士堃等同志所译马林向共产国际所做的报告等资料和上述材料放在一起,经王淇和李新老师商量后,编成《马林在中国的有关资料》,作为《中国现代革命史资料丛刊》之一,于1980年由人民出版社出版。

1978年1月26日,老茂陪我一起去李新老师家汇报工作。我向李新老师介绍了最近查阅外文著作中可以考虑翻译的几本:《1928—1931年的共产国际和中国共产党人》《莫斯科中山大学和中国革命》《1916—1928年的中国军阀统治》等等,并说明第一本边看边摘,已译一半,因内容较松散,某些资料国内有中文原文,其观点也有些问题,是否只作摘译?我介绍了《莫斯科中山大学和中国革命》一书的大概内容,关于军阀统治那本则尚未开始。

李新老师指示:第一本只要资料性内容,仅摘译可也;《1916—1928年的中国军阀统治》很重要,可先看看有无翻译价值,如译出来有价值可出版;那本《莫斯科中山大学和中国革命》也可以译。

回来后,按李新老师吩咐,先继续摘译《1928—1931年的共产国际和中国共产党人》,2月末结束,约四万字。3月初,开始全文翻译《1916—1928年的中国军阀统治》。8月31日下午,老茂和我去李新老师家交稿,李新老师说:"你真是个快手啊!搞得很快。"这本书后来在人大党史系思想史教研室萧延中同志帮助下,由中国人民大学出版社出版。同时,我又向李新老师提出又找到一本《罗易赴华使命》。王淇同志和我都认为下一步可以先译这本书,因为它对研究中共"五大"和大革命失败有重要史料价值。书中有时任共产国际代表罗易在中共"五大"上的几次讲话和结论性发言,均为第一手资料。这本书还有原编者美国学者对罗易和中共"五大"的介绍和评论,但这不是主要的,只占全书三分之一左右。李新老师指示:"先译文件,不要删,要原文内容。"回家后,我立即动手翻译此书文件部分。记得王淇同志也很重视,并动手翻译了其中几份文件。1979年3月,我将译好的文件手稿交李新老师。人大党史系王淇同志和朱菊卿同志后来将此书其他部分也译了出来，全书作为译著也由中国人民大学出版社出版。

这段时间，国内政治形势发展很快。"四人帮"被打倒之后，掌握着党和国家最高权力的领导人一面主张揭批"四人帮"，一面要继续批邓，坚持"两个凡是"的方针。长期形成的教条主义束缚着人们，中国的政治经济出现了原地踏步和徘徊的局面。然而，世界在迅速变化和发展，中国与世界强国之间越来越大的差距震惊着国人，时不我待啊！人们普遍要求迅速改变这种状况，要求迅速振兴国家经济建设。

1977年7月，应形势需要，邓小平复出。在当时正主持党中央组织工作的胡耀邦同志的组织和领导下，理论界一些头脑清醒、有胆识的人士写出了《实践是检验真理的唯一标准》这篇文章，批评了"两个凡是"的错误思想，起了拨乱反正、解放思想的作用。

1978年3月13日，新华社正式播发：经党中央和国务院批准，在"文化大革命"中遭停办八年之久的中国人民大学正式恢复办校。于是，老茂和其他同志名正言顺地从北师大回到人民大学党史系。人大决定1978年秋，面向全国招收新生。

此时，党史系主任胡华同志按照人大原历史系主任何干之老师（1969年11月16日由于心脏病突发去世）遗愿，决定增建中国近现代政治思想史教研室，责令老茂和林翘翘帮助组建该教研室。

形势好转之快，出人意料。1978年9月17日，中共中央通过第55号文件，同意中组部等五个部委呈报的《关于全部摘掉右派分子帽子决定的实施方案》，指示要做好摘掉右派帽子的人的安置工作，这部分人中，不少是有用之才，不仅要解决他们的生活出路，还要统筹安排，调动他们的积极性，发挥所长。11月下旬，我收到了原单位石油学院的正式通知："您1957年没有右派言论，被定为右派，纯属错划，现予彻底改正，恢复党籍，工资从1月份起恢复教师9级。"

我周围的人们都替我高兴，向我祝贺。我平静地面对了它。我从来没有把自己放在党组织之外，我认为我一直没有离开过党。

1957年，我所在的政治理论教研室有三位1938年参加革命的老干部在"鸣放"期间给院党委提了意见，反右开始时被划为"反党集团"——我当时是党支部副书记，后来也被圈在了"集团"里面。在逐个召开开除我们党籍的支部大会上，我因为想不通而表示"保留"，而那几位老干部都表态"同意"。当时，态度决定处分的轻重。

时间能过滤一切，沉淀残渣。二十二年的时间，证实了我当时表示的"保留"态度是实事求是的。当后来人大党组织在抽取我档案中的一切不实之词时，党总支那位有多年党务工作经验的老秘书对我说："你好像看到了以后一定会澄清平反，1957年和1958年初有关你的材料上都有你签署的不同意见和总的保留意见"。

是的，无论在党的决议还是行政决议上，当时我都老老实实签署了我自己的真实想法和意见。我不想向党隐讳自己的观点。我想，就算要因此加重处分，就算蒙冤一辈子，我也要向党表达我的真实思想，不管在口头上，还是在文字记载上。

由于下放，人大各系老师这时仍有分散在北大、北师大、北师院等单位的，人大人事处正在做这些老师归位的工作。胡华老师向老茂表示，想把我正式调到人大党史系，因为这时我仍属于借调状态。差不多同时，李新老师也表示可由近代史所发正式调令。

1979年上半年，社科院近代史所和中国人民大学几乎同时向华东石油学院发出调令。老茂和我一面向李新老师表达感谢他几年来对我们的关爱和照顾，一面同他商议：鉴于我此时已经年逾四十五岁，剩下的时间不是很多了，必须奋起直追，才能找回失去的岁月，能否让我留在人大继续从事教学工作，毕竟工作和家庭都在人大，能节省从西郊赴所里上班或开会花费在路上的时间和精力。李新老师完全理解并表示同意，只是希望我仍能参加现代史研究室编译组工作。我非常愿意继续在李新老师领导下工作，立即愉快地接受了他的建议。

于是，从1979年春夏开始，我每周二上午到现代史研究室参加编译组工作，同时开始准备人大党史系交给我的教学任务。

在李新老师关怀下，现代史研究室的行政和党支部领导陈铁健、李义彬同志为帮助我开展工作创造了许多条件，如帮我办了去中央档案馆查阅资料和赴近代史所图书馆查阅图书的手续。后来1986年，还让我和李玉贞同志作为访问学者赴荷兰国际社会史研究所查阅马林档案。在那里，莱顿大学赛奇博士和阿姆斯特丹大学班国瑞博士给予了我们热情和无私的帮助。

编译组成员最初有张注洪和我，稍后，在近代史所翻译组从事《共产国际有关中国革命的文献资料》选编的李玉贞也参加了这个组。其间还有江海、汪小枫、郑禄、杜魏华等也参加了工作，不过时间不长就调走了。我们按照李新老师吩咐，从头做起，收集第一手资料。经过商量，决定先编译维经斯基、鲍罗廷、米夫等国际代表和苏联赴华人员在华的讲话、活动和文章。为此，我和张注洪远赴上海图书馆、广东省和广州市档案馆等单位调阅建党初期和大革命时期的报纸、期刊和有关档案。我们的工作常常犹如大海捞针，从那些发黄的原始资料中寻找我们所需的资料。只要能得到一点线索，就感到无比欣喜。

1980年9月2日，《维经斯基在中国的有关资料》初步编就，交李新老师审阅；10月7日，李新老师签署了审稿意见："材料较完整，翻译较认真，可以出版。"该书于1982年由中国社会科学出版社出版。

第二本《鲍罗廷在中国的有关资料》主要由张注洪负责。由于他在编资料方面经验丰富，本书卷首还附有几幅鲍罗廷的照片，为此书添色不少。此书于1983年由中国社会科学出版社出版。

第三本《米夫关于中国革命言论》经李玉贞推荐由王福曾同志主编。此书翻译了《共产国际》杂志和其他苏联报刊上米夫有关中国革命的文章，编写了《米夫与中国革命纪事》。后于1986年由人民出版社出版。

这几本书都是在李新老师指导和帮助下，我们几人分工合作，作为《中国现代史资料丛刊》出版的。

我回人大党史系工作之后，李新老师在我的考评登记本上，对我在现代史研究室的两年工作曾写过一个书面评语：

> 杨云若同志在借调来我所期间，工作认真负责，所译稿件和所编资料质量都较高，得到研究所同志的好评。她的组织纪律性也较强。希望今后能更大胆地多负责任，发挥更大的作用。
>
> 李新
> 1980.3.24

谢谢李新老师对我如此宽厚的肯定。我自己知道，因业务荒废多年，离本该要求做到的还差得很远，所取得的一点成绩，全靠编译组成员大家的努力。

从1979年夏开始，我同时也是人大党史系的一名教师。前两年的编译工作过程，我有机会接触了较多的中外文资料，感到中国革命的发展与国际形势和世界革命形势密不可分，而共产国际与中国革命的关系，更是息息相关。共产国际基本上是反映了苏联的愿望和需求，在尊重历史的前提下，应该对共产国际在指导中国革命中的功过是非进行实事求是的评价，认真总结这段历史，吸取其经验教训，对后世也是一份重要而又丰富的值得参考的历史遗产。而过去在这方面的教学与研究受各方面条件的局限比较薄弱。但我想，国家已经决定改革开放，相信在历史档案的开放方面，会呈现较为宽松的局面；同时，国外的一些专著论述，也往往包含一些第一手资料可供借鉴。这方面的研究，肯定难度较大，但毕竟涉及的是我国的革命历史，即便我个人能做到的极其有限，起码可以做块铺路石，给后来者创造一些条件。征询系主任胡华同志同意，我很快确定了自己的教学和研究专题：共产国际和中国革命。当时，只有北大国政系向青同志在一年前开了这门课，奠定了一些基础，但我感到我已在这方面掌握了不少第一手资料。1979年秋开学后，我立即在党史系的研究生班上讲这个专题。后来听说向青的研究生也来听了课，反映说，讲的不一样。我想，应该是各有特色，互相补充呗！

由于是新课，没有现成的课本，我从前两年在编译组掌握的资料中，弄清一些问题，直接写成讲稿，给党史系研究生班和我的硕士生开课。随着资料的不断丰富，讲课内容每年都要修改和补充，同学们很喜欢听这门课。逐渐地，北京其他高校和外地如上海、西安、杭州、昆明、成都、烟台等地的高校也邀我去讲课。

我在业务荒废了二十二年的情况下，又能成为一个还算称职的人民教师，主要是靠李新老师和胡华同志的提携和教导，陈铁健和李义彬等同志热情地帮助和关照。我深深感谢他们。

李新老师为人坦诚仁厚，帮助老茂和我解决了生活上的难题，结束了我们长期两地分居的尴尬生活；他又是我后半生从事教学和研究的指路人。他知识渊博、明辨深思、学风严谨。他的"历史研究必须掌握第一手资料，以科学态度对历史进行实事求是的分析"的教导，我一直铭记于心，是我后来二十年教学和研究的指导思想。为此，我一直以感恩的心情深深怀念着我的恩师李新老师。

2018.1.31

怀念导师李新

陈铁健

李新先生于 1918 年 9 月 15 日诞生于四川省荣昌县安富镇（今属重庆市），2004 年 2 月 5 日病逝于北京。今年是先生百年诞辰，逝世十四周年。我在 2018 年 5 月 4 日，赴重庆参加陈独秀旧居纪念馆活动后，专程访谒先生出生地安富镇，这是继 2016 年 5 月首访之后的故地重访，对先生的怀念之情更加悠远深长。由此，自然回想起许多往事。

从李义彬学兄说起

2017 年夏末，先是肖甡电告：李新先生百年诞辰将至，应当编辑一本纪念文集。随后，李义彬也来电说明此意，邵维正也有同样的想法。义彬说，找个时间大家一起商定。11 月 28 日，邵维正、肖甡、黄修荣和我，齐聚义彬府上，认真讨论后，确认编辑《李新百年诞辰纪念文集》一书，拟定撰稿人名单，分别就近邀约。12 月中旬，我去海南避霾。孰料，12 月 17 日深夜，义彬竟突发心梗辞世。他正在撰写的纪念文稿，还未来得及加上标题。

义彬生于 1931 年，长我三岁，即望米寿，遽然西行不归，令人心痛不已。1955年9月，我俩同入吉林大学历史系，同是调干生，同住一室。义彬为人朴实，老成持重，宽容仁厚，是同学公认的"老大哥"。1958年秋，我们一起提前毕业，他留校任教，我到吉林省科学院历史研究所。同在长春，住地不远，时相过从。1961年冬，我到中央档案馆复制中共满洲省委档案文件，抄阅伪满战犯卷宗。义彬已于9月间到李新先生主持的《中国新民主主义革命时期通史》编写组进修。每逢周末闭馆，他都邀我从远郊温泉镇进城相聚。那两天，我就住在王府井大街东厂胡同一号原黎元洪总统官邸黎氏大德堂东山八角亭，编书组的办公室。正是这个周末相聚，得以认识住在东山平房写书的彭明先生。"哈哈，铁健，铁一样的健康，不过……"一句话没说完，我已为他的爽朗、率直、平易、亲切的乐天性格所打动。我那时身瘦肤暗，大饥荒年代尚未结束，多数人面有菜色。彭明先生的"不过"，显然感到"铁健"名不副实。彭明先生身体强健，精神旺盛。义彬说，彭明先生每天早起跑步，生活极有规律，治学用功甚勤；对青年人，始终热心提携，不遗余力。这些后来我感同身受，亲见其真。

进城几次，总能看到彭明先生。为了赶写文章，他经常住在东山。一次，他提议我来编书组一边进修，一边做事。于是，三个月后，1962年2月29日，我经吉林方面同意来到编书组进修，开始追随李新先生学史。又过半年，我成为李新师的研究生，仍然与义彬同在八角亭起居。1964年秋，因参加"四清"运动远赴河西走廊，编书组终止，义彬返回吉林大学。"四清"之后，又逢"文化大革命"。"文化大革命"初期，他在吉大党委办公室受到冲击，靠边站。我因助黎澍先生写《胡适吴晗通信评注》被斥为"假批判真包庇"，后又被列入"清理阶级队伍"名单（近史所共列入13人），除偶尔站台陪斗、奉命看大字报外，多以闭门抄诗、翻书、写字、制折扇打发日子。义彬见我家养的虎皮鹦鹉繁殖太快，竹笼又小，竟请嫂夫人编制高可逾米的铁丝方笼，让次子李小和来京送到弓弦胡同舍下。1972年后，李新奉命编纂《中华民国史》，任务繁重亟须得力人手。1977年，李新先生让我写信给义彬，希望他能来京任事。义彬先是参加《中国新民主革命通史》编写，同时分担民国史有关卷册的写作。1978年冬为编书而设立的中国社会科学院现代史研究室，于1981年并入近代史研究所后，我与义彬分任正副主任，协助李新先生编书。义彬一直按李新先生嘱托，管理日常行政事务，任劳任怨，十年如一日，使我集注全力于编书。（此事，义彬生前从未向我透露，近日看他遗稿才知。）1991年退休后，他才有时间撰写多年酝酿的《西安事变史略》。而在撰写此书之前，他不时将他长期积累的重要档案文件提供给我，让我用于几篇有关西安事变与人物的文章。

十年前，义彬跌伤，大腿骨折，疗后行走无大碍。每年体检，均未发现心脏有病。2016年初，大学同班学友同时到达五指山，欢聚半月，游遍当地山川后安然返京。相约2018年冬再聚，谁知竟成泡影。义彬已矣，衷心祝愿他在天之灵安息。

幸有义彬当年八角亭之约，我才得以拜投恩师李新门下学史治史，可谓因果相续，缘缘相汇，长达半个世纪，以迄永久。

由进修生到研究生

李新先生是我的研究生导师，从学业到人生，都是我终生受用不尽的导师。

1961年2月，我到编书组进修时，《中国新民主主义革命时期通史》第四卷即将出版，全书宣告完成。春暖花开时节，大家相聚于绒线胡同四川饭店，我在那里第一次见到黎澍先生和何干之先生。不久，在八角亭，李新先生主持写书组在京成员会议，宣布编辑大型现代史资料丛书方案。我被分配与中国人民大学冷超先生负责选编抗日战争时期资料。其时，李新先生正在助吴老（玉章）撰写回忆录，要我搜集历史背景资料，到中国科学院图书馆和北图等处查阅大量方志和报刊。彭明先生正在撰写有关五四时期的文章，让我到近代史图书资料室查找无政府主义团体和人物资料。这几项资料工作，都是对我治学起步的基本训练。

半年后，李新先生建议我报考他的研究生。考研收入减少，先生嘱我必先征得父母同意始能报名，可见先生思虑周到，关心备至。20世纪60年代初的北京，冬夜奇寒。凌晨5点从东厂胡同步行到铁狮子胡同，乘校车去西郊中国人民大学听何干之、胡华、彭明诸公的讲课。师母于川见我衣着单薄，便找出李公当年在河北永年时期穿过的狐皮大衣，执意让我穿上御寒，令我身心倍感温暖。研究生学习生活清苦紧张，但精神颇感愉悦。先生及编书组诸师长的深厚学识和循循善诱，近代史所的丰富藏书和学术氛围，使我如坐春风，日有长进。这种美好的岁月，一直延续到1964年秋天，远赴张掖参加"四清"运动之前。其间，虽有阶级斗争"年年讲，月月讲，天天讲"的喧嚣，但对在良好小环境中闭门读书的我来说，可以充耳不闻，我行我素。先生再三说，今后大家就努力读书、研究、写书吧！别的都不要去管它！授业中，先生除开列必读和选读书目外，反复叮嘱：知人论事，均以真实为基础；史学重实证，不靠"以论带史"，更不可趋时作伪。史学不以理论为重，却不能拒绝思索；思索，在我们这个社会尤其重要。对那些现成观念、现成思想乃至现成理论，应持重估态度，深刻思索，不可盲从。研究中国，不可以脱离世界。不谙世界大势，便会以为光明只在中国大陆，外边漆黑一团；研究各个阶级、阶层、集团、人物，要掌握全面状况，不要以为除自己人外，其他都是牛鬼蛇神，不曾干过好事。即使自己人,也并非十全十美。那是不合格的宣传,而非真实历史。每当想起先生这些教诲,便深感先生思虑之深,见识之远。

我从二十八岁起,亲受李新先生教导,又得益于虽非直接授业却对我悉心关照、具体指导的黎澍先生。黎澍手订的研究生必读经典著作书目和学习计划,我都认真遵行。李、黎两公,一位是从四川走出的学生领袖,从延水河畔到太行山麓,穿过军装、打过游击的战士和教授;一位是从湖南走出,在上海、成都、桂林、香港长期从事地下文化斗争的战士和学者。两公共同的人生信条是:反专制、争民主、斥教条、去盲从,倡言政治改革,崇尚思想自由。他们清贫一生,不为名利所惑,不为权威所屈,更不以权威自居,敢想、敢言、敢作、敢为。我以有这样的师长而心存自豪,无比荣幸。我将以他们的言行为楷模,身体力行,继承他们的遗志。

知己的深厚友谊

先生是教育家,学生众多,桃李满天下;友朋也多,东西南北皆有。先生待人谦和真诚,从不疾言厉色,善于调和纠纷、排解矛盾,知之者皆称之为"好老头"。

先生与黎澍先生之间的友谊,格外深厚、笃实、高洁,数十年如一日。两公建国初期相识,时相过从,饮酒谈天,但相知尚浅,留有分寸。1964年,近代史所全员被派往甘肃张掖"四清",两公与姜克夫三人,成为共议天下大事、思想完全一致的知己。对国际国内大事,对近代史所问题,三人倾谈,直抒胸臆。面对农村的极度贫困和"三年大饥馑"酿成大量人口非正常死亡的现实,三人深感革命的胜利只是意味着敌人已被打倒,而民主富强的理想尚远在天外。如果不发展经济，一味斗争再斗争，接踵而来的必将是更大的人祸，社会发展必受严重挫折，而个人迷信、个人崇拜将使这种挫折难以避免。"文化大革命"打着"反复辟""防修"旗号，去反对并不存在的"资本主义复辟"和"修正主义"，迫害大批老干部和知识分子，破坏一切有价值的文化文明成果，并以"平等""平均"为名，降低人民群众生活水平。尽管天地如此黑暗，李、黎诸公依然坚信黑暗会过去，光明会到来。去干校前，两公经常在清扫厕所时互通消息，交流意见。从干校回京，只有一墙之隔的两家，几乎天天会面，分析形势，判断时局走向。事态的发展结果，几乎完全与他们的判断一致。

1973年，黎、李两公与中央组织部联系，商调刚从江西干校回京的中国人民大学教师冯其庸到近代史所。几经周折，终在1974年初调成，冯到范老的《中国通史简编》续写组，撰写元代及以后的文学部分。稍后，李新先生又呼吁恢复已被江青授意解散多年的中国人民大学，冯其庸参与起草复校函件。1978年，人民大学正式复校前，胡华、彭明、宋涛、张腾宵纷纷劝李公出任校长，均被婉言谢绝：要编史书，不做校长。

黎、李两公衷心拥护新时期的改革开放，但对前进道路上的复杂曲折估计不足。1978年8月，李、黎两公与人同车从城里去西郊。在车上，黎公对那人说，"无产阶级专政下继续革命"实在说不通。那人说，要不断革命嘛。黎公说，无产阶级专政是我们自己的政权，继续革命，革谁的命呢？李公说，林彪不是说革革过命的命嘛！三人沉默许久，那人似有所得，说，这个问题值得考虑。以后他写文章就批评"无产阶级专政下的继续革命"，但他从来不提黎公及其他学者的发明权。黎公在"清理精神污染"中被整后心情抑郁，终被日益加剧的心脏病夺去生命。其时，先生正以急性胰腺炎发作住院，欲哭无泪，无力著文，只写挽联致哀。先生挚友陈旭麓、助手李宗一两先生，也在此前后遽然谢世。1989年冬,先生因病住院,想起去冬三友并丧,不胜痛心,手书七绝一首:"世间多少不平事,最痛好人命不长。我欲问天天不语,从来天道最荒唐!"悲怆之际,激愤随之。先生自谓:天道,"也确实荒唐,真正该骂。我那时心情的沉痛,岂是这几句诗词能排遣得了的?"这里,先生一改往日的温文尔雅,一变而为怒目金刚,直斥天道荒唐,大彻大悟,痛快淋漓,其诗当以史诗视之。

先生每忆及与黎公友谊,便想到鲁迅赠瞿秋白"人生得一知己足矣,斯世当以同怀视之"那副联语,说他与黎公并非一般的"私谊",而是为了人类的光明、为了真理的追求所建立的友谊,故敢以鲁瞿那样的友谊作榜样。黎公逝去多年,时间并未熨平先生心灵上的创痛,相反,随着时间的推移,他对黎公的感伤之情有增无减。1991年冬,先生写《忆黎澍》词,有句云"长叹息""何堪忆"。1993年,写《黎澍五周年祭》诗,沉痛之情尽蕴笔底:"四清方有悟,文化大革命更幡然。兴亡探其律,沧桑知所原。奈何君早逝,狐鼠尚苟安?且待三五年,奠酒为君欢!"先生追思黎公心切,时于梦中相会。观先生诗文手稿,有1992年《梦黎澍》诗,记梦中与黎公在灵通观寓中畅谈。1997年10月,先生以《耕耘与收获》为题,摘记黎公语:"为名为利,自己出力。不可掠他人之名,不可夺他人之利。"同年,先生在《知己的怀念》文中说:"1998年,你十周年祭的时候,我们会为你奠酒,不为你哭而为你欢了。"1998年11月17日,先生往访黎公夫人徐滨,得知12月9日将在近代史所开大会为黎公举行十年祭。先生说一定到会,并发表讲话。11月24日,先生因小恙到北京医院就诊,被留住院检查身体。其时,黎公追思会召开在即,先生急于出院参加会议并发表多年郁积在心的讲话。医生不准,先生焦急伤感过度,竟激发心脑急症,终至偏瘫不起。

治史不可曲学阿世

说到学问，先生自谦地说，我们这一代人，在抗日战争、解放战争中已度过半生，以后又蹉跎十多年时光，一事无成，哪里有什么学问呢？正是这自知自谦的品格，先生时刻以"多读、深思、勤写"自励，又时时以宽厚谦容之德，善待做学问的专家，把大批人才组织起来。数十年间，培养了一批当今现代史学界颇有影响的学者，如李宗一、王学庄、杨天石、耿云志、李义彬、时光、张注洪、李良志、杨云若、马模贞、李玉贞、邵维正、周子信、胡庆云、肖𬀩、刘敬坤、周天度、曾业英、朱信泉、严如平、韩信夫、朱宗震、黄修荣、潘荣、章百家、汪朝光、邓野等，其功不可没也。先生主持编撰的《中华民国史》（12卷）《中华民国人物传》（12卷）《中华民国大事记》（8卷）《中国新民主主义革命时期通史》（4卷）《中国新民主革命通史》（12卷），以及为数甚多的《中国现代史资料丛刊》《中华民国史资料丛刊》等，约计数千万字，早为学术界所公认。然而，史坛从来不歇风风雨雨。中华民国史研究在20世纪70年代初按照周恩来的指示筹创之际，反对者不乏其人。其理由是写民国史就是为国民党唱赞歌，就是承认"两个中国"。先生与那位反对者在灵通观黎澍先生家中辩论竟日。先生说："我们编写中华民国史是国务院的决定，科学院和学部都有书面指示，郭老也有批示，既然现在你们要停编民国史，就应有明确的书面指示，并要说明以前的指示作废。"反对者无言以对，只好说他是传达上边的指令，你不同意可以找上边的人谈去。在先生的坚持下，拆台者面对民国史研究的卓越成果，虽然不得不加以默认，却企图把民国史这块学术园地装进其私家腰包。有人竟乘先生病中口不能言之机，利用职权，以编撰"大民国史"为名，否定三十年来民国史研究成果。拆台变成抢劫，其编纂机构设计，竟拉来院领导人"挂帅"。那是在翠明庄参加博物馆近代史陈列大纲讨论会间，几位参与《中华民国史》编写的朋友向我说及此事，以转告病中李新先生阻止此事。由此想到，社科院及其前身学部领导人，起先多为知名文化人或懂得文化的人，后来则日益向党政工作者倾斜。以前是有了文化理论声望再当院长，后来则是当了院长再补铸文化理论声望。

对于长期困扰历史学界的虚假现象，先生终生予以贬斥，并自励绝不同流合污。其诗云："直笔写真史，曲笔抒真情，彩笔传忠烈，朱笔诛奸佞。"对于随风摇摆，不惜削历史之足以适政治需要之履的"史学家"，先生极度鄙薄，斥其"人未亡而书已亡"矣。先生在抗日战争胜利五十周年座谈会上直言，纪念抗战不应违反历史真实，当年的歌曲、绘画、电影都应保持原貌。"历史学家不能如宣传员那样，必须严格按历史事实说话，才能有学术生命。"对于所谓历史科学为现实政治服务的口号，先生素不以为然。他说，历史与现实，毕竟不是一码事。历史学家要做的是把历史事实展现出来，让人们认识历史，进而认识现实和未来。一位当世著名"左派"权势人物要先生的一个学生到其掌控的规格甚高的修史机构任职，学生不为所动，婉然拒绝。先生后来一直以此事为话题，剀切指出："要敢于坚守寂寞，不受任何诱惑。切不可曲学阿世，追求一时的闻达，败坏一世的名声。"先生虽为中共中央党史研究机构负责人，却对研究和撰写党史有自己的看法：如果不能看到全部秘藏的档案文献（包括国外秘藏的有关档案），谁也无法写出令人信服的全面客观、真实公正的党史著作。对所谓"隐恶扬善，笔下留情"之说，先生从不苟同。他说，对于历史问题，事实早为人所共知，为万民记忆在心，不说不写也难以改变人们看法。如果涂抹掩饰，不仅于事无补，反而令人憎恶了。李新先生认为理论植根于历史与现实，历史被涂饰，现实被歪曲，理论就难以正确，就不会说服人。任何人不凭实际，只求政治需要，就想编造一套"理论"而不露破绽,那是根本不可能的。

先生虽官至副部级,但散淡素朴,毫无官派;生活清简,不事铺张。工资之外,偶有少而低的稿酬,仅供日常生活开销,拮据时不免向人求借。从20世纪70年代末起,先生为写书方便,常住西郊办公室。室内仅设陈旧的书桌、书架、床与沙发。与同事在会议室同观电视。90年代,按副部级分配住房,房间虽大而多,仍用旧式家具。电视机老化模糊不清,冰箱漏水不制冷,仍不能更新。先生八十寿辰时,学生们集资买新电视、冰箱作为寿礼,先生才予接纳。客厅四十平方米,先生原拟请冯其庸先生书写自寿诗《八十感赋》,要陈铁健书写"智者不惑,仁者不忧,勇者不惧"补壁。后来说,且留一面洁白的墙吧。实际是容留一片供主人思索、供客人感悟的空间。近二十年间,每逢春节或国庆,友朋生徒总与先生相聚一堂,聆听先生纵论文化学术,畅谈天下大事。面对先生家徒四壁的空间,真切感到论者的智慧、思想、文采在四壁回荡,扑面而来。先生洞察古今,参透人生的话语,抛弃一切陈词滥调,发人所不敢发,评人所不敢评,指斥时弊,切中要害。先生语带调侃,时发幽默,平静中不掩机锋,往往连说三四个小时,听者仍兴味浓厚,毫无倦色。那是一种难得全新的精神享受啊!

革命者转为教育家

先生本名李忠慎,八岁丧父,兄弟姐妹多人,全赖慈母养育。大哥忠恒以家境贫寒,辍学做徒工供弟弟读书深造。先生自幼勤学,成绩优异,尤喜歌唱,会吹奏笛箫,口才绝佳又擅演剧;为人厚道,有组织才能。"九一八"事变发生,先生在镇上棠香中学参加救亡活动。游行、抵货、募捐之外,还演出话剧《棠棣之花》,先生扮演聂政。

"一·二八"事变后,大哥李忠恒毅然参加援沪抗日义勇军,先生写《从军行》诗,送大哥至古桥亭,与同参军者会齐,高唱《满江红》歌曲。先生朗诵《从军行》诗,至末句"万里长征吾去矣,不扫倭奴誓不归""男儿自古重义气,安能戚戚乎别离"时,大家齐呼"保卫中国!""打倒日本!"不少路人涌进碑亭,演成群众性为出征壮士送别的悲壮场面。忠恒不久投入川军第二十一军,因反对"剿共"欲离队赶赴抗日前线,被刘湘下令枪杀。先生闻噩耗,不敢禀告支持大哥投军抗日的慈母,悲伤欲绝。他决心要实现大哥遗志,为战胜日本侵略者而死,不打败日本决不成家。

1934年秋,先生考入重庆川东师范学校。平素节衣缩食,以所得官费大部资助家中生计。联络学友组织读书团体"众志学会",先生被举为会长,与同学李成之(李直)、王方名、周极明诸人,举办讲演会、演剧唱歌会,创办《众志周刊》壁报,阅读进步书刊,广结进步同学,形成川师爱国救亡力量。

1935年夏秋,华北危急,重庆各校联合成立重庆学联,先生被推为重庆学联主席。"一二·九"学生救亡运动中,重庆学联组织三十多所中等以上学校一百多个宣传队,展开大规模救亡宣传活动,向蒋介石直接掌握的以贺国光为主任的委员长行营参谋团请愿,要求国民政府出兵抗战,并准备联合全川学界进而与武汉、上海、北平各地学生救亡运动互相配合。不久,先生因领导川东学潮被校方开除,离乡出走万县。临别,母亲说:"你不会做错事,娘相信你。"她杀鸡为儿子饯行,叮嘱他不必惦念家里,一心报国,从此诀别。几十年来,先生深念慈母之情:"我的母亲实在太好了!她深明大义,既爱子又爱国,到紧要关头,既有牺牲精神又有斗争精神。正因为有无数这样的母亲,激励着她们的孩子们英勇斗争,我们才能取得抗日战争的胜利。"川东学生运动中,先生与女同学吴梅秀之间朦胧而又纯真的初恋,他一直铭刻在心。在《巴山风雨》一文中辟《教我如何不想她》一节专记其事，笔致细腻，倾怀而述，写尽同声高歌救亡、共襄抗日义举，又互相心仪、油然生情，却不为私情所累的少年儿女精英风采。

1936年冬，先生加入中国共产党。转年抗日战争爆发，国共两党实现合作抗日。川东青年学生，急于投奔陕北。先生时任万县民众教育馆正埠分馆主任科员，大部分时间从事救亡活动，借机联络欲赴陕北人士。1937年冬，先生与同志数人相约在渠县会合，徒步沿嘉陵江北上。他们取得万县市政府和国民党市党部的证明文件，由抗敌后援会组成华北川军慰问团，又从重庆大学取得该校土木工程考察团名义，佯称北上考察川陕公路。他们一路走走停停，边走边演活报剧进行抗日宣传，受到各地官方和民众欢迎，顺利到达延安。先生在延安陕北公学毕业后，先后在中央青委所属《中国青年》杂志、西安八路军办事处、西北青年救国会、中共中央北方局从事编辑工作、青年工作和组织人事工作，并一度担任剧团团长，率团赴八路军129师前线部队演出。先生对青年工作充满热情，且有良好工作能力，历任中共太行分局、晋冀鲁豫中央局青委书记。新中国成立初期，邓小平提议先生担任中共中央西南局青委书记并兼西南军政委员会秘书长。时先生正参与协助吴老玉章筹建中国人民大学，未能赴西南任职。

抗日战争胜利后，国共进行和平谈判。先生于1946年初奉命进入北平，任第十八集团军驻北平办事处中校秘书兼北平军事调处执行部整军小组成员。国民党当局制造"四三"事件，逮捕中共驻平人士，先生亦在其内。在警察局内二分局，办事处被捕五人听从先生指挥，配合默契，机智对敌。当晚，警方令填写《登记表》，内容虽仅有姓名、年龄、籍贯及事由，但遭先生拒绝，并在表背写成抗议书，他人亦一致书写抗议书。先生大声疾呼：警察局有什么资格逮捕我们这些经过国民党当局同意来北平的八路军工作人员？有什么权力传讯经北平行营邀请来进行商务交涉的知名人士？在场群众均投以同情目光。第二日，警方告知只要填写一张《愧悔书》便可获释。先生当即指出："你们蹂躏法律，侵犯人身自由，还推卸责任，实属无理之至。共产党八路军，打日本救中国求和平，何愧之有？有何可悔？"先生"四三"斗争事迹，载诸当时报刊和后来史册。

内战爆发前夕，先生奉命撤离北平，到冀南担任永年县委书记兼围城司令部政治委员。永年攻克后，先生投入冀南土地改革、动员参军支前和整党运动的领导工作，多谋善断、谦和宽容，善于吸纳集体智慧，上下团结一致，顺利完成各项任务。

1948年夏，中共中央华北局成立，决定由先生主持华北局青委工作。先生奉命到西柏坡向任弼时汇报工作，两人连续三天做竟日长谈。从青年工作到党务工作，从克服农民意识到干部民主选举，从政府工作到生产救灾，无所不谈。先生见任弼时格外关注党务干部生计和党务工作经费，便问何以如此看重此事？任弼时说："现在不是要准备召开新政协、成立新政府吗？新政府是联合政府，不只有共产党，而且有各党派；那时，如果各党各派的经费都是自给的，我们共产党的经费怎好由政府供给呢？"又说："政党的经费由政府供给，这样好吗？"先生后来多次谈及这一问题，认为任弼时以民为本、党为公仆、党政不混、党费自立等等思索极具远见。

谈话结束，先生向任弼时提出到大学工作的请求，任欣然同意并向吴老玉章推荐。吴老表示欢迎。先生遂由永年前往华北大学所在地正定就任华北大学第一部副主任，从此离开政界进入学界。

识破骗局屡试不爽

中华人民共和国成立后,先生相继在中国人民大学、中国文字改革委员会、中国科学院近代史研究所、中央社会主义学院、全国政协文史资料委员会、中央党史研究室担任领导工作,以史学研究为中心。先生自20世纪50年代起主持中国新民主革命史研究和编撰,20世纪70年代起主持中华民国史研究和编撰,前后长达半个世纪。20世纪80年代末,先生深感坊间流行的大量回忆录良莠并存、优劣杂陈。伪劣品中,美己之丑、丑人之美者有之;隐恶溢美、取宠求荣者有之;伪造历史、陷害对手者有之。先生郑重地说:"我亲身经历过的一些历史事实,却被一些大名鼎鼎的'史学家'为了政治目的把它歪曲了。我的良心使我感到有责任把它纠正过来。"先生常说,写史而不真,抹杀民族记忆,误今人尤误后人,是有罪过的。至于在政治斗争中编造谎言,挑起争斗,置对手于死地,更是罪上加罪。对于那些拒绝真实、掩饰真相、一味歌颂、回避历史失误和惨痛教训之作,先生大不以为然。他说:"我笔下的回忆是任情的、毫无顾忌的""就是对当今世事的评论,我也无所顾忌""料事从坏处想得更多,所以世事发展多半比我预料的更好……对那些搞骗局的,因为一生受骗太多了,所以对他们看得最清楚,而且对骗局的感觉也特别灵敏,只要它一出来,虽不是一眼就能看穿,但可说很快就把它看穿了。我屡试不爽。"

"屡试不爽"见之于先生对那些没事找事、无端整人的政治运动的沉着应对,不为虚夸狂热之风所惑,不为偏执残暴之举所惧。凡与先生共同经历各种政治运动的朋友多被先生从不整人之风范所感动,称赞他既善于保护自己,也勇于保护别人。"文化大革命"初起,在近代史所支部大会上,一位党员造反者以"革命不是请客吃饭,不能温良恭俭让"为辞,喝令一位老党员站立听其训斥。先生当即指斥此举违反党章，侵犯人权；几十年前农运语录已是过时之论，不足为据。先生因此被斥为"反毛"，拉上木凳挨斗。而当清理"五一六"，造反者大倒其霉，一些同志头脑过热、怀疑一切时，先生立即建议军宣队刹车。从干校回京后，一批年轻造反者的工作安排顿成问题。先生宣布，愿来民国史组者，一律欢迎，且来去自由。一时民国史组骤增至四十多人。先生不计前嫌、宽厚待人之举，感人至深，传为佳话。

对于自身的错误，先生绝不隐讳，坦然告白：一生中错误和失败"何其多也！"他在"华北事变"后的川东学生救亡运动中曾经把那些妆扮妖艳的女人，那些好唱"桃花江上美人多"的女学生，视为"祸水""妖孽"。自责道："现在想来，我们当时的认识是多么幼稚可笑！""我们当时确实不懂策略，但凭一股爱国热情做去，以致这场救亡斗争不能坚持太久，终于失败。"又如"四清"运动结束后，近代史所召开"四清"支部扩大会议，严肃批评一位副书记的极左和丑闻，触及其历史表现，本属正常，但大家说他是"投机""叛徒"则未免过分。先生事后反思，当时自己确有"推波助澜"的"报复思想"。"文化大革命"开始，那人又跟随造反者整人，报复批评者。不久被另一派造反者指为"叛徒"揪出，随即投入定湖自杀身亡。如此冤冤相报，"以阶级斗争为纲害死了多少人？""现在想来，当时我也是盲目的，因而也犯了错误，也有一定的责任。人老了，应该把过去的事情想明白，才能对现在的事情看明白，不然糊里糊涂地在世上走一场，岂不可惜？"

1998年冬，先生入住北京医院，卧病五年有余，虽口不利于言，却目光如炬，视人如直窥肺腑；一手虽僵直，另一手与人相握却坚执不放，唯恐来访者离去，其心底波澜可以想见。先生原先曾有归葬川东老家之意，病中听说亲友拟建大墓之议，断然决定就近海藏。终不留言，死不留灰，赤条条来，复赤条条去，人生不过如此，何必作无谓的张扬?！当先生骨灰远离喧嚣的凡尘人境，撒向无涯无际的汪洋大海之时，他的风骨和精神，便与无所不在、绵延不绝的时空永存。

李新师教我做学问
——纪念李新同志100周年诞辰

邵维正

2018年9月15日，是尊敬的师长李新同志100周年诞辰的日子。他1936年奔赴延安、参加革命，是我们的革命长辈；他学养丰厚、诲人不倦，是我的领路恩师。在李新师百年诞辰之际，我们深情地怀念着他。

我是1979年初，借调到李新同志领导的中国社会科学院现代史研究室的。弹指一挥间，时间过去了近四十年，但每每回忆起来，李新师的音容笑貌仍历历在目，教我做学问的往事如昨。

军队的几位同志借调到现代史研究室，有着特殊的机缘。1978年8月，时任中国社会科学院院长的胡乔木高瞻远瞩、深谋远虑，为了繁荣中国近现代史的研究，清除"四人帮"在史学领域的流毒，亲自倡议并组织力量编写三部史学著作：《中国新民主主义革命史》《毛泽东生平与思想》《中华人民共和国史》。社会科学院对这个重大科研项目十分重视，成立了现代史研究室作为专门编书机构，调拨专款供编书使用。因为那时社科院成立不久，办公住宿用房十分紧张，胡乔木院长亲自带领黎澍、李新同志找到当时主持中央党校日常工作的冯文彬副校长借用房子。后者给予热情支持，拨出中央党校主楼六层供编书组使用，于是我们就在宽敞的六层"安营扎寨"了。

李新同志具有编纂大型通史的丰富经验和很强的组织领导能力，深知编好这套多卷本的传世之作，必须广揽人才，组织强大的编写队伍。于是，他通过多种渠道从京内外的研究单位和高等院校聘请和借调了三十多位业务骨干。由于中国新民主主义革命的特点和优点是武装斗争，需要有军队的同志参与，经组织联系，借调了当时的军事科学院陈昊苏、军事学院周子信、政治学院肖甡和胡庆云、后勤学院邵维正等同志参与编书工作。

编写班子搭起来之后，李新师运筹帷幄、胸有成竹，并没有急于让大家写书，而是先组织学习，统一编撰思想。他首先向编书组的全体同志传达了胡乔木院长对编写《中国新民主主义革命史》的要求。乔木同志说：中国新民主主义革命历时三十年，时间之长久、斗争之严酷、规模之宏大、胜利之辉煌，在世界革命史上是少有的，许多方面可以说超过了俄国的十月革命，完全应该写成多卷本的长篇著作，展现于世界，传之于后代。乔木强调要以《苏联卫国战争史》为蓝本，此书的第二卷主要写十月革命两个多月的斗争过程，中译本有五十多万字，细节挖掘很深，描写很充分，开会时什么人坐在什么位置、穿什么服装、发言时的表情都一一再现，形象生动，给人以亲临其境的感觉，后来成为小说、绘画、电影剧本的基本依据和素材。中国新民主主义革命的历史，也要这样去写。

李新师也多次讲了自己的想法，反复强调要解放思想、实事求是，治史一定要严谨，必须论从史出、史论结合，决不能"以论带史"、本末倒置；议论不要多，要在确凿充分史料的基础上形成结论，决不能讲假话，要讲真话，写信史，拿出经得起历史检验的史学著作。鉴于革命战争年代原始文献资料保存不易，现存的档案又没有公开，加上许多重要领导人未能撰写回忆录，对史料收集和书稿编写都带来很多困难。他强调要下苦功夫查阅档案，安下心来，坐得住，仔细翻读当年的杂志报纸,特别是要挖掘原始资料,而不要简单转引第二手史料,还要抓紧访问历史见证人,抢救活资料。他多次传授史学大家范文澜治史的风格和经验,倡导大家学习范老甘坐冷板凳的精神。他还经常介绍史学界的动态,拓宽编写人员的视野。

这些具有指导性的重要意见,对大家很有启发和教育。不久,编书组就借到《苏联卫国战争史》第二卷中译本,认真学习研读,受到很多教益。有了乔木同志给我们提供的样板,大家心里有了底数,都十分佩服这位党史权威的博学和睿智。李新师善于启发大家的思考、集中群众的智慧,引导我们讨论这套多卷本著作的定位。大家各抒己见,他最后归纳为带有长编性的历史著作,采取纪事本末体的写法,以历史事件为中心,详细记叙中国新民主主义革命三十年的历史。这为编写工作指明了方向。

李新师十分重视这个重大项目启动时的总体设计,花费相当多的心血,用了几个月的时间反复研讨,探索形成了14卷的架构(后来边疆革命卷和民族地区革命卷因多方面原因未能完成,故最终推出全书时为12卷),并初步拟定了每卷的题目。

万事开头难。为了积累经验,培养骨干,给全面铺开提供条件,李新、陈铁健两位又亲自主持第一卷的编写。首卷上限是1919年的五四运动,下限至1923年的"二七"大罢工。这三年多时间里,发生了三件大事,即五四运动、中国共产党的建立、中国工人运动的第一次高潮。将这三个重大事件分设三章,首卷取了一个响亮的卷名《伟大的开端》,标志着中国新民主主义革命拉开了历史序幕,启动了波澜壮阔的革命活剧。接着由各章执笔者拟出细目,集体讨论,反复修改,由李新师汇总审定,形成调研和写作的纲目。

我有幸参与这样的重大项目,非常难得,也特别珍惜。来到这个高层次的写作集体,我抱定的态度,首先是虚心学习,向李新同志、铁健同志以及编书组的每位同志学习求教；当然也要尽最大努力完成分配给自己的写作任务。当年我已四十四岁，人生道路走过了半程。那时我说过，现在也这样认为：我一生的旅途有两个时期，以1978年为分界线，进入第二个时期。而第二个时期的起步正是借调社会科学院现代史研究室，李新师就是教我开始做学问的领路人。为什么这样说呢？这得说说我个人的特殊经历。

我常对一些同志讲，自己是行伍出身，做学问是半路出家。此话并非谦辞，而是实情。当解放大军渡过长江，向南挺进，相继解放东南沿海各省的时候，我正在祖籍浙江黄岩，还是一个不满十六周岁的中学生，怀着对新中国的期望、对解放军的崇敬，满腔热情地报名参军。（当年还是志愿兵役制，条件比较宽松，师、团就能收兵，不像1955年后国家实行义务兵役制，要通过地方人武部门政审、体检，年满十八周岁才能服兵役，并办理各种手续，再整体向野战部队交接。）不久，就随着野战部队离开家乡，先是守海防，又北上入朝参加抗美援朝战争，志愿军撤军回国后再奔赴西北高原，执行藏区平叛任务。就这样在野战部队度过了二十八个春秋，可以说是军旅生涯的第一个时期。

直到1978年，原解放军军政大学撤销，分别组建军事学院、政治学院、后勤学院，成为直属中央军委的三大学院。因是指挥院校，主要培养高、中级指挥军官，教研人员主要从有作战或部队实际工作经历的中层干部中选调。我正是在这样的背景下，从野战部队调入后勤学院的，自己人生旅途上可算是一个大的转变。部队的实际工作与军校的教学研究虽有共同点，而这两个方面在内容要求、运行方式、工作习惯上确有不少差别，所以我把这次调动看作是军旅生涯进入了第二个时期。到后勤学院不久，教研工作还没有全面展开，就借调到李新同志领导的现代史研究室。正因为如此，我一直把在这里工作的四年多时间,当作人生第二个时期的起点,可以说是名副其实的。

《伟大的开端》作为多卷本大型史书的首卷,具有探索试写性质,为以后各卷提供写作模式和编撰规范。李新师对第一卷的编写十分重视,亲力亲为,倾注了大量心血。对我来说更是一个很好的学习机会,尤其是参与了首卷的全过程,十分难得,受益颇多。在此前我也写过一些文字,基本上都是公文格式的,如总结、经验、讲话、先进事迹、通讯报道等,与史学研究不是一个类型。所以,我就下了决心,甘当学生,从头做起,有的同志风趣地称之为"老兵新传"。编书组的各位来自四面八方,各有所长,大家友好相处一段时间后就比较了解了。在这三十多人组成的群体中,我没有机会受高等教育,学历最低(只在1964年到长沙政治学校参加过一年多中共党史培养班),可以说我与大家不是一个层次的,当时感到压力很大,甚至怀疑自己能不能完成编书任务。我曾经向李新师、刘明逵同志(协助李新同志做行政管理工作)谈过自己的顾虑。他们鼓励我说:科班出身有长处,做实际工作练出来的也有优势,只要下功夫攻关也能做好。

战士上了战场就没有退路,只有一往无前去拼搏。我暗自给自己立了两条规矩:一是多请示、多报告、多求教,向李新同志、铁健同志以及编书组的所有同志学习,不懂就问,跟着那么多老师做,总能完成任务;二是背水一战、笨鸟先飞,自知基础差,唯有多下功夫,如果担当不起来,就自动退出。为了挤出更多时间学习和编书,经与家人商量并取得支持后,借调的几年间,我除节假日外,平时工作、生活都在中央党校,当时称为"上三班"(上午、下午、晚上三个时段都工作)。李新师那时家住东郊,到中央党校要穿过北京城区,费时费力,所以他基本上也住在党校。我们都是办公室兼宿舍,正巧又一墙之隔连在一起。李新师平易近人,对每个同志都很关心,除了讨论工作外,经常不拘形式地聊天,有时还到我住的房间"摆龙门阵",无形之中又增加了许多向他学习请教的机会,这也是我们的幸运。

《伟大的开端》写作纲目拟出来后,由军事学院周子信、政治学院胡庆云、清华大学刘桂生、首都师范大学高军、西北师范大学徐世华和我,组成第二章"中国共产党的建立"编写组。这个组的几位都长期在高等院校工作,经验丰富,水平也高,我一边向他们学习,一边做编书的准备。书稿起草的分工问题,我没有提出什么意见和要求,因为当时有几位同志本校有教学任务,我还未接教学工作,又住在中央党校,时间宽松些,就分配我写"中共一大"部分。

遵照李新师再三强调的从查阅原始档案资料入手,还原历史本来面目,以及论从史出、写出信史的要求,我接受任务后第一件事就是广泛收集史料,并加以整理和研读。先后到中央档案馆、北京图书馆、中央党校图书馆、近代史所资料室等处,看资料,做卡片。凡是有关"一大"的资料不论观点是否有别,一律收集,还想方设法多次访问了健在的"一大"当事人包惠僧、刘仁静、王会悟。在大量占有资料的基础上,分门别类加以归纳,发现了不少回忆记载内容不一、甚至互相矛盾的说法,如中共"一大"的召开日期就有二十多种不同的表述。面对着这些众说纷纭、莫衷一是的回忆和资料,感到写"一大"书稿无法落笔。

带着这个问题,我向李新师汇报了自己的困惑。李新师明确回答:不忙写书稿,先把史实弄清,先做考证再写书,才能写出信史。那时他兼任中央党史征集委员会副主任,经常向大家讲起"文化大革命"的教训,以及邓小平、陈云等中央领导同志有关实事求是研究和编写党史的论述。如陈云就说过:党的历史事实,要一锤子一锤子敲定,以后有人要翻也翻不掉。

李新师的话,使我豁然开朗,不仅改变了研究写作的顺序,更重要的是确立起治史的正确态度。于是,在李新师的指导下,调整了工作安排,放下书稿写作,先着手进行中共"一大"史实的考证。重新开始跑资料、做卡片、访问、交流,当充分掌握材料后,又进行对比、分析,去粗取精、去伪存真,写出了"一大"召开日期的初步考证。从代表行踪、可以借助的间接事件、当时的文字记载三个方面,进行综合分析印证,论证了中共"一大"是1921年7月23日召开的。这个初稿送给李新师和周子信、胡庆云等同志审阅,他们表示支持,也提出了一些修改意见。李新师还亲笔修改了两处,使我很感动并得到鼓舞。根据他们的指教,又改了一遍考证稿。

不久,中国革命博物馆党史研究室主任沈庆林来李新师处谈工作。说完事之后,李新师对沈主任说:我们这里有项党的"一大"研究考证,你拿去看看,能否先在内部刊物上发表。接着叫我过去与沈主任见了面。李新师亲自把办公桌上的那份"一大"考证,交给沈主任。李新师深知此项研究事关重大,处置十分慎重,先在内部刊物上发表,听听反应再作下一步打算。沈主任也很重视,及时审稿编辑,并安排在1979年8月20日印出的《党史研究资料》第九期上发表。

果然不出李新师所料,"一大"考证内部发表后,反应强烈,绝大多数同志欢迎支持,认为这是改革开放初期党史研究的新成果;也有的持不同看法,认为这与传统说法不一致,把思想搞乱了。编书组内部也很关心此事,大多数高兴支持,感到编书组出成果有自己的一份;也有的不赞同出书以前先发表文章,认为成果先发表,到出书时就没有新意了。李新师明察秋毫,公开的、私下的说法都听到不少。他态度鲜明,在不同场合多次强调:应该支持发表,一则编写组既要出成果也要出人才,新成果发表出来是好事,是这个群体兴旺发达的表现,能吸引更多的同志参与编写工作。二则书未出之前先有新成果奉献社会,是给《伟大的开端》做了免费"广告",使读者更期待着读到这本书。

李新师确有远见卓识，后来的实践证明，他的看法都兑现了。史学界提起"一大"考证，第一句话就说：是李新那个班子做出来的，也鼓励了编书组推出一些成果，后续各卷参与者的热情更高了。编写过程中先发表一批成果，不仅没影响《伟大的开端》一书的新意，而且吸引更多的读者关切此书的出版，还有人打听此书由哪个出版社出，什么时候能面世？希望早点读到。李新同志作为一位老革命，海纳百川的气魄、坦荡博大的胸怀，感动了许多人，我更深受教育。李老的形象更高大了，受到学界的广泛尊敬。

1979年10月的一天，我在编书组值班室接到一个有些突然的电话，来电者很有礼貌地自我介绍说：我是胡乔木办公室的工作人员，乔木同志看了你考证"一大"日期的文章，很重视，特别是依据详尽资料排出中共"一大"的日程表，把多年没搞清的问题说清楚了。他认为这项成果应该公开向国内国外发表，并已推荐给《中国社会科学》，该刊编辑部的同志会直接与你联系。接到这个电话，我很感意外，也觉得事关重大，立即向李新师做了汇报。他听到后也很高兴，说这项成果很敏感，乔木同志有了态度就好办了，要我再认真修改核实一下。事后，我才知道此事的原委：乔木同志是从革命博物馆的内部刊物《党史研究资料》上看到"一大"考证的，不知作者是何许人，还以为是革命博物馆的同志写的，就让办公室与革博联系，了解具体情况，从革博那里知道"一大"考证是李新写作班子做出来的，于是就把电话打到了编书组值班室。

过了两天，《中国社会科学》编辑部的左步青同志打来电话，先说了乔木同志推荐"一大"考证文章，并说该刊的创刊号要在1980年初推出，大部分文稿已排出，"一大"考证文是新列入的，时间很紧迫，希望尽早见面接洽。为此，左编辑从城里专程来到西郊编书组驻地，仔细讨论了文稿。他感到只有"一大"召开日期的考证有些单薄，问我是否还有"一大"其他方面的考证。当时,我已做出"一大"出席人数的考证,他带走了这份初稿,回编辑部研究。两天之后,左编辑就把杂志社领导的意见反馈过来,确定把两项考证合为一篇刊用。我又立即把情况向李新师做了汇报。他表示赞成,认为这两个问题都是同归于一个事件,合起来是妥当的。经过一周的紧张修改和核对,又改出一稿,并报李新师审阅。随后,我也几次去杂志社讨论修改,样本印出后又推敲一番。定稿时题目为《中国共产党第一次全国代表大会召开日期和出席人数的考证》,共计1.8万字。1980年初在《中国社会科学》中文版、英文版同时刊登。

"一大"考证公开发表,国内外反响热烈,议论也不少。这个结果是我自己未曾想到的,当时做考证的目的很明确,就是为了写《伟大的开端》能够实事求是,还历史以本来面貌,成为信史。有一段时间我压力很大,听到的议论也较多,李新师自然很清楚,也理解我的处境。他开导我说:不要在乎别人说什么,还是埋头做学问,关键是把自己的事干好。他的话虽不多,我也能心领神会,知道他是关心支持我的。自己的头脑还是清醒的,这篇考证能出来,在大环境上讲得益于中央改革开放的重大决策,正是由于有解放思想、实事求是的思想路线指引,才能写出"一大"的考证,不然不可能写出来,写出来也发表不了;从直接因素上讲,是由于有乔木同志的肯定和支持,有李新师的亲自指导。至于执笔者,那是微不足道的,只不过赶上了这个机遇,如果换一个人也同样能够写出来。

1981年夏天,《伟大的开端》大部分初稿已经写出来,加上中央党校教学工作全面展开,编书组从主楼六层,搬到学员16楼,后又从16楼搬到党校招待所。为了工作的方便,还在城里近代史所给我安排了临时办公桌。李新师经与大家商量,确定外单位借调的同志可以陆续返回。我当时也做了回学院投入教学工作的准备,总觉得离开原单位过久，本职工作荒疏了，也怕别的同志有意见。正当我准备回院的时候，李新师找我谈了一次话。他说：你先不忙回去，再留一段时间，帮我做编书后期的工作，由于我要和铁健同去河北永年统稿，北京没有人守着也不行。恩师的教诲和委托当然要从命接受。这是李新师对我的信任，也给我更多的学习机会。我回后勤学院向有关领导做了汇报，学院表示理解和支持，就这样又继续留在编书组工作了。

从1981年至1983年的两年时间里，协助李新、陈铁健主编做些编书后期工作，主要是依照他们的要求，对初稿的史实、文字做些订正；到新华社摄影部、革命博物馆等处，选来与本书三个部分相关的图片100多张（从中精选出81幅照片，因当时纸张和印刷条件所限，未能图随文走，而是集中排在书的前部，占32个页码）；与中国社会科学出版社联系有关出版事宜。1983年3月，《伟大的开端》得以出版发行，首次印刷7000本，受到学界和读者欢迎和好评。这四年多时间，在李新以及铁健、明逵、子信等同志的教导、帮助、支持下，我当了一届没有注册也没有学位的研究生，开始做起了学问，受益终生。

《中国新民主主义革命通史》第一卷《伟大的开端》面世后，编书组同志都很高兴。这既是新民主主义革命研究的开端，也是通史编写的开端，为以后各卷提供了样板和参照。李新师亲自主持编成第一卷，正是为了引导和推动后续各卷。为了加快编写工作，也为了解决编书和作者本职工作的矛盾，决定把第二卷以后的各卷，由参加首卷编写的骨干任分卷主编，组织本单位的力量，齐头并进，全面展开。由于记叙解放战争时期的第10、11、12卷军事斗争分量重，李新师分配给军事院校承担，指派黄友岚、邵维正、肖甡三人为这三卷的牵头人，在总主编李新、陈铁健的指导下，分别完成本卷的编写任务。李老还曾说过，你们是军人，要立下"军令状"，必须完成。

1983年5月，我返回后勤学院，一边接手教学工作，一边开始筹划第 11 卷的启动方案。这卷上限为 1946 年 6 月内战全面爆发,下限为 1947 年 6 月开始局部反攻。其中重点反映挫败国民党的全面进攻和重点进攻、国统区第二条战线的形成、人民解放军实施局部反攻。1984 年 3 月,我拟出本卷编写提纲,报送李新、陈铁健总主编审改。他们提出意见后,又改写了一遍。在编写力量组织上,遇到一些困难,因后勤学院主要学科是军队后勤指挥和后方专业勤务(军需、财务、卫勤、军交、油料、营房等),政治理论作为共同课开设,历史专业力量有限。集中编写任务完成后,各卷召集人每周(后来是两周)都到中央党校南院碰头交流,我如实向李新同志汇报人员组成问题。他说还是从实际出发,有什么条件做什么事,不是历史专业的人只要下功夫也能做好。回来向学院汇报,编写人员采取自愿报名、组织批准的办法选定。本卷编写组先由田耘生、胥佩兰、杜振发、邵维正组成,后因人手不够又吸收装甲兵工程学院罗秉礼、傅嘉贵加入,共六人组成,其中有从事党史教学的,也有哲学、政工专业的。

第 11 卷编写工作学习李新师抓第 1 卷的程序逐步展开,先是学习和统一思想,再从收集整理史料着手,在充分掌握文献资料的基础上才动手写初稿。原来我也分写部分初稿,编写组成员在讨论时提出:多数同志对这项研究任务比较生疏,你不在于自己写多少,主要与执笔者逐章逐题研究,重点放在修改统稿方面。因为这卷不是脱产写作,而是在完成本职教学工作的前提下业余写作,再加上初稿返工和修改次数多,时间拖得比较长。上述情况多次向李老做了汇报,他强调任务一定要完成,书稿质量要保证,时间可以拉长些。经过编写组的共同努力和多次修改,历时 12 年,于 1996 年 3 月完成送审稿,经两位总主编审定,上海人民出版社于 1997 年 9 月印出单行本,书名定为《战略防御转守为攻》,全书共 53.9 万字。2001 年 4 月,《中国新民主主义革命通史》全部完成时,本书又做了部分修改,作为第 11 卷纳入全书。

编写任务完成以后，向李新师的学习请教仍然在延续，我多次到他府上拜访，听他海阔天空的讲述，很受教益。后来李新师生病住院，我多次到北京医院看望，他见了就说"邵维正来了"。他妹妹告诉我："哥哥好多人都不记得了，你来了还能叫出姓名，不容易啊！"李新师不仅对我恩重如山，还一直把我这个凡人记在心里，我听了十分感动。很多年过去了，这件事我始终记忆犹新。

在中央党校时，与李新师朝夕相处四年，加上后来以不同方式受他教诲，前后有二十余年。他是我人生第二个时期事业上的领路人。李老刚正不阿的品格、诲人不倦的精神、治史的楷模、人格的魅力，我永记心间，终生难忘。

李新师永远活在我的心中！

2018.3.20

实事求是、秉笔直书
——纪念李新老师100周年诞辰

姜华宣

在纪念李新老师100周年诞辰的时候,回忆起他对我的知遇之恩。他那种良师益友的形象,特别是他那种实事求是、秉笔直书的治史之道,深深地感染着我、鞭策着我,在他的言行指引下,我走上了中国革命史、中共历史的教学和研究之路。

难有的机遇

中国社科院近代史研究所著名专家、学者,也是李新老师得力门生的陈铁健同志,有一幅关于他老师的挽联:"领导川东学潮,参加民族抗战,实施冀南土改,呼唤政治革新,反专制,争民主,求兴国,八十年奋斗不息;投身大学教育,参加文字改革,深研民国史事,努力文化复兴,斥教条,除迷信,去盲从,五十载始终如一。"

新中国成立后,他历任中国人民大学副教务长、党委副书记,中国文字改革委员会秘书长,中国社会科学院近代史研究所研究员、副所长,全国政协文史资料研究委员会副主任,中共党史研究会第一、二届副会长,中国现代史学会理事长,中共中央党史研究室副主任,第五、六届全国政协委员。他主编出版过多种大型专著：《中华民国史》《中国新民主主义革命时期通史》《新民主主义革命的几个问题》《新民主主义革命简史》等。

1978年起，中国社科院现代史研究室，在他主持下编写《中国新民主主义革命史长编》。我有幸能参加这一工作，深感荣幸，对我来说这是难有的机遇。编写组设在中共中央党校主楼六层，参加这一工作的有一些是高校的教师。当时，我是以刚进入北京化工大学的一名党史、革命史教师的身份参加的。说来话长，作为党史、革命史教师我是很不合格的。我是"文化大革命"中才调到北京化工大学的，本来，我毕业于中国人民大学后留校工作。"文化大革命"开始时，我在中国人民大学历史系工作，当时正带领党史专业的学生在北京西山农场、苏家坨公社进行"三史"调查。北京大学聂元梓等人的大字报贴出后，我带领几个辅导员、学生回到人大校园，看到一些教师被当成牛鬼蛇神，游街示众。对此，一是惊讶，二是反感，觉得这是违反党的政策的。即时，我起草了一篇广播稿，在校广播台广播。很快受到围攻，军宣队当场宣告我是"现行反革命"，把我拉到人民大学的八百人大教室批斗。1966年8月7日，党的八届十一中全会上，毛泽东发表《炮打司令部》的大字报。从此，我的头上又加了两顶帽子："刘少奇黑司令部的干将""修正主义的苗子"。更使我难堪的是在"四清"运动中发展的学生党员，当着我的面把入党志愿书撕掉，以表示和我划清界限。对这种突如其来的冲击，我感到困惑不解。为了弄清党的历史，特别是"两个司令部""十次路线斗争"等重大问题，我决心努力学习党的历史，而且立志做一名党史老师。

得知李新老师主持编写《中国新民主主义革命史长编》，我心中特别高兴，盼望能在这样一位德高望重的专家的指导下参与这一工作，抓住这一难有的机遇，努力提高自己的业务素质和教书育人的能力。

当时的编写计划，为期一年，党的组织关系要转到编写组（中国社会科学院现代史研究室）。我向我校的领导提出要求参加这项工作，目的是提高自己的教学水平，并答应我现在担任的所有课程按计划完成，绝不耽误。最后，学校有关领导同意了。在我去报到的时候，遇上国防大学（政治学院）的肖甡同志，让我感到惊喜，他是我在天津铁路职工中学时期的亲密校友。中学时期，我们创办过大型板报《为了祖国报》，志同道合，久未见面，一见如故，而且意愿一致。编写组分工时，正好又把我们分到一个小组，具体工作是整理、收集第一次国共合作时期的资料：他负责国民党方面的材料，我负责共产党方面的材料，这也是"国共合作"。

当时编写组的副主任刘明逵，是研究工运史的专家，党支部是临时的。我们的工作是抓紧时间搜集整理有关材料。资料室设在中央党校主楼六层，存有大量中宣部资料室的资料，对我们来说具有极大的吸引力。晚间，我们到资料室看材料，抄写有关的资料；白天，我们一大早就出去采访一些相关的还健在的革命老人。我们先后多次访问过徐梅坤、刘仁静、罗章龙、张金保、张申府、于树德、唐宏经、包惠僧、李一纯等前辈。这种访问对我们来说是一次学习的极好时机，可以向这些老前辈请教一些历史问题。有的人要去访问多次，甚至几十次。对他们谈的问题要进行分析比较，有的事，时间过去几十年了，可能记得不准，我们回来后要找文件查对核实，认真整理访问笔记，写出翔实的资料。这些资料对编写历史长编有着重要价值。在这段时间，我们参与《中国现代革命史资料丛刊》编写工作，将我们访问得到的一些资料收入其中，如《"二大"和"三大"——中国共产党第二、三次代表大会资料选编》，由中国社会科学出版社出版；《"一大"前后——中国共产党第一次全国代表大会前后资料选编》（一）（二）（三）集，由中国社科院现代史研究室和中国革命博物馆党史研究室选编，人民出版社出版。

在我们访问的老前辈中，去得最多、时间最长的是徐梅坤。徐老，从党的创立，到党的"一大""二大""三大""四大""五大"，他知道的事最多。例如，党的"二大"后，党中央决定在上海出版发行中央机关刊物《向导》周报，陈独秀和蔡和森负责编辑工作，也是《向导》的主要撰稿人。经常给《向导》写文章的人有李大钊、张太雷、高君宇、张国焘、刘仁静等。徐梅坤时任中共上海地方兼区委执行委员会书记，因为党中央在上海的人手不够，中央决定由他兼管《向导》的出版发行工作。他当时的公开身份是光明印刷厂排字工，一面做排字工作，一面做党的工作。《向导》就是利用他的这种工作关系在这家印刷厂排印出版，在这方面他知道得很细。我们想知道、想问他的问题也很多。我们问他《向导》刊头题字是谁题的，他经过认真回忆，说《向导》的刊头题字是他请徐忱亚题写的，因为他与"礼拜六派"的一些人关系很熟——徐忱亚是"礼拜六派"即"鸳鸯蝴蝶派"的主要成员，党外人士，小说家。可以说，这是第一次弄清《向导》刊头题字的来源。（当时刊头书写的是繁体字"嚮導"二字。）

当时，我们看到有的人写文章注出处时，常常把它注明"响导"。为了纠误，我们指明"嚮導"不是"响导"，而是"向导"，著文在刊物上发表。从此以后，我们看有些报刊上，不再用"响导"，而用"向导"，我们感到，这也是我们参加在李新老师主持下编写《中国新民主主义革命史长编》工作中的一点小小的收获。

我和肖甡对徐梅坤老人的访问，收获最多，可以说去过几十次，用了一年多的时间，经过认真梳理，编写出一本《九旬忆旧——徐梅坤生平自述》，并请陈云题写了书名。光明日报出版社社长姚维斗看到这本书所涉及的内容，如曲江工潮、衙前风云、上海早期工人运动、建立中共杭州支部、印行《向导》、参加"三大""五卅"运动前后、商务印书馆大罢工、上海三次工人武装起义、"四一二"反革命政变、杭州解放等回忆的细节,认为这些资料很珍贵,对党史研究很有参考价值。为此,在他的支持下此书得以在光明日报出版社出版发行,第一版的印数为 3700 册。

难忘的教诲

我和肖甡在编写组工作期间,总感觉时间宝贵,分秒必争都不够。除白天一起走访有关老前辈外,晚间总加班加点,经常是十二点以后回宿舍睡觉。有一天,十二点以后,李新老师到党校主楼六层看我们,楼上只有我们两人。这么晚了李新老师还爬上六楼,我们主动站起来迎接李老师的到来,并向李老师汇报工作情况,拿出我们整理好的资料让他看。我们向他说,我们能参加这项工作,主要是来学习的,通过这段工作,我们开了眼界,收获很大,希望李老师多加指教。李老师看了看我们说:"你们让我们怎样指导?说空话,没有用。"开初,我们不明白李老师的用意,在我们的脑海里就是为编写组搜集整理有关资料,做好编书的基础性工作。李老师说,你们搜集了那么些资料,一方面要认真分析这些资料的真伪,一方面要动脑思考一些问题,利用这些资料准确地回答问题,这就要动手写文章。这一点是我们没有想到的。我们深感水平和资历不够,对李老师说,过去没有写过这方面的文章。李新老师又说:"我这个人不愿说空话,空话没有用的。你们如果需要我帮助和指导,就要动脑动手,练习写文章。如能把这些宝贵的资料,写成一些有价值的文章,写好后拿来给我看,这才可以叫帮助和指导。"听了李老师的这些话,我们感动极了。这是对我们的教导,也是对我们的鞭策,指明了我们前进的方向。

我和肖甡根据李老师的指教，在抓紧时间完成编写组整理资料的同时，围绕党的"三大"的一些具体问题，练笔写文章。肖甡写成一篇《关于出席中共"三大"的代表问题》，具体说明"三大"的代表人数，以及"三大"代表的具体情况。我写了一篇《关于中共"三大"中央领导机构及其成员问题》，文章讲了中共"三大"中央机构的名称、中共"三大"委员和候补委员人选、中央委员、候补中央委员及其分工。这两篇文章是依据我们所能看到的资料以及访问有关当事人的回忆。写好后，我们将两篇文章交给李新老师。过了一些日子，李新老师找我们，把文章退给我们，上面有些文字是他修改的，并对我们说，写得不错，鼓励我们把稿子投给中共中央党校《党史研究》编辑部。没过多久，《党史研究》1980年第2期刊出。我们破天荒第一次在《党史研究》上发表文章，这是对我们的鼓励和鞭策，也是李老师对我们指导的结果。文章中我们引用了大量当事人的一些回忆，有些是不准确的。正像李老师讲的那样，如果不能看到全部秘藏的档案文献（包括国外秘藏的有关档案），谁也无法写出令人信服的全面客观、真实、公正的党史著作。以后，我们根据一些新公布的档案文件，对一些不实之处进行了修订。

我和肖甡曾多次访问过蔡和森夫人李一纯，她讲述了蔡和森生前的许多事情。我们又看了一些蔡和森的著述及有关材料，共同编写了《蔡和森年谱》，投到中国人民大学《教学与研究》编辑部，很快在1980年的第2、3期上连续发表。

在李新老师的主持下，长编的编写工作进入到各个章节的起草阶段。我和肖甡整理的有关第一次国共合作的相关资料，国、共两部分每部分有三万多字，合起来共七万多字，交给编写组，起草长编文稿。在一次编写组讨论会上，有一位起草人拿出一篇只有一千五百字的文稿让我们讨论。因为我们不懂什么是长编、多长算长编，讨论时我们不知从何说起，肖甡就问了一个问题：一千五百字的文章，是长编还是短编？之后，责成起草人重新起草。

依照李新老师教导，在熟悉历史资料的基础上，对一些历史问题经过认真思考，可以提出自己的见解。我们认为第一次国共合作的问题，不论是从理论上和实践上都是十分复杂的、值得认真研究的问题。我和肖甡经过认真地讨论，表明自己的见解。1981年初，我们写了一篇《第一次国共合作统一战线的形成》的论文。全文分八个问题：一、在联合对象问题上的探索；二、国共合作问题的提出；三、统一战线形式问题的分歧；四、从党外联合到党内合作的转变；五、孙中山"联俄联共"政策的确立；六、在加入国民党问题上的争论；七、国共合作的正式建立；八、第一次国共合作统一战线的历史地位。全文两万多字。该文在《历史研究》1981年第2期上全文发表。这是我和肖甡同志在编写《中国新民主主义革命史长编》期间，在李新老师指导下完成的一篇论文，是我们这段时间学习中共党史的一份答卷，更是我们对李新老师的感恩之作。

难得的批示

李新老师治史强调史德，主张写历史要实事求是、秉笔直书，认为写史不真，有违史德，丧失史学家的良心。我在编写组工作期间，对此深有感悟。

我从编写组回到学校后，在坚持教学的同时，不忘治史的初心，首先从研究党的会议入手，厘清"两个司令部"和十次路线斗争的问题。党的代表大会及党的各种会议是党史的重要内容，在党的发展历史中具有重要的历史地位和作用。党的纲领、章程、路线、方针、政策、战略策略的制定和修改,党的各项工作的部署和检查,党的工作经验教训的总结,党的组织和人事的变动等等,都是通过会议来实现的。历史是一面镜子,党的会议的正确与错误直接关系到党的事业兴衰曲直。作为一名党史教师,弄清党的会议,这是重要课题,应该努力从各种渠道收集、研究、分析、考证有关资料,认真纠正被歪曲的历史事实,特别是对"文化大革命"中被颠倒的历史进行正本清源。

为了纪念中国共产党成立六十周年,我编写了《中国共产党民主革命时期的七次全国代表大会介绍》。中国共产党从诞生到领导中国新民主主义革命的胜利,中间召开过七次全国代表大会,这是中国共产党诞生、成长、壮大的历史记录。文章写好,我将稿子投给《人民日报》理论部的宁培芬同志(人大党史系胡华教授的研究生)。事后我接到理论部的来信,说为了纪念中国共产党成立六十周年,宣传普及党的历史知识,经理论部认真研究并报请总编室,决定在《人民日报》用一个月的时间连续发表,时间从6月初到6月底。这中间,编者和作者要传送清样,为安全、准时,请我向我们学校党委有关负责同志请示,清样传递由学校内部收发,不要误事。事后,我将《中国共产党第一次全国代表大会》的稿子清样交给一位党委副书记,稿子很快返回理论部。第二篇清样传递时,传达室的同志说不符规定。这位党委副书记告诉我说:内部收发是传达党委的重要文件,收发室的同志认为,你是一个普通教师,没有这个资格。为此,我骑自行车将清样送到《人民日报》编辑部。关于七次党的代表大会的文章于1981年6月底发表完,在这过程中《人民日报》编辑部收到许多来信。其中,有邓颖超同志的来信,她指出,党的"六大"代表有正式代表和列席代表,文稿中把代表和列席代表放在一起,说她是列席代表。

从党的"二大"到"三大"期间,中国共产党明确地提出民主革命纲领,并为实现这个纲领而确立了以国共合作为基础的统一战线的革命策略。这对中国共产党的成长、壮大和中国革命事业的发展，有着极为重要的意义。如何评价党的民主革命纲领的提出和国共合作统一战线策略确立的历史地位问题，这是党史研究的一个重要课题。由于大革命失败，对这段历史的歪曲和对陈独秀的误解，很值得研究，应给予客观、公正、实事求是的评价。

经过认真思考，我写了一篇论文《党的民主革命纲领的提出和国共合作策略确立的几个问题》。全文分如下几个问题：党的民主革命纲领提出的依据、民主革命纲领是对旧民主革命纲领的继承和发展、国共合作统一战线策略的确立、"三大"前后党内存在倾向的问题、国共合作策略确立的历史地位（一次重要的尝试、一次成功的实验、一次伟大的转变）。这篇文章的重点、亮点是最后一个问题，特别指出的是对党的第一代领导人陈独秀给予充分的肯定，对共产国际代表马林、国民党孙中山的贡献方面也给予应有的评价。政策和策略是党的生命，幼年的中国共产党，面对国际国内错综复杂的形势，在"二大"提出了党的最高纲领和最低纲领，即民主革命纲领：消除内乱，打倒军阀，建设国内和平；推翻国际帝国主义的压迫，达到中华民族完全独立；统一中国为真正的民主共和国。这个纲领在中国革命史上是第一个彻底反帝反封建的革命纲领。它是一面光辉的旗帜，指明了中国各民族人民前进的道路。党的"三大"确立了国共合作统一战线的策略，证明中国共产党一踏上中国的政治舞台，就发挥了"先锋战士的作用"，尽管党在这些问题上认识还不完整、不成熟，但其主导方面，是适应了历史发展的客观要求，推动了历史车轮的前进。这是中国共产党努力研究中国的客观实际，初步总结了中国革命的历史经验，找到了"实际解决中国问题的方案"。这是党在新民主主义革命史上的一次伟大的尝试。

在探索解决中国问题方案的过程中，党的一些领导人起过重要作用,特别是党的主要领导人陈独秀起到的作用应予以充分肯定。开始他对党内合作提出异议,很快,认识了中国的实际,接受了共产国际的建议;当党内对加入国民党实现国共合作的"左"倾形成一种障碍的时候,他坚决维护共产国际的指示,带头加入国民党,积极参加改组国民党的工作。

更值得肯定的是,他参加共产国际第四次代表大会时,就国共合作统一战线的策略问题,明确指出:我们想要达到两个目的:第一,我们希望通过我们在国民党内许多有组织的工人中进行宣传,把他们争取到我们这边来;第二,我们只有把自己的力量同小资产阶级和无产阶级的力量结合起来,才能打击帝国主义。对我们来说,这只是为了达到目的的一种手段。他这样解释党的策略问题,也说明我们党加入国民党的目的性不仅是明确的,而且是积极的。

党的"三大"前后,陈独秀发表的《资产阶级的革命与革命的资产阶级》《中国国民革命与社会各阶级》两篇文章,其背景为贯彻共产国际和"三大"关于国共合作的决议。前一篇强调资产阶级与无产阶级携手,指出"幼稚的资产阶级也很难以单独的力量完成革命事业,所以'反抗帝国主义'及'联络无产阶级'这两个原则,是全世界殖民地或半殖民地资产阶级民主革命所特有的共通原则";后一篇文章,反复指明国民革命的可能性,强调工人阶级参加国民革命、加入联合战线的必要性。从这个意义上讲,两篇文章具有重要的指导意义。作为中国共产党幼年时期的领袖的陈独秀,不论从理论上和实践上都值得肯定,具有重大功绩的。

我的那篇文章发表在1985年初,其背景是当时正值批判所谓"右倾回潮",特别是"文化大革命"中陈独秀头上戴着十顶大帽子,如右倾机会主义、投降主义、反党、托陈取消派、叛徒、反共产国际、反革命、汉奸、间谍等。《近代史研究》编辑部接到这篇稿子后,首先肯定文章质量较高，但认为当前正在批判"右倾回潮"，陈独秀是个很敏感的人物，特别是对陈独秀的功绩给予肯定，文章不好发表。当时责任编辑梁尚贤同志（人大党史系校友）同我商量，可否把陈独秀进行修改或删掉。我不同意，删掉陈独秀的内容，文章就没有什么价值了。他们本来想把文章拖一段时间再说。后来梁尚贤想到一个办法，把文章转给李新和丁守和两位史学界的权威。他们看过后，批了八个字："可以发表，文责自负"。《近代史研究》编辑部很快发表了这篇文章。接着，北京师范大学张静如教授给我打来电话，对我给予肯定。我告诉他内部消息，由于李新和丁守和批示同意才得以发表。李新、丁守和的批示，对我来说是难得的，这也是对我的鼓励和支持。这篇文章的写作也是践行李新老师的实事求是、秉笔直书的又一次习作。

2004年2月5日李新老师病逝，我心情沉痛，为表达对他的悼念，写了一首藏头诗《德高望重品格高》，也抄录于此以表纪念：

> 李师从教进高校，
> 新民主义立功劳；
> 重大运动经风雨，
> 教书育人重身教；
> 更喜遗著多精品，
> 重大是非敢公道；
> 道路坎坷志坚定，
> 德高望重品格高。

对我一生影响最大的学者李新

杨天石

我一生见过许多学者，和许多学者打过交道。几年前，曾经有家媒体访问我，哪位学者对我一生影响最大？我当即毫不迟疑地回答：李新，担任过《中华民国史》主编、近代史研究所副所长、中央党史研究室副主任的历史学家李新。

没有李新，我不会走上研究历史的道路；没有李新，我也不会成为现在人们所熟知的一位民国史学者。说来话长。

一、北大"白专"典型，分派培训拖拉机手，转调中学教书

我自幼功课不错。1952年，初中升高中，无锡数万名学生统考，7门功课，全市在600分以上者6人，我是其中之一。最高分618分，我的分数是608.5分。进入无锡市第一中学后，我的文科、理科均优，被认为是德智体全面发展的好学生，拿过学校的奖状。中学毕业，我选择报考北京大学中文系。当时北大第一次采用五年学制，第一次完全按成绩高低录取。入学后，系里有一批东德和朝鲜等国的留学生，要选派成绩好的学生当辅导员，帮助他们学习，我被选为系里的总负

责人。由此推想，我的入学成绩不会很低。头两年考试，学苏联，采取5级分制，我是班里的全优生，各门功课都是5分。当时，自己对未来的期望值很高，立志通过学术为社会主义服务，为国家、民族做一番事业，在图书馆的卡片盒里留下一叠卡片。不过，我的理想很快被批判为"白专"道路，加之我对"反右运动"有看法，不认为北大揪出来的大批右派都是所谓"反党反社会主义分子"，因而不会义愤填膺、张眉瞪目地斗右派。尽管我努力紧跟，努力自我检讨、自我批判，向党交心，积极支持和配合团委举办我的"个人主义思想展览"，但始终被认为是应该拔除的"白旗"。毕业鉴定有云："反右斗争中严重右倾，丧失立场"，甚至说我"一贯和党的方针对立"，等等。毕业分配了，自然，科研院所、高等院校虽然要人很多，但都没有我的份儿。我被分配到北京八一农业机械学校。那所学校，位于南苑机场西边的五爱屯，是利用解放军捐款，借了小学的几排房子，匆匆忙忙办起来的。名义上是中专，实际上是轮训郊区拖拉机手的短训班，学习时间最长半年、最短一个月。一年半后，学校奉命下马，我被北京师大一附中选去，做语文教师。

  我对自己的分配不满意，也不心服。当时，李希凡和蓝翎二人因为研究《红楼梦》出了成绩，被调到理想岗位，我便想效法他们。到农机学校不久，我便决定写作《南社研究》一书，记述清末、民国时期一个最大的文学团体的历史，企图以著作证明自己的科研能力。调到师大一附中后，我仍然一边教书，一边以业余时间写作。除了完成《南社研究》的书稿外，还写成晚清诗人黄遵宪的传记。"文化大革命"期间，别的书没有出版希望，我便研究鲁迅，想写《鲁迅传》。那时候，"样板戏"盛行，我以"前头捉了张辉瓒"的故事为题材，想写新歌剧《万木霜天》，反映第一次国内革命战争时期"反围剿"的历史，设计了人物、场次，也写出了部分歌词。此外，哲学研究所的吴则虞研究员正在编辑《中国佛教思想文选》，因高血压瘫痪在床，那时，我正研究宋明道学，对王阳明有兴趣，于是便帮吴先生看佛经、抄佛经，以便进一步研究中国哲学史。后来，在师大一附中任教期间，我陆续写出了《王阳明》《泰州学派》《朱熹及其哲学》等几本小书。《王阳明》出版于 1972 年。《泰州学派》等书出版于 1980 年以后的几年内。还写过一本《近代史上尊孔和反孔的斗争》，时过境迁，出版社建议改为《近代思想简史》，就搁下了。

其间，确实有过几个单位要调我。刚到师大附中报到，外文出版社英文版《中国文学》编辑部就要调我去当编辑。我当然乐意。有一段时期，个人档案已经送到编辑部了，但不久师大一附中又将档案要了回去。1963 年，我在《新建设》第 9 期发表《关于王艮思想的评价》一文，全面和哲学史、思想史大家侯外庐、嵇文甫、吕振羽、杨荣国等学者唱反调。他们认为是唯物主义，我则认为是唯心主义；他们认为富于人民性和异端色彩，我则认为是奴隶道德的鼓吹者。文章发表前，编辑部送请侯外庐先生审阅。侯先生认为文章是讲道理的，同意发表。不仅如此，侯先生还决定调我到他所领导的历史研究所思想史研究室工作。此外，据说《诗刊》编辑部需要一位懂旧体诗词格律的编辑，我也曾是候选人。这些调动，有些我知道，有些我不知道。但我不知什么时候，莫名其妙地形成了一个观念：调动是组织上的事，个人不得参与。因此，从来不向师大一附中领导申请调动。我自己不张口，这样，自然也都调不成。然而，我都认为是由于我家庭成分不好，大学时的档案又不好，因此调不成。那是个突出政治的年代，谁愿意收纳我这样被"扫地出门"的"垃圾"呢？

我在师大一附中教书，兢兢业业，深受学生欢迎。有段时期，学生对我，几乎到了崇拜地步。这样，我就成了那里的名师。有时，同事们不喊我的名字，开玩笑，喊"杨天才"。尽管如此，我仍然不被看好。1964年前后,城乡开始"四清"运动,纷纷揪挖"新生的资产阶级分子"。师大一附中并非"四清"单位,党支部未雨绸缪,认为我个人奋斗,走成名成家的道路,将我内定为"新生的资产阶级知识分子",因为我不贪不占,按中专教师等级,每月工资只有55元,和"资产阶级分子"实在沾不上边。"文化大革命"一起,我就被某党支部委员授意,在大字报里说我"交了些杂七杂八的朋友,写了些杂七杂八的文章"。后来,我又成了"北大陆平黑帮精心培养的修正主义苗子"和"资产阶级反动权威",被打进"第三劳改队"。"复课闹革命"了,我首批"解放",但我不愿意教语文,就一度改行教英语,教学生喊"Long Live Chairman Mao"。工人宣传队、解放军宣传队进校,实行军事化管理。和其他教师相比,我的个人历史、社会关系都比较单纯,于是,被提拔重用,当了"连长",管理四个班级,也就是四个排的学生。下厂、下乡、拉练、拔麦子、插秧,都干过。

1974年10月,北大毕业后的第14年,我的命运出现转机。

二、18年后,我终于跨进近代史研究所的大门

"文化大革命"期间,师大一附中一度被强制改名为"南新华街中学"。1974年10月,我突然接到中国科学院近代史研究所民国史研究组的一封信,说明他们正在编辑《中华民国史资料丛稿》,其中有一份资料,题为《南社资料》,附有该资料的详细提纲,要求我提出意见。我从1958年起就研究南社,后来编注《近代诗选》,写作《南社研究》,下过几年功夫。我对提纲提了很多意见。过了不多几天,民国史研究组再次来信,约我到所面谈。10月31日我应约前往,接待我的是《南社资料》的编者王晶垚同志,我又提了不少意见。11月4

日,王晶垚邀我参加协作。协作是当时民国史研究组的一种对外合作方式,不调动人事关系,不减少在原单位的工作负担,没有劳务报酬,属于"义工"性质。我当时教两个班的语文,每周12课时,还兼班主任,但能够参加近代史的科研工作,还是很乐意的。

近代史研究所藏有清末民初的多种报纸,外间少见。于是,我便常到所里读报,一种种、一天天地读和南社文人有关的报纸,又认识了《南社资料》的另一个编者王学庄。王学庄毕业于复旦大学历史系,知识渊博,读书面很广,写一手很端正、工整的钢笔字,当时就住在研究所东侧的一间又小又矮的平房里。我们年龄相近,他比我小两岁。我们很快就熟悉,并且谈得很投机。从他那里,我才得知,《新建设》1965年第2期发表过我的另一篇文章《论辛亥革命前的国粹主义思潮》,其中论述南社很深入,王学庄读到了,才决定向我征求意见。也是从他那里,我得知了近代史研究所和民国史研究组的更多情况。

隔代修史是中国历史学的传统。清朝为明朝修史,明朝为元朝修史,元朝为宋朝修史……中华人民共和国成立后,理应为中华民国修史。50年代,董必武、吴玉章等就曾提议编撰《中华民国史》,随后列入"五年计划",不过一直没有落实。1972年,周恩来总理和时任"文化大革命"小组副组长的江青重提此事,当时的国务院出版口就将这一任务下达给近代史研究所。李新当时是副所长,立即起草计划,于8月18日向中国科学院院长郭沫若及国务院联络员刘希尧提出书面报告,其中说:"在当前用马克思主义观点来阐述中国剥削制度社会最后一个朝代'中华民国'的兴亡,不仅是必要的,而且是可能的。由近代史研究所负责这项任务,也是义不容辞的责任。"郭沫若、刘希尧以及当时的国务院副秘书长吴庆彤均批示同意,立即在近代史研究所成立民国史研究组,由李新任组长、主编,开始工作。"文化大革命"期间,近代史研究所有许多"造反派",当时呼风唤雨,红极一时,这时却有点被冷落了。李新表示：来者欢迎，去者欢送，来去自由。于是许多年轻的"造反派"纷纷加入民国史研究组。人还不够，李新又计划从外单位招兵买马，中国人民大学的胡华、戴逸、彭明、王淇四人都是李新试图邀请的协作对象。在最初时期，民国史研究组成了全所人数最多的大组。当时的计划是写一部书：多卷本《中华民国史》，分三编；同时编三种资料：《中华民国大事记》《中华民国人物志》《中华民国专题资料》。《中华民国专题资料》包括政治、军事、经济、文化等类，最多的时候设计了六百多个项目。《南社资料》就是其中的一种。

按李新设计的工作程序，资料先行，史著写作在后。于是，首先成立的是"大事记""人物传"及"专题资料"三个组。我所在的师大一附中位于和平门，离位于东厂胡同的近代史研究所很近。上完课，哪怕还有一个小时的时间，我也骑车到近代史所看书、看报。这样，近代史所上下就都逐渐知道有我这个人了。大概是1977年，《中华民国史》的编写工作正式启动。王学庄以其学问和语言风格，一向受李新看重，自然成为编写组的头号主力，负责撰写《中华民国史》第一编的最重要的章节：《中国同盟会成立前后的革命斗争》。这时，我和王学庄已经是好朋友，彼此都很了解。王学庄很希望我能正式调入近代史所，便和我商量，拟向李新表示，他的任务太重，建议将原来由他执笔的一章分为两章，《中国同盟会成立前的革命斗争》和《中国同盟会成立后的革命斗争》，他自己写前一章，将后一章分给我，以此加深我和近代史研究所的关系，为调入做准备。对王学庄的打算，我自然赞成。不过，这是要由主编李新才能定夺的事。于是，我们决定相机去向李新汇报。

我在北大所学专业名为汉语言文学专业文学专门化，自己对唐代诗歌和鸦片战争至五四时期的诗歌做过研究，但是各种历史学的专业课都没有学过,对孙中山和中国同盟会的历史也只有粗浅了解。不过,我对自己的业务能力有充分信心,相信能写好有关章节,所担心的是,李新同志能否信任我这个中学语文教师,将任务交给我。一天晚上,我和王学庄一起去建国门外李新同志住所。进了书房,王学庄按原先设想说明来意,没有想到,李新同志立即表示同意,连"考虑考虑""商量商量"的套话、例话都没有,这是使我大出意外的。

就这样,简洁明快,我这个没有受过历史专业训练的中学语文教师,成了国务院交办项目《中华民国史》的编写组成员。

说老实话,我这个人有的方面很笨,笨得出奇。例如,体育运动神经。当年,学校里推行"劳动卫国制"。百米要求15秒之内跑完,我拼死拼活,要17秒才能跑下来。单杠引体向上,开始时一个也做不到。不过,我对考试、写文章、写书,却从来不怵。我在大学参加过写作《中国文学史》,编注过《近代诗选》;离开大学后,在《新建设》这样的高等级刊物上连续发表过哲学和史学文章,对科研工作的一套常规并不陌生。接受任务,工作一段后,我便向当时的民国史研究室副主任朱信泉提出,要到南京、上海收集资料。自然,没有任何困难,我这个师大一附中的教师便拿着近代史研究所的介绍信,带着出差经费,堂而皇之地到南京、上海去了。

我既然实际上已经参加了《中华民国史》编写组,自然,将我调入近代史研究所的问题便提上了日程。这时,我的思想负担倒日渐沉重起来了。

我之所以思想负担日益沉重,一是因为家庭成分为地主,一是因为大学时期被批判,毕业鉴定很糟糕。鉴于多年来我的调动均未成功,我害怕近代史研究所的人事干部一看档案,还是不敢要、不想要。想来想去,越想越怕、越紧张。有时,几乎想大叫大吼几声,家人都担心我发疯。这时,我想到了好友陈漱渝调进鲁迅研究室的故事。陈原是天津南开大学中文系的高才生，他的父亲毕业于黄埔军官学校，1949年之前赴台，是国军军官。由于这一原因，他在南开毕业后被分配到北京西城区石驸马大街的女八中教书，工作出色，可以评先进却有意不评。女八中的校舍是当年鲁迅教过书的北京女子师范大学原址，我便建议陈以《鲁迅和女师大学生运动》为题写本书。他把书写成了，出版了。有一年，毛泽东批示成立鲁迅研究室，有关方面要调陈进室。陈担心因父亲的历史受阻，就主动找有关领导说清楚。有关领导不以为意，照原计划调进，陈很快成为著名的鲁迅研究专家。我决定仿效陈的做法，先向李新同志说清楚，能调就调，不调我也就从此死心了。

仍然是晚上，我一个人跑到李新家。不巧，李新不在，他的夫人于川接待我。我如实说明情况，于川夫人却笑起来说：你的家庭成分"高"了点，这没有关系嘛！她不说"黑五类"，用了个"高"字。这我还是第一次听到。关于"反右"中的表现，她说：这不证明当时你是正确的嘛！于川夫人的一席话打消了我的顾虑。于是，我便决定直接找师大一附中的革委会主任董质斌，要求调动。董大概有点同情我，表示可以调出，但必须近代史研究所来人交换，开了三个条件：1.来人的水平不能低于我；2.必须是共产党员；3.必须能当语文教研组组长。我那时有点胆量了，便缓言反驳：一、近代史所如果有人水平不低于我，何必调我？二、我本人非党员，也没有当过教研组长，何能以此要求来人？说来说去，董坚持"来人交换"这一条件。无可奈何，我找近代史所的人事处长刘明远商量。刘明远笑着说："人，有的是。我们正在解决两地分居问题，为研究人员的家属找单位呢！"于是，近代史所前后送了两批，二十几个人的档案，任由师大一附中挑选，不想一个也挑不中。这下子，我绝望了。就在此际，我的邻居告诉我，安徽师大附中的语文教研组长因两地分居调来北京，尚未分配。我一听，连夜找到这位老师，请求她来顶我。不想这位老师是大专毕业，只学了三年，师大一附中仍然不肯接收，经我苦苦哀求，才勉强同意。

师大一附中是双重管理的学校，既归北师大管，又归宣武区教育局管。师大一附中的人事干部对我说：你从宣武区出口保险，因为宣武区不会卡你；如果从师大走，师大可能不放你。果然，在向师大人事处报备时，有关领导一听我调往哲学社会科学部，立即表示："这个人我们自己留下不好吗？"师大一附中的人事干部因为同情我，便谎说："这个人口才不好，不会讲课。"往年，我以业余时间勤奋写作，被视为求名求利；"文化大革命"期间，我写作《王阳明》，初版就发行302000册，报酬却只有30本样书，但我仍然坚持写作不懈。这样，"求利"之说自然不辩自破。同事们普遍对我改变了看法。

1978年4月下旬，我终于拿着宣武区组织部门的介绍信，到中国社会科学院报到，由此跨进了近代史研究所的大门。尽管我长期热爱中国文学和哲学，渴望到研究机构，一辈子献身于传统文化，但从北大毕业至此时，我在中等学校已经教书18年。

三、李新指导我写《中华民国史》

年轻时有过许多梦想：学校里的共青团基层干部、钢铁工程师、地质工作者、数学家、古籍整理编辑、记者、诗人、作家，就是没有想过要当历史学家。

李新是《中华民国史》的主编。他这个主编当得很放手，拟了各章题目，安排了执笔者，就不管了。我的记忆中，就不曾开过编写会议，讨论过什么问题。我接受撰写《中国同盟会成立后的革命斗争》这一章的任务后，李新也不曾和我谈过话，提出什么要求，一切由我自主。《中国同盟会成立后的革命斗争》这一章写成后，李新小有删削，就要我和李宗一两个人住到西郊的中央党校去，统改《中华民国史》第一编《中华民国的建立》上、下卷。我被分配修改《武昌起义》这一章，李宗一则修改《各省起义》等章。《中华民国史》第一编上、下两卷在1981、1982两年出版后，李新让我担任《中华民国史》第二编第五卷的主编，这一卷的题目是《北伐战争与北洋军阀的覆灭》。于是，我便选人，搭班子，起草章节纲目。这些，李新也一概不加过问。这一卷，我写得很认真、很用心。北伐战争的时间不过两年，我和合作者写这一卷的时间却用了十年。书稿写成后，交李新审阅。他只改动了几十个字，就交付中华书局，于1996年出版。

李新虽然没有和我系统地长篇谈话，但是接触多了，对他的史学思想、编书原则逐渐有所了解。今就记忆所及，谈印象最深的几点：

1. 文史有别，文人不能修史。

社会上很多人觉得历史著作枯燥、干巴、不生动、不吸引读者。我自己是学文学出身，对此感触尤深，因此，参加写作《中华民国史》后，总想打破文史之间的界限，引进一些文学的风格和手法，将历史写得生动一些、活泼一些。但是，我也知道，文学是艺术，历史是科学，虽说文史相通，但两者是不同的行当，决不能混淆。例如，文学允许虚构和想象，而历史学却容不得任何虚构和想象。特别是《中华民国史》这样的书，是多卷本的正史，真实、准确、可信是绝对要求，不能有任何虚假、夸张的不实成分，同时也必须有统一的体例、统一的语言风格，不可能像个人著作一样，可以独出心裁，有自己独特的个人风格和处理手法。但是，我总想在可能的范围和限度内，让它有点文学色彩。例如，1906年至1907年的萍浏醴起义，是同盟会成立后的第一次起义，此后各处起义不断发生，连绵不断。我在叙述这一段历史时，写了两句："它像一声春雷，迅速激起了群山的回响。"又如，1907年，清政府派五大臣出洋，考察西方宪政，宣布预备立宪。

其实，离真正的立宪还远着呢，但是，流亡海外的改良派却兴奋异常，纷纷撰文歌颂。我在叙述这一段历史时，为了讽刺改良派，写了一句："清政府应许的糖果还没有进口，改良派却宣称已经尝到了甜味。"这两处，特别是后一处，我自以为是得意之笔，但是，送到李新处，都被勾去。他曾对别人说，杨天石的文章，有时是"老太太头上戴花"。某次，他和我谈章学诚的《文史通义》，特别提到章的"文人不能修史"的观点。这个道理我懂。唐代的刘知几在他的史学理论巨著《史通·载文》篇里就说：文史两者，"较然异辙"，文人写史，常常"喻过其体，词没其义，繁华而失实，流宕而忘返"，写出来的史著，"行之于世，则上下相蒙；传之于后，则示人不信"。因此，我在《中华民国史》第二编第五卷（现为第六卷）的序言里特别写道："我们主张无一事无来历，而且必须是可靠的来历。我们决不做因文伤真、以文害意的事。我们不敢以想象来填补史料的空白，不敢想当然地猜度人物的心理和行为动机，不敢编造细节来塑造人物、渲染气氛，那种以牺牲真实性来换取可读性的做法，不是严格的历史学的方法。科学和文学有别，不加区分，会造成历史学的灾难。"

2. 写历史，要句句真实。不得已，可以有百分之五的套话、百分之五的废话，但是假话一句也不能有。

这是李新当面对我讲过的话，对其他历史学者，也多次讲过。真实是历史的生命。在《中华民国史》第二编第五卷的序言里，我也曾写道："历史学的任务是记述、揭示历史的客观运动进程，再现历史的本来面貌。""写历史要尽量减少主观性，力求最大限度地符合实际。""基于此，我们将清理、再现历史的本来面目作为第一任务。我们不指望读者完全同意我们的观点，但是我们希望本书所阐述的史实能经得起各个时代、各种读者的推敲和质疑。"当然，从严格意义上说，套话、废话都不可有。但是，现实生活中常有不得已的情况，就不得不讲几句套话和废话。这是李新的经验之谈,也是他的智慧表现。这一段话的核心和要害在于"假话一句也不能有"。要做到这一点,似乎简单,其实很不容易。我曾问李新,有些真话不能讲怎么办?他说,写下来,留给后世;想了想,又说,交给党史研究室。后来,李新写回忆录,写到1943年中共北方局审干,确有部分情节不宜发表,李新就表示,这只能交给党研室了。再以后,李新的回忆录出版,我问整理书稿的陈铁健同志,他说,改了,改成"骇人听闻,无法形诸笔墨"了。

3. 叙述为主,分析为辅。

李新一直强调,写历史,要以叙事、记事为主,可以适当说理、适当分析,但是,不要简单地做政治说教。当时,写文章引用毛泽东语录成风。我在写《中华民国史》第一编时,偶尔也引用毛泽东语录,但李新一概删去。章学诚在《文史通义·内篇》中一开始就说:"六经,皆史也。古人不著书,古人未尝离事而言理。"这就是说,历史著作,不能孤立地说理,而是通过对"事"的叙述,对事物、事件、人物之间关系的分析来体现出来。例如,1926年3月20日的"中山舰事件"扑朔迷离,国共两党有关学者的说法不仅歧异,而且对立。"共派"学者认为是蒋介石的阴谋,"国派"学者认为是共产党的阴谋;蒋介石则声称,要等他死后看他的日记,真相才可以大白。"文化大革命"以后,人们喜欢上纲上线,历史学界亦然。对"中山舰事件",学界普遍认为,这是蒋介石发动的一次"反革命事件"。当时,中南地区正在编写大革命史,在武昌东湖召开编写会议,邀请李新到场讲话、答疑。李新要我参加。我听了之后,感觉李新真健谈,没有稿子,也没有准备,张口就讲,娓娓道来,居然讲了两个半天。自然,也谈到"中山舰事件"。李新不同意"反革命事件"这一提法,而仅仅认为是两党争取领导权的一次斗争。由此,我不仅认识到李新的实事求是的思想和学术品格，而且认识到李新治学，不肯随波逐流的可贵特点。80年代，我读到蒋介石"中山舰事件"时期的日记，也读到当时审理"中山舰事件"相关人员的案卷，相继写出《中山舰事件之谜》和《中山舰事件之后》二文，提出了和旧说完全不同的新见解。我列举事实说明，"中山舰事件"和中共无关，也说明并非蒋介石有意挑起，而是西山会议派和广州孙文主义学会的阴谋，其目的在于挑拨广东革命营垒的内部团结。但是，按照我的这种说法，蒋介石似乎就只是受骗上当了。为此，我特别写了一段，说明就蒋介石误信右派制造的谣言来说，"中山舰事件"有其偶然性，但是，就国共矛盾和蒋介石的思想发展来看，事件的发展又有其必然性。《中山舰事件之谜》一文发表后，胡乔木多次在内部谈话中肯定这是一篇"不可多得的力作""有世界水平"，要求研究中共党史的学者都来学习这篇文章。李新也特别肯定这篇文章中的"偶然中的必然"一段，认为写得好，很必要。由此，我体会到李新对文章的喜好是：实事求是，以叙述史实为主，但是并不排除必要的分析。他所反对的是那种不讲史实、只做结论的空头文章。那样的文章，可以流行于一时，不会有长久的生命力。

4. 司马迁当年写《史记》，曾经游历各地，考察历史遗迹。李新主张，写现代历史，在可能情况下，也要做现场考察。

《中华民国史》第一编中的《武昌起义》一章，原来写得比较单薄，篇幅也不大，我接手修改后，决定加强。当时我正在武昌参加原武昌起义实录馆所存档案的编选，这些档案，都是当年起义人员的回忆，数量很大，价值很高。我阅读了全部留存的档案，将部分内容纳入初稿，还亲自乘车，到汉阳郊区去考察。这是当年革命党人与南下清军的鏖战之地。文献上提到的美娘山、仙女山、锅底山、扁担山、梅子山等，我都去看了。对此，李新大为满意，曾在会上郑重表扬。

刚到近代史研究所的时候，并没有想一辈子研究历史。而是想，几年后，转回我的老本行——文学。不过，很快我就感到，历史学是无比广阔的天地，这一辈子，我的研究工作不会有做完的时候，我是走上了一条不归路了。

岁月不饶人。这些年，我也渐渐老了。有时，想想走过的路，一方面对李新充满感激之情；有时也会想，李新真敢用人。居然毫不迟疑地将撰写《中华民国史》这样的任务交给我，难道他不怕"砸锅"吗？

四、我保存的李新的一封信

据说，李新接受编写《中华民国史》的任务后，胡乔木不赞成，认为有"两个中国"之嫌，上面要求下马。李新不同意，说是我们接受编写任务，是有文件的；上面要我们下马，可以，拿文件来！结果，上面的文件始终没下来，民国史的编写工作也就始终进行着。等到《民国人物传》第一卷等书陆续出版，人们看到实绩之后，好评如潮，胡乔木也改变了观点，访美时特别将李新列入中国社会科学家代表团，并且将李新提升为中央党史研究室副主任。在李新向我出示他所写关于这一段的回忆录时，我曾向李新说：这不是胡在用实际行动纠正自己的错误吗？对我的话，李新没有表态。

李新升为党史研究室副主任，算是副部级了，搬到西郊中央党校的南院去住，后来又搬进万寿路的部长楼。我这个人，成天忙着看书、写书、写文章，不喜欢串门，也不喜欢聊天，所以李新的西郊新居，我很少去。1990年，我应美中学术交流委员会的邀请，到美国访问三个月，后来又得到一个教育机构的资助，延长三个多月。归来之后，到部长楼去看李新，只见四壁萧然，空空荡荡，没有什么装饰，也没有添置什么家具。由此我对李新的生活简朴、不谋私利、廉洁奉公有了更深刻的印象。于川夫人原是大城市出来的知识分子,1946年参加革命,当然也是"老干部"。有一年国家精简机构,李新带头响应号召,居然让于川夫人退职,自此,于川就成了家庭妇女。到部长楼的当天,我谈了在美近七个月的见闻和观感。据说李新很满意,对人说,杨天石书写得好,观点也对头。1997年,我应中央党史研究室副主任郑惠之邀,出任中共党史学会主办的《百年潮》杂志主编。李新起初不赞成,过了一段时期,却突然经常到我的办公室来了。一来就聊天,上天下地,古往今来,历史现实,无所不谈。思想很解放,很大胆,常常使我不知怎样应对。我没有记日记的习惯,很可惜,他的许多睿智、深刻的见解,包括他在中共党建问题上,和中顾委委员李昌的不同见解,我都没有记下来。

1997年,中国现代史学会召开代表大会,李新到我办公室,出示写给会议的亲笔信。我觉得写得很好,就有意将原稿保存下来。信如下:

同志们:

当此代表大会召开之际,特向大会祝贺,祝大会圆满成功!

为了开好大会,谨向同志们提出几点意见:

1. 必须坚持现代史学会的优良传统,坚持其为民办的合法的学术团体,在学术研究上要坚持科学精神,提倡独立思考,实行百家争鸣,反对依附媚上和随风倒的作风。

2. 现代史学会在组织上要贯彻执行民主制度。理事、常务理事和会长都需按民主程序选出。名誉会长、名誉理事必须在学术上、德望上符合条件,经本会民主程序通过和他本人同意,然后由学会出面敦请。

3. 现代史学会应与中国历史学会、中共党史学会等团体有适当的分工，它的成员（尤其是领导成员）所研究的问题都不可过于重复。

4. 现代史学会应求在推动学术研究和培养研究人才方面有所贡献，不要虚张声势，不要沾染官僚习气。

以上意见，是否有当，敬祈考虑！

谨祝

同志们身体健康！

李新

1997 年 11 月 20 日

这封信不长。它在学风上、组织上、团体风气上提出的意见都深中时弊，有为而发，确可挽救沉疴、转移世风，体现了李新一贯的端方正派、直率敢言的思想和性格。不知后来的现代史学会采纳了多少？

李新当年审阅我的《中华民国史》书稿时，常常将他修改的字词写成条子，夹在稿中。我曾一一抽出，集中保存。时间一久，就不知道放到哪儿去了。上引信件，大概是我现存的唯一的李新手迹了。

2018 年 5 月 1 日至 5 日

参编《中国新民主革命通史》受益终生
——纪念李新老师百年诞辰

肖甡

　　1978年中共十一届三中全会，开启了学术领域的大好形势。随着思想战线上的拨乱反正，中国革命史、中共党史研究进入前所未有的新时期。20世纪80年代可谓中共党史研究的"黄金时代"。时任中国社会科学院近代史研究所副所长的李新同志（后任中共中央党史研究室副主任），受中国社会科学院院长胡乔木同志的委托，主持编著《中国新民主主义革命史长编》（后更名《中国新民主革命通史》，以下简称《通史》）的工作。编撰多卷本的《通史》是一项浩大的科研系统工程，对于思想性、理论性、资料性和学术性的要求都非常高，而国内外学术界当时对这部大书也极为重视，翘首以待，把它视为改革开放后的一部"官书"。为了集中力量编好这部大书，中国社会科学院新组建了现代史研究室（后并入近代史研究所，现称革命史研究室），并且借调一批来自北京高等院校和军事院校以及外地高等院校等二十多个单位的教研人员前来参加，可谓阵容壮观、声势浩大。1979年3月，我和胡庆云同志被所在单位解放军政治学院党史教研室（后改为国防大学党史党建政工教研室）派遣参加此项工作，从而有幸在李新老师的直接指导和帮助下进行学习与写作。

结识众多学界师友

李新同志的大名,我是在1962年知道的。那一年秋天,我从北京大学历史系毕业分配到解放军政治学院中共党史教研室工作。当我领取到第一份薪水时,购买的第一部书,就是刚出版不久的由李新、彭明、孙思白、蔡尚思、陈旭麓主编的4卷本《中国新民主主义革命时期通史(初稿)》。这部大书是一个界标,代表着当时中国现代史研究的最高水平、最新成果。在中共党史、中国革命史的书籍奇缺的那个年代,我能获有此书,真是如获至宝,爱不释手,很快就认真通读了一遍,而且经常拿来做学习的重要参考。可以说,这是我从事党史工作的启蒙教科书之一。不过,当时除了敬佩这五位史学名家之外,对李新老师却一无所知。

来到编写组,见到李新老师的第一直觉是,质朴无华、平易近人,没有半点"官"架子。他操着四川口音同我们交谈,和声细语、慢条斯理、鞭辟入里,全然是一副可亲可敬的长者模样。可是谁能想到,自己面前的这位长者,正是延安时期的老干部、老党员、老革命。这以后,接触、谈话和开会逐渐多起来,能经常聆听李老师的高见和教诲。

编写组最初分为"五四""一大""二大""三大"四个组(后"二大""三大"合为一组)。在编写组里,记得有近代史所的陈铁健、李义彬(已故)、刘明逵(已故)、李玉贞和中央党校的李樾(已故)等,有全国各高等院校的彭明(中国人民大学,已故)、萧超然(北京大学)、张静如(北京师范大学,已故)、刘桂生(清华大学)、马模贞(北京医学院)、张注洪(北京大学)、曹仲彬(吉林大学,已故)、李良志(中国人民大学)、杨云若(中国人民大学)、徐世华(西北师范大学)、官守熙(内蒙古大学,已故)、乔毅民(四川美术学院)、杨祖培(内蒙古大学,已故)等,还有在北京的军队院校的黄友岚(政治学院，已故）、周子信（军事学院）、邵维正（后勤学院）、冯建辉（军事学院，已故）等。在这些人当中，少数人已是名家，而大部分人后来居上，学术上多有建树，著述颇丰。我被分在"三大"组，组长是时光（北京医学院，已故），同组的有周承恩（北京大学，已故）、姜华宣（北京化工学院）等共五人，主要任务是负责搜集和整理中共"三大"和第一次国共合作的资料，编写大事记，进行调查访问，为编写《通史》第2卷做好铺垫。经组内分工，我和姜华宣负责搜集第一次国共合作前后，有关中共和孙中山及国民党的资料。说来也巧，我和姜华宣在20世纪50年代是天津铁路中学（今天津扶轮中学）的学友，他高我一年级，是老大哥。在中学我们已很熟悉，兴趣也近似，曾一起在学校主办过大型壁报《为了祖国报》。他高中毕业先我一年考入了中国人民大学。大学期间我们见面不多，但一直保持联系，只是"文化大革命"十年中断了联系，可谁也没想到这次又相聚在《通史》编写组，而且还分到同一个小组。想来这真是一种缘分吧！

珍惜难得机遇

我当时已年过40岁，可还是一名党史新兵，知识奇缺，理论水平低，能力有限，来参加这项工作，真是一次难得的学习和锻炼机会。自己既感到担子重大，又承受不小的压力，所以十分珍惜这段时光。我们来自五湖四海，虽然暂时脱离了原单位到新的环境里上班，但在李新老师的领导下，这个大集体的每个成员，自觉性都很强，工作生活有序，起早贪黑、废寝忘食、夜以继日地埋头伏案，效率极高。我几乎每天工作在10小时以上，天天"开夜车"到午夜一两点，如饥似渴地查阅各种书报资料、摘抄大量卡片，加工整理专题素材，努力做好写书的前期准备。

李新老师一向以治学严谨、求真务实、学风正派而闻名学界。他说：编写历史长编著作，必须把原始材料拿出来，如实反映历史上的疑难问题，但一定不是资料，还要加工，基本上是叙事，也要有观点论述。所以选什么？怎样提？都是有思想的，不存在所谓"纯客观主义"。他多次提出编书的要求和特点：写得不能太死板，要丰富生动，各卷可以不一样，各有千秋。他希望能在1990年保质保量地全部完成。他常用范文澜先生"板凳须坐十年冷，文章不写半句空"的名言激励我们，要我们多学苦练、多练笔头、奋发进取、树立信心，依靠集体的力量，完成这项任务。李新老师反对"以论代史"，主张"史论结合，论从史出"，强调要用第一手资料写真史、信史，要秉笔直书，少发空论。他认为"不唯书，不唯上"，做起来不容易。从宣传纪律来说，有些东西，你可以不去讲，但讲出来的，都要有根有据，来不得半点虚假编造，写出来的东西要经得起时间的考验、历史的考验，这才是一个史学工作者应具备的"史德"。李老师这番至理名言我一直铭记在心中，成为鞭策自己践行党史教学和研究的座右铭。

我和姜华宣认为，到这里工作就是当学生来的，所以希望李新老师能给予更多写作上的指导，曾多次向李老师讨教，但他总是说："我怎么帮助你们？你们得拿出东西来才能谈帮助，你们写出文章，我来帮你们改。"我们的理解是：帮助是具体的，没有文章，空口无凭；只有写出文章，才能谈得上帮助。从这里也悟出李新老师讲究实际、不尚空谈的作风。起初，我们写文章不得要领，抓不住主题和要点，缺乏思想性、理论性，写的稿子常被刊物"退稿"。但我们没有灰心丧气，仍坚持不懈，使写作水平逐步提高。在中央党校编写《通史》的两三年间，我和姜华宣最先合作发表了《蔡和森革命活动年表》（中国人民大学《教学与研究》1980年第2、3期）、《蔡和森烈士传略》（河南《燎原》1980年第1辑）、《陈潭秋同志革命史略》（河南《燎原》1980年第2辑）。我们各自发表了有关中国共产党第三次代表大会的文章，我写的《关于出席中共"三大"的代表问题》，姜华宣写的《关于中共"三大"的中央领导机构及其成员问题》，同时在《党史研究》1980年第2期上登载。

值得一提的是，我和姜华宣用将近一年时间合写了《第一次国共合作统一战线的形成》，共2.2万字，刊登在《历史研究》1982年第2期。我们在这篇文章中，为陈独秀说了一些公道话，提出"应当历史地恰如其分地评价陈独秀在国共合作问题上的功过""总的说是功大于过"；中共放弃无产阶级在国民革命中的领导权，"显然是受了共产国际决议的影响"，不能把第一次国共合作采取"党内合作"形式与大革命失败这"两种不同性质的问题当作因果关系，混为一谈"等观点。今天来看，这些认识固然是十分粗浅，不足挂齿，但在当时陈独秀的"右倾投降主义"等"帽子"满天飞、共产国际的指示"奉若神明"的情况下，亦实属不易。对于我来说，这篇论文可谓真正意义上的党史处女作，是对自己参加编书成果的一次检验，也为今后从事党史教研工作提升了自信心。

这期间，我还参加了由现代史研究室编著的《中国共产党历次代表大会（新民主主义革命时期）》一书的编写任务，分工撰写了"三大""四大"两次会议。该书于1982年2月由中共中央党校出版社出版。这项工作由现代史研究室党支部书记李樾同志具体负责，并得到李新老师的关心和指导。

我们"三大"组最有成效的学术成果，是编辑了50多万字的《"二大"和"三大"——中国共产党第二、三次代表大会资料选编》，由中国社会科学出版社于1985年8月出版。该书收录了"历史文献""文章著述""回忆录"和"大事年表"（分工由我负责编写）。因人员流动较大,又各回各的单位忙于教学,无法再集中起来,所以"三大"组没有完成第 2 卷的编写任务。这项工作后来交由北京大学承担,本组的周承恩回校参加了编写工作,书名为《国民革命的兴起(1923—1926)》,由萧超然主编。

抢救"活资料"受益匪浅

李新老师特别关注"口述历史"的功能,叮嘱我们要多走访老同志,抢救这些"活资料",以填补党史上的某些空白。当时居住北京的一些中共建党初期的老同志还健在,他们是最具权威的历史见证人。为此,我与姜华宣等利用北京得天独厚的条件,数十次走访了党的早期重要知情人。据统计,从 1979 年至 1984 年,我们先后访问了张申府(3 次)、包惠僧(2 次)、刘仁静(6 次)、罗章龙(6 次)、徐梅坤(22 次)、于树德(3 次)、易礼容(4 次)、唐宏经(4 次)、李一纯(3 次),以及张金保、谌小岑、王会悟、王亚璋、萧劲光、傅钟等诸多老同志,合计共 60 多人次。通过访问,这些老同志讲述了许多鲜为人知的珍贵史料。可惜,由于自己当时对党史知之不多,认识也很肤浅,没有提出更多有分量有价值的采访内容。如今他们都已作古,无法再弥补,这不能不说是极大的憾事。李老师还告诫我们:对于回忆录,不可不信,也不能全信,要以原始资料去印证和支撑,因为记忆总不会完整,难免有遗漏与差错,况且,回忆的多是"过五关斩六将",而"走麦城"却少有提及。这给我后来如何利用回忆录指明了方向。

在编写组期间,我和姜华宣把这些访问笔记整理成文,经本人审定,推介登载在上海《党史资料丛刊》、全国政协《革命史资料》等刊物上,其中有:徐梅坤的《与蔡和森同志交往的片断回忆》(收入《怀念蔡和森同志》一书，湖南人民出版社1980年版）、《回忆〈向导〉出版发行》（载上海《党史资料丛刊》1980年第3辑）、《江浙区委成立前后的片断回忆》（载上海《党史资料丛刊》1981年第2辑）、《回忆上海三次工人武装起义的一些情况》（载上海《党史资料丛刊》1981年第3辑）、《一九二五年的商务印书馆大罢工》（载上海《党史资料丛刊》1983年第1辑）；萧劲光的《回忆参加旅俄支部前后的一些情况》（载上海《党史资料丛刊》1981年第1辑）；唐韵超的《回忆东北地区的工人运动》（载全国政协《革命史资料》第6辑，1982年）；于树德的《关于"三大"前后的回忆》（载全国政协《革命史资料》第13辑，1984年）；王会悟的《"一大"会址变迁始末》（与胡庆云访问整理，载解放军政治学院《思想战线》1985年增刊）。后来，我们还将多次访问徐梅坤的回忆整理成书，名为《九旬忆旧——徐梅坤生平自述》的小册子，共5.8万字。徐老请他昔日战友陈云同志题写了书名，由光明日报出版社于1985年9月出版发行，了结了徐老及其夫人王怡老人的心愿。

访问的这些老革命老同志，如今早已作古，但通过他们对中共早期历史的回忆，使我了解许多书本上见不到的鲜为人知的中共历史细节，对于自己参加编写乃至以后进行党史教学研究，都大有裨益。我后来将这些珍贵的史料运用到教学研究工作上，可以说异彩纷呈、受益匪浅。

往事如烟，回味无穷

《通史》编写人员，起初借用中央党校主楼六层办公，大部分人在这里集中编书，一些人兼作宿舍，过一年之后又相继迁到党校16楼和东区招待所。编写组每周要开一次碰头会，由李新老师主持，到者40人左右，李老师经常传达中央文件精神和胡乔木同志关于党史研究问题的讲话，以及讲述他亲历的往事。从中我们知道他在延安的岁月，在中共北方局、北平军调处的工作，筹建中国人民大学和主编《中国新民主主义革命时期通史》等情况，这使我受到许多革命传统教育。

李新老师对李大钊怀有深切真情。在编写组期间，我们曾到首都剧场出席李大钊诞辰90周年纪念会。会上，李新同志作了李大钊生平和思想的学术报告，他号召大家学习李大钊的革命精神，指出："李大钊给我们留下的精神遗产极为丰富，值得我们学习的东西是很多的。他的道德、他的功勋、他的言论，都会载入史册。李大钊将世世代代地活在中国人民的心中"。（李新：《李大钊》，中共党史人物研究会编：《中共党史人物传》第2卷，陕西人民出版社1981年版，第41页）这个报告曾以《研究李大钊，学习李大钊》为题在《人民日报》上摘要发表，后来又全文收录于1981年出版的中共党史人物研究会编《中共党史人物传》第2卷。在"文化大革命"的动乱年代，我国宣传马克思主义的先驱者、中国共产党的主要创始人李大钊也曾遭到非议。改革开放不久，李新老师能率先讴歌李大钊的丰功伟绩，也是难能可贵的。此外，我们还去北京西郊瞻仰重新修建的李大钊烈士陵园，园内有李大钊生平事略的碑文，就由李新老师撰稿。

回想当年，我们编写组的人员，每天进行晨练，跑步、打太极拳、打羽毛球，一起到北食堂（当时叫"北灶"）用餐，夏天常去党校湖区游泳，周日有时到毗邻的颐和园游玩，还经常在党校礼堂看电影。记得曾组织编写人员去香山、潭柘寺等地郊游。打字员杜华是编写组最年轻的女孩，兼作图书借阅、秘书等工作，人很和善，勤勤恳恳，任劳任怨，大家都很喜欢她。二十几个人朝夕相处，酷似一个大家庭，很和谐、很友善、很开心，工作虽紧张，但生活十分充实和愉悦，至今难以忘怀。此外，当年李新老师指导的三名硕士生潘荣、黄修荣和梁澄宇，也和编写组人员住在一起。我们同这些年轻人朝夕相处，十分融洽，至今仍能保持着联系。

在编写组期间，我所承担的原单位的教学任务从未中断，做到了编书与教学"两不误"，更利用编书积累的资料与成果充实了教学内容。1981年底，我返回原单位，与李老师见面少了。这时外地借调人员也陆续返回了原单位。编写组又搬迁至中央党校南院6楼，在京的编写人员每周到这里碰头一次，还能与李老师见上一面，但与会者已减少到十来个人。

后来碰头会也停了，但我们每年要到李玉贞家中与李新老师小聚。王福曾、李玉贞夫妇非常好客，陈铁健、常丕军、李义彬、胡庆云、邵维正、杜华和我，都是常客。1997年9月，现代史研究室为贺李新80岁寿辰举行一次聚会，一些学界同人前来为李老师祝寿。现在从照片上看，前来贺寿的有彭明、王桧林、张注洪、胡庆云、李良志、李义彬、陈铁健、常培军、邵维正、李玉贞、杜华和我，还有几位研究生。诸多学人济济一堂，切磋学问，开怀畅饮，格外开心。

回到原单位以后，我和胡庆云一起又多次去万寿路李新老师寓所探访。李老师总是滔滔不绝地讲述革命年代的那些鲜为人知的故事，我们听得津津有味。大家在一起海阔天空、无拘无束地畅谈古今中外，十分惬意。李老师将他的回忆录《回望流年》送给我。拜读之后，自己写下感言："李新老师对自己的学术帮助和影响，终生难忘。"我与李新老师相处只有短短几年，不能说有多少了解，但从老师身上，却学到了做学问的要义和为人处世的准则。可以说，李新老师是我从事党史教研工作的引路人，如果说自己今天在党史方面做出了一点成绩，那么首先归功于李新老师的教诲与影响。

由李新、陈铁健总主编的12卷本的《中国新民主革命通史》，共

600万字，终于在1997年全部出齐了。我先是在"中共三大"组整理资料，后来参加第4卷《星火燎原（1927—1931）》（时光主编）的两章写作，再后，又主编了《通史》最后一卷第12卷《最后的决战（1947—1949）》——我与国防大学的同人李兴仁、胡庆云、周炳钦三人，共同完成了这项任务。巨著《中国新民主革命通史》的问世，无疑是史学界的一件盛事，凝聚着全国学界同人刻苦奋斗的心血，可喜可贺。喜庆之余，自己不知不觉、匆匆忙忙地度过了"工作岗位"的一半时光，已走到了退休之临界点。

光阴飞逝，李新老师离开我们已经14年了。在他百年诞辰之日，写成此文，深表对李老师的思念和感恩之情。

（本文作者单位：原中国人民解放军国防大学）

东厂胡同四十余年前

李玉贞

有一个形象的比喻,说人的皱纹是岁月的年轮,里面刻录着智慧和时光的沧桑。我更想说,在我的"年轮"里深深镌刻着两个人,一个是把我从北京师范学院(现首都师范大学)外语系调到中国社会科学院近代史所来的黎澍先生。关于黎澍先生,我有专文发表于《孙中山研究口述史》中。另外一位便是在我每陷困境或惶惑中不能自拔之际,及时出手点拨,十分策略地带我走出迷津的李新先生。大凡真正了解李新先生的人,都有一个体会,如著名的史学家、我曾经的研究室主任陈铁健教授所说,"先生是我的导师;从学业到人生,都是我终生受用不尽的导师。我以有这样的师长,而心存自豪,无比荣幸。我将以他们的言行为楷模,身体力行,继承他们的遗志。"

本文作者人微言轻,无法与陈教授相比拟。再者,同李新先生的接触多半是以下级身份向上级请示,故说不出什么吸引眼球的大事。因学养浅薄,更不敢评论李新先生的著述。此篇所记点点滴滴,不成系统,仅仅是讲述李新先生作为一个长辈、一个学人对我的启迪。在这个意义上,他是真正的恩师。

一、四十年前初识李新先生

若李新先生在世，今年9月菊黄蟹肥秋酿熟，我们就可以为他庆祝百年大寿了。

时光荏苒，从他故去至今都已经14年了。回首往事，浮想联翩。从1978年初见李新先生，至今整整40年了，我也从40岁进入耄耋之年。在我人生中，他是一个永远难忘的老师，一个骨子里透着善良诚实的老者。

1976年中国"无产阶级文化大革命"战尘甫落，我也以疲惫的身心告别高等教育的讲坛，留下我教过的工农兵学员在那里摧毁旧世界、建设新世界。

得由黎澍先生的帮助，我于1977年底进入王府井大街东厂胡同一号报到，后被分配到时在鼓楼西大街的《历史研究》编辑部，说是借调一年。在这里的世界史组，我边当编辑，边学习历史。

次年，得知研究生恢复招生，报考者最高年龄是40岁。我刚刚过生日，抱着试试看的心态找到黎澍先生，表达报考研究生的意愿，补足历史知识，以求应付日后工作。黎澍先生婉拒，说不必了：你有你的特长，利用你的外语条件，工作可以扬长避短，边工作边学习，以后找一个方向，深入进去，一样可以胜任工作。他还补充一句："况且我还有别的安排。"

我只好作罢，也没有多问这"别的"指什么。

不久这"别的安排"就揭晓了。1978年一个秋日下午，时任《历史研究》主编的徐敏先生叫我接电话。原来是黎澍先生打来的，他说他和李新同志的几名研究生已经报到了，他们有俄语基础，要深造，由我教授俄语，今天先见面，他们马上就到编辑部来"拜师"。至于具体课程安排、教材等，以后再细谈。过了一会儿，一支不小的"队伍"就来到我的办公室,他们是:侯均初、潘荣、梁澄宇、张亦工、刘敬忠。李新先生的研究生还有黄修荣,他不在这个小班里,后来参加了文献翻译。黎澍先生还有个研究生名王好立,当时选修的是英文,他和王树才都不在这个小班里。后来他们都做出不菲的成绩,有的升任《历史研究》主编,有的在中华民国史研究上颇有建树。

我久闻李新先生大名,但此前尚未谋面,只知道他是优秀的老干部、革命史专家。

初次见李新先生是在东厂胡同。近代史所当时的办公室和各研究室都设在一间间平房里,与中国科学院图书馆毗邻,中间隔着一个八角亭。那天开会用的就是他们图书馆的会议室。在会场外面,近代史所科研处的处长把我引到一位挂着文明棍的老者面前,说这就是李新副所长。

李新先生那年整整60岁,那根文明棍与他的年纪相比,显得有些唐突,但因他没有那种气势凌人的领导者派头,文明棍倒像一个装饰,多少有些仙风道骨的意味,他看上去和蔼可亲。一见面,李新先生就我教他的研究生俄语,说了几句夸奖的话,嘱我有时间到他的办公室叙谈。由于我是他的下属,自知离他的办公室好像还很远,岂敢造次。

二、李新先生教给我理性和智慧

智慧是不能教的,我知道。这里要说的是李新先生如何爱护下属。这又直接涉及黎澍先生。

1978年底,我借调到《历史研究》编辑部一年期届满,便回到近代史所,分配在中俄关系研究室,从事的是中苏国家关系史的研究和资料收集。

此外，时任副所长的黎澍先生也交给我一个任务，说是社会科学院领导下达一个收集、整理、翻译出版共产国际有关中国史料的任务。那时候近代史所翻译室没有俄语人才，我算是帮助他们收集、整理和选取待用文件。我就这样开始接触共产国际史料。黎澍先生还希望我关注"皇权"问题。这是两个十分敏感的话题。前一个好办些，我应承了。后一个实在太难。

另外一次，黎澍先生找我，说是故宫档案馆收藏着一批早期中俄关系史料，是康熙时期甚至更早年代的，需要整理。问我对于古代俄语知晓的程度，因为他通过夫人徐彬知道我翻译过康熙年间中俄外交文书。我回答说，古俄语与现代俄语，即1918年后的俄语，有相当大的差距，甚至有些字母都不相同。当时的历法用的是"创世纪"，文件时间的考订颇费周折，当时文件均为手写，辨识困难，最大的难点是文件使用古俄语——教堂斯拉夫语。它主要用于宗教，至今仍在东正教礼拜仪式中使用。

我告诉黎澍先生，过去王之相、刘泽荣整理过很少的几件故宫博物院的藏品。至于我本人，要应付这项工作就必须先学习与这个语言最相近的保加利亚语。当时中苏国家关系还在僵持，没有可能前去学习。为此，我遵照黎先生嘱咐，先到北京外国语学院开设的短期班学习，求入门。

那是1981年了。李新、黎澍先生的几个研究生合作翻译的达林著《中国回忆录》即将出版，我正在校对清样。他们也即将毕业。就在这个过程里发生了一件令人十分难堪的事情。中俄关系研究室负责人找我谈话，语气中甚至透着明显的讥讽：

"你够忙，又要教研究生俄语，又要校对，还学什么保加利亚语，又承担收集共产国际史料的任务。"

我说："是这样的，是所领导交办的。"

我的顶头上司十分不客气，相当严厉，像在训斥小学生："可你的编制在我这里。你去问问给你布置工作的上级，到底让你干什么。"

我一方面无所适从，十分难堪，另一方面脑海里立即浮现出一个让我自己都感到吃惊的比喻："当代周瑜"。这也只能是阿Q，自我调侃。问题总要解决。黎澍先生平时多在鼓楼西大街的《历史研究》编辑部，为这点事情请教他不太方便。我就求助李新先生。他嘱我到他在中央党校南院的办公室。

这是我第一次同李新先生面谈和细谈。他先让我讲了家庭身世。我简单讲了家道中落的情形，说自从爸爸卖掉房子供我上大学，他就成了真正的"无产"阶级。我们兄弟姐妹靠自己奋斗到了今天。"文化大革命"期间，我所在的大学的造反派和后来的工农兵学员让我吃尽了苦头，到近代史所来总算是解脱了。我没有任何违拗领导的意思，上面让我做什么我只有服从。我没有想到顶头上司这样严厉，除了"无产阶级文化大革命"期间我的学生和同行的"革命大批判"，还没有人这样训斥我。眼下我真是手足无措。

午饭时间到，李新先生和夫人请我到党校南院食堂吃饭。在餐桌旁，李新先生深叹了一口气，安慰我说："你新来，所里的情况你不了解，也不用枉费时间去打听，更不要去蹚浑水。省出时间做些有用的事情。先把你手头的工作完成吧。你记住，做学问一定要心静如水。怎么做到？你要修炼。"

这番话十分出乎我意外，我一怔："修炼？"我想到坐禅。李新先生看出，便说："对，你还要修炼。见过庙宇里的佛像吧，想过吗，为什么那些佛是微笑着面对大千世界，特别是为什么睁一只眼闭一只眼？它们不仅仅是笑尽天下可笑事，它们也在思考。微笑是一种修养。"

我此前经受过中国共产党的领导干部和"革命群众"的思想教育，但从来没有人这样给我做"思想工作"。记得他在一次研究室聊天中也说过这番哲理。

我临走时,他安慰我说:你不用急,事情总会解决,我同黎澍商量一下。

后来我才从别人那里了解到,原来在那场史无前例的"文化大革命"期间,东厂胡同里也同样轰轰烈烈一锅粥,"亲不亲,阶级分",但是谁是什么阶级,谁是谁非,恐怕人们心里有数但也说不明白。实际情况是近代史所像全中国一样,分裂了,亲疏的状况无形中延续着,人们没有少结梁子。我一个外来户,不过是跟着吃挂落吧。

再后来,我离开了中俄室,李新先生十分委婉地对我说:你到西郊党校南院革命史组来吧,陈铁健主事,这里离你家也近一些。当时我住在军事科学院,骑车只要15分钟的时间。他没有一句非难别人的话,十分宽厚,给我印象最深的是他对我说:"退一步海阔天空。处理这些关系需要智慧,你不要急躁。既然在近代史所,就慢慢适应这里的情况。静观默察,决定你的行止。你需要做的是坐冷板凳,踏下心来,思考。共产国际这个题目太有可做的了。"这话使我想到黎澍先生,他也同样对我说过坐几年冷板凳再找课题的话。

遵照李新、黎澍先生的意见,我组织他们几个研究生约同中国共产主义青年团中央青年运动史研究室一起动手编辑《青年共产国际与中国青年运动》(1985年出版)档案史料。外人会以为这些文件十分枯燥,书自然不可能畅销,但是我们同中央团校的郑洸先生和印红标先生(他后来到了北京大学)合作愉快,也学到不少经验。

三、李新先生教我这样做和写

1985年,我丈夫所在单位的一个领导找到我,说是某个"国"字头档案馆要找人整理大批档案,他们想找我丈夫,也想找我所在的近代史所联系,问我能否去。我当时感到这真是机会难得,便向李新先生汇报请示。他没有多说什么,只是告诉我:"你不去,他也不去。这些档案固然是我们真正需要的,但是你只能整理。"他知道我当时有意试试笔写《孙中山与共产国际》,苦于没有档案支持,便说:"不去吧。如果要什么资料,国内没有,你可以到国外找。"话很含蓄,我会意了。

就这样,我在1986年和杨云若女士一起到了荷兰,果然在阿姆斯特丹国际社会历史研究所找到了十分珍贵的斯内夫利特(马林)档案。回国后我整理文件时,发现档案记载和我们通行的观点大相径庭。特别是对孙中山晚年"联俄容共,扶助农工"问题的看法。

在编译《马林与第一次国共合作》(1989年光明日报出版社出版)过程中,我对苏联史学界的传统观点及其影响产生怀疑。经过相当长时间的思索,特别是1991年苏联解体后披露出来的资料,我自己的看法应当说已经形成了。但这是一个相当大的问题,我还是浅尝辄止,不敢动笔。只能请教李新先生。

他的指教入木三分,不仅告诉我应该如何写,更加重要的是怎么在社会上做一个正直的人,怎么在中国社会科学院"存活"。

我说到阅读马林档案的体会,特别是孙中山晚年对于"容共"的态度,举了共产国际和青年共产国际代表达林在"陈炯明事件"后收到孙中山从永丰舰上通过陈友仁交给达林的便条。大意是,孙中山感到他身处逆境时苏俄是他真正的朋友,他将回到上海继续奋斗,如果失败,他就到苏俄去。达林据此便条得出的结论是:孙中山完成了世界观"巨大的转变"。达林指的是孙放弃了此前对苏俄若即若离的态度,他有意联合苏俄。众所周知,这也是共产国际划分某人某事是否"革命"或"进步"的准绳。我相当冒昧地向李新先生说,孙中山晚年在他的三民主义演讲中系统地批评了列宁和马克思关于阶级斗争的学说，这怎么解释孙中山的"伟大转折"呢？

李新先生没有批评我，也没有长篇大论，言简意赅地说：你的想法对，你研究的题目禁忌不少，但是你要有一个尺度。孙中山的研究涉及国共两党，情况复杂。有些话你看到了，如果你认为是真的，你可以写；如果有所"忌讳"或"不合时宜"，你不要写。但是你认真看过材料后，就不要再人云亦云了。你可以不说透真话，但至少你不要说谎。

这一番话让我醍醐灌顶。这是尺度，这也是保护。它使我有了定力。过了一段时间，台北"中央研究院近代史所"的陈三井所长来访，借助他的推荐，1997年我的《孙中山与共产国际》在"台北中央研究院"出版。

也是在这次谈话时，他向我提出了一个十分重要的问题。他说：你阅读共产国际文献，时时处处可以看到"全世界无产者联合起来！"这个口号，你怎么看？我知道这是一个修辞上的问题，并不需要回答，但是我将其刻录在脑海中。李新先生的高瞻远瞩不言而喻。

四、一年一度难忘的聚会

李新先生为我们研究室定了一个规矩：每年聚会一次。他和我室主任陈铁健、副主任李义彬一般选址在我家，因我住在厢红旗军事科学院，离李新先生的常住处不远。我的丈夫王福曾业余帮助研究室翻译一些文件，同军队方面的专家们也认识。

当时为撰写《新民主主义革命史》，邀请了许多外单位的专家，如国防大学的胡庆云、肖甡、周子信，后勤学院的邵维正，北京大学的张注洪，人民大学的李良志、杨云若等。

李新先生官至副部级,选择到访住在乡下的我的寒舍,以我远不华丽的家,接待这些"鸿儒",自然感到十分荣幸。一次次聚会不尚奢靡,朴素而真诚,大家相谈甚欢,都留下不可磨灭的印象,也为后来室内同人保持联络树立了良好的风气。至今我们还坚持每年聚会,可惜当年谈笑风生的同人胡庆云、李义彬已经作古,大家都也年迈,相聚有些困难了。

聚会一般由我和丈夫掌厨,不像现在大家到外面餐馆去。具体每次谈了什么,无从记忆了,但每次都是李新先生"包场",这是肯定的。仅记述几个闪亮处。

一次谈到毛泽东在延安文艺座谈会上的讲话,李新先生说:民间文艺最接近老百姓,但也不是什么都好,一定要提炼,需要去粗取精,我在正定县(李新先生在那里当过领导)的时候看过农村的"跑旱船",那里就真有不雅的东西,它以性为主题,我不爱看。

还有一次说到武术,他说正定要举行一次武术表演比赛,请他写几个字,遂引出了武术的话题。他对我们说:你们不要以为武术本意就是打斗,不是的,武,先有舞,后有武。武是举戈而舞,摇动旌旗,以震慑,为的是自立、自保和自安。你看那个武字,里面有一个"止"字,这"止"的距离是两腿之间,半个"步"。武,以武止戈,不是以戈止武,也不是以武止武。武不能止武,戈也不能止武。武术不是崇尚而是制止暴力。通过武术,李新先生讲了其中的哲学含义。

我对武术一窍不通,这番话听起来十分新鲜,所以记忆深刻。他对我说:你让你们老王写几个字,给他们武术比赛做横幅,写"化干戈为玉帛"。记得老王很快就把两幅不同字体的横幅交到了李先生手中。他很满意。

五、诀别宴

有一件事令我终生遗憾而且无法弥补,这就是李新先生唤我去北京医院。那已经是 21 世纪初了,我不在国内,回国后家人说:李新先生的妹妹几次打电话找你,不知道什么事。我放下行装,很快赶到北京医院。李新先生住的是一间很大的病房,里面有各种仪器和急救设施,护士值班台就在病房的一个角落。

先生看起来衰弱多了,面色苍白。他见我到,很高兴,唤我坐下。他无力地抬手,拉着我的手,问我出去做什么了,寒暄几句,显然体力不支就沉默了。我还没有来得及报告,他就闭目养神。医院 11 点多钟就开饭,李先生嘱咐他的妹妹为我多要一份饺子。他吃的好像也是饺子。在医院里吃饭我感到十分不便,也只能服从,因李先生说饭后他还有话。但是饭后李先生又累了,睡着了。没有想到,与李先生共进的这一餐饭竟然成了诀别宴。我永远也无法知道他唤我前去有什么吩咐了。

李新先生带出的是一个和谐轻松的群体,他留给人们的是一个和善老者的形象。作为一个学术带头人,他以睿智和驾驭学术研究全局的能力为中国革命史和中华民国史研究做出卓越贡献。我以亲受其指教而感到自豪。作为一个大写的人,他高洁的情操使我时时记得要让自己升华。

回忆李新先生

耿云志

我于1964年来到近代史研究所。当时只认识一些同年来所的新同事,以及早几年来所的比较年轻的同事。所领导或资历较深的老同志,基本见不到面。

那年的国庆节,全所宴聚,刘大年陪范文澜参加了。李新先生似乎没有参加——或许参加了,但没有人指给我,所以没有印象。

不久,整个哲学社会科学学部都开始做到各地参加"四清"运动的准备,经常组织学习。有几次碰到李新先生来所,有人指给我,我才认识李新的模样。那时,他经常带一个手杖。

10月下旬,全所大多数人都奉命远去甘肃张掖县乌江公社参加"四清"运动。据知,李新带队在东湖大队工作。我是在蔡美彪领导的贾家寨大队。后来从甘肃回来,听吕景琳说,他在李新领导的东湖大队工作时的一些情形。他极为敬佩李新的领导作风。李新是四川人,善摆"龙门阵",极为健谈。工作之余,他常常和大家聚在一起聊天、讲笑话。这在那个年代,是很不易得的快乐。一来,搞运动,整天讲阶级斗争,精神比较紧张。二来,那里生活极其艰苦,大家情绪不高。李新先生为大家创造比较轻松的气氛,使大家精神上好多了。吕景琳还说,李新还有几次请大家一起吃饭,那时叫作"打牙祭"。李新自己出钱最大份，其他人象征性地多少拿一点，取名叫"抓大头"。李新每次自己当那个"大头"，而其他人也都觉得有参与感，都很快活。听吕景琳的讲述，我觉得在李新这样的领导下面做事，一定会很开心的。我后来从李新的回忆录里看到，李新对吕景琳善讲笑话，很表欣赏。现在，吕景琳早已作古。我特别把这一段往事写出来，一方面为李新先生恭祝百岁冥诞，一方面亦为纪念我的好友吕景琳。

据说，我们在甘肃"四清"结束后，有人主张把我们几十个青年留在那里从事劳动锻炼，李新坚决反对。他觉得，那里条件太艰苦，年轻人在这里已经坚持了半年多，再留半年，恐怕许多人的身体支持不住。此议遂寝。我们这些年轻人很感谢李新先生的仗义执言。

1971年春夏之际，我们从河南息县干校撤出，移到信阳北面的明港集中学习、搞运动。这时，我们十几位青年和李新先生等老同事住在同一间大屋子里。那是原来部队的营房，屋子很大。从此，天天在一起，尽管仍在搞运动，但气氛已渐渐不那么紧张。每天会前会后、饭前饭后，总有机会同李新先生等一起闲聊。聊的内容天南海北，无所不包，但大多数是聊历史和文学方面的事。不久，李新的三子，小明来陪他同住。小明对历史、文学也有很浓厚的兴趣，常常加入聊天。这样，我对李新先生有了更多的了解。也更加证实了我前面所说的，在这样的领导下面做事，将会是很开心的。

到了1971年年底或是1972年初，李新得到消息，在1971年的全国出版工作会议上，传达了周总理关于编写出版《中华民国史》的建议。这个消息对我们做近代史研究的人来说，是十分令人振奋的。李新认为，民国史不搞则已，要搞，一定是由近代史研究所来搞。

1972年6、7月间，我们全体人员从河南明港迁回北京。到10月间，李新正式接受了研究和编写《中华民国史》的任务，着手成立中华民国史研究组（那时，没有研究室的名目）。初成立时，参加成立会的只有十几个人，现在记得起来的，除李新之外，有姜克夫、沈自敏、朱信泉、李宗一、周天度、王学庄、郑则民、耿云志、王仲源等。后来民国史的队伍逐渐扩大，20 世纪 80 年代初，最多时有四五十人。李新常讲，要学韩信将兵，多多益善。他还常说，不论民国史还是革命史（那时，李新直接领导民国史和革命史两个研究团队），来者欢迎，去者欢送。他对人事问题采取非常开放的态度。

李新提出，搞民国史，先要从搞资料做起。从三个方面入手，一是搞人物传，二是搞大事记，三是搞专题资料。由此，也把组内的成员分作三摊儿：人物传小组、大事记小组、专题资料小组。我被分配在人物传小组。

大约在 1975 年前后，中央派以林修德为首的几位同志来担任哲学社会科学部的领导。在了解各研究所的工作时，得知近代史所有一批人在搞民国史。他颇为不解，似有取消此项工作的意向。其后，胡绳先生初来时，也对民国史研究有些迟疑。李新先生大概对他们做了许多解释和说服的工作，这项工作终于坚持下来。

民国史的研究工作，得到中华书局的李侃先生的大力支持。他专为民国史研究创办起《中华民国史资料丛稿》，分作人物传系列、大事记系列和专题资料系列，都出版了很多本。后来又增出中华民国史译丛系列，也出版了许多种。

那个时期，"文革"结束前后，人们大闹知识饥荒和文化饥荒，大家没有多少可读之书。《中华民国史资料丛稿》的出现（内部发行），大受欢迎，外地尤为渴求。

我在《中华民国史资料丛稿·人物传》系列先后写了几篇人物小传，包括康有为、梁启超、王国维、罗振玉、胡适、丁文江、史量才、邵飘萍等。这些都只是我的练笔之作，我一直没有把它们列入我的著述目录中，但李新觉得我的写作能力很不错，很善于从材料中概括出人物的主要思想和贯穿其一生的基本线索。所以，后来，着手编写《中华民国史》第一编的时候，他要我参加编写组。

特别值得一提的是，李新要我承担研究和撰写有关清末立宪派的活动以及清王朝统治危机的这一部分。这对我此后的学术发展至关重要。

人们知道，自从新中国成立以来，对于清末民初的历史，一直都只是讲同盟会和革命党的活动史，捎带讲一点清朝统治者的历史，立宪派只作为革命党的对立面，批判几句就完了。从来没有人正面去研究立宪派到底说过些什么、做过些什么、产生过什么影响。大家都是利用革命派攻击谩骂立宪派的言论来写立宪派。所以我说，只有人批判过立宪派，没有人研究过立宪派。面对这一现实，我要本着实事求是的态度来写这段历史，就必须从原始材料下手，认真搞清楚立宪派到底主张什么、做过什么、有什么影响。为此，我用了三年多时间查阅报纸、期刊、档案以及一切能找到的有关著述。为了能比较清楚地摸到清末立宪运动政治进程的脉搏，我把立宪派的主要喉舌《时报》从创刊之日起，直到清王朝垮台，一天一天地详细查阅一遍。有些重要的材料抄录下来，同时，把有关的大事和文献编列成较详细的目录索引。另外，看了一些关系人物的未刊日记；其中，《郑孝胥日记》是李新为我写介绍信，到当时的历史博物馆查阅的。

写民国史的这一部分工作，是我治学最重要的一个基本训练的过程。在完全没有任何凭借的情况下，独立地去搜集资料、分析问题、解决问题，做出自己的判断。李新若不是把这一部分的写作任务交给我，而是把早就有人研究过和写作过很多的部分交给我，都不易使我受到如此重要的训练。

我的书稿，大约1980年春写出，交给李新先生看。我的书稿，材料基本都是人们不曾见过或不曾用过的，所得的结论，更是大异于从前人们的看法。李新先生曾帮助吴玉章写过有关辛亥革命的小册子。

他脑中的这一段历史，自然还是从前那个时期的样子，一下子很难完全认可我写的书稿，他有些犹疑。但他并没有说过要我修改甚或重写书稿，他只是需要慎重地思考一番。一个学者，对于自己研究过、发表过的东西，是不易做重大改变的。这是学者应有的态度。那种好奇趋新、轻易改变自己看法的人，都算不上是严谨的学者。我的八万多字关于立宪派的书稿，李新大概不止看过一遍。后来，我的那篇《论清末立宪派的国会请愿运动》的长文，在《中国社会科学》上发表。在这篇文章中，我以更加明确而清晰的语言说明，立宪派与革命党，是清末两支平行发展的推动政治、社会转变的力量：革命党是从体制外对清王朝进行暴力打击；立宪派是在体制内部瓦解旧统治秩序。此文在历史学界引起很大反响。和李新同辈的学者，如陈旭麓、林增平等先生，都明确地表示赞赏这篇文章。李新先生经过反复审阅、思考，最后同意即照我的书稿付印出版，只是嘱咐我，有关徐特立老先生曾经血书"请愿速开国会"这件事，就不要写进书里了。

　　大约1978年秋冬之际，李新先生得知，次年五四运动六十周年，中央决定要举办一次大规模的学术讨论会。他对我说：你应该写一篇文章，就写你所熟悉的胡适吧。当时，他知道我已经认真查阅过胡适档案，写胡适应该有把握。那时，在一般人们心目中，胡适仍是学术文化界的头号反动派；如今正面地研究他，是很有些风险的。研究胡适虽然是我自主的选择，但李新的支持，对我还是很重要的。当时，我正在为写作民国史的书稿而紧张地查阅各种资料。直到这年的12月，中共中央十一届三中全会公报发表，我心中更加有了底气，决定于春节后抽出一段时间来写关于胡适的文章。

　　如后来人们所知道的，在1979年纪念五四运动六十周年的时候，我写的《胡适与五四时期的新文化运动》一篇长文，在《历史研究》5月号上发表，同样引起很大的反响。此后，就经常有人来邀稿或邀请去讲演，还有不止一家出版社要求我写胡适的传记给他们出版。

清末立宪运动研究和胡适研究，是我开始做学问的两个基点。而这两个基点，都与李新有关。李新是知人善任的学术领导人。在他的领导下，我开始一生的学术事业，是我的幸运。

李新本希望我为民国史多做一些工作。可惜，我极度缺乏组织和联络的能力，在这方面，我帮不上他的忙。

1981年，黎澍先生想从近代史所找一位年轻人去帮助他做事。他先找了他的几个学生和曾经受过他指导的人，结果都未能如愿。然后，他向李新提出，想请我去帮他做事。李新与黎澍关系一向很好，所以很支持黎澍的想法，于是找我谈。我对黎澍先生一向很同情，还在我来近代史所之前，就为他因《让青春放出光辉》一文而受到批判感到不平；来所后，逐渐又知道他在所内外都受到一些压力。既然黎澍希望我去帮他，而李新也同意让我去，于是我当即向李新表示，同意去黎澍那里帮忙。

我虽然离开民国史的工作，但我的编制仍在民国史研究室（这时，已改"组"为"室"了），我仍经常到李新先生家里去谈工作。1984年，我写作《胡适研究论稿》一书时，也仍请李新抽暇看过一部分稿子。我还希望他为此书写一篇序。他说：有黎澍同志一篇序就足够了，我就不写了。

20世纪90年代初，我向所里建议成立近代思想史研究课题组，得到同意。1992年，经院里批准，近代思想史研究室正式成立。直到这时，我才正式离开民国史研究室。我曾把我建立近代思想史研究室的想法向李新先生谈过，他表示理解和支持。他也觉得我比较适合做思想史方面的研究。

由李新先生创立的中华民国史研究，如今已成显学。这方面的研究论文和专著，每年都在中国近代史研究方面占据着最大的比重。皇皇巨著《中华民国史》已经出版多年。在这个领域,研究人才众多,涌现出许多海内外知名的专家。我们应当饮水思源:没有李新先生勇于开创的精神,没有李新顶住压力,把这项研究坚持下来,没有他那样广罗人才、知人善任,民国史研究就不会有今天这样人才辈出、繁花似锦的局面。

颙戴李新导师
——李新先生百岁祭

梁澄宇

常言道:"每逢佳节倍思亲"。今年春节里,我就在思念中为祭李新老师的百年诞辰写了一首小诗:

字字著信史,句句做真人。
谆谆三载诲,重重一世恩。
幽然常入梦,冥中长出魂。
安可仰高山,徒此揖清芬。

在李新老师 2004 年春仙逝以来的十数年里,如此深情地、公开见于文字地纪念李新老师,我这是第八次了。此前,2007 年出版的自传性回忆录《逝年流风》里有"考研进京""研究生院""纪念"三节,都写到过我眼中的李新老师。2008 年 9 月,史学界同人聚会举行李新先生九十诞辰座谈会时,我特意书写了两幅赞扬李新老师的书法作品:一幀为"老革命思想新,大学者智识深,好导师桃李春,高品德彦哲追";另一幀为"一生爱祖国,全心求民主,通史践科学"。2010 年秋我的第二部论文集《太平新语》出版,其中之"纪念篇"有《我的导师,我们的旗帜》(写于 2009 年春)《悼李新先生》(写于 2010 年 1

月）两篇。

　　为什么李新老师在我心里如此重要、如此难忘，以至于我如此耿耿欲言、喋喋不休呢？毋庸讳言，因为自从投入到他的门下，他的人格、思想、学识、道德、品行和遗志就都成了引领我前进的向导和激励我前进的旗帜和动力。更何况，对我而言，是他彻底改变了我的人生道路，使我有机会走进中央党政机关，为党、国家和社会做更多、更重要、更有益的事情，恩重如山啊！

　　我有幸关注、结识和亲近李新老师是从1978年报考他的研究生开始的，而使我最深刻地认知和理解其硕德玄识，并立誓终生敬仰、钟情和崇拜他的，则是1981年围绕毕业论文展开的。

　　我与李新先生的师生之谊绝对是一种天缘。在准备应对研究生初试时，我终于有幸读到李新老师主编的20世纪60年代出版的四卷本《中国新民主主义革命通史》。它最突出的特点在于，每一章都专写了一节文化史。这种治学治史的态度，在"一切历史都是阶级斗争史"（即政治史观）长期一统天下的国度和年代，简直是不可想象、极其罕见的。我一下子就深深地爱上了这部迟到的好书；爱屋及乌，当然也就在脑海里屹立起了这位未曾谋面的伟大"主编"的高尚形象。

　　随着后来研究生学习生活的一天天进行，我对李老师的认识和了解就越来越深入，感情和敬慕也越来越坚实。尤其是到了准备和完成毕业论文的时期，我们的接触就更大量、更频繁、更具体、更见良知。李老师非凡、伟大、高尚、完美之本色——正直、善良、慈祥、智慧、谦和、学识和谋策等，都更细致入微地、几乎无遗地暴露在我的眼前。

　　我的兴趣就是文化史，具体些说是思想史、哲学史。所以，在李老师出的论文题目里选择了"人生观论战"一题。

　　之所以选定这个题目，我是有冲"鼎"折"桂"的思想准备的。第一，周扬院长在三学年开学典礼上号召我们："要博览群书，继承前人的学术成果"；在此基础上，"解放思想、深入研究、独立思考，立志攀高峰"。第二，因为当时正值党的十一届三中全会后不久，总结"文化大革命"的历史教训，"实事求是""解放思想""拨乱反正""改革开放"的气氛正浓；"以阶级斗争为纲"的口号已经停止，"团结起来向前看"，全国各界各行各业正蓄势待发，"鼓干劲""大发展""把丢失的时间夺回来"的呼声阵阵；很多有独立思想的老革命家正在认真回顾、反思和探讨党半个世纪的真实历史及其教训；踌躇满志的学者都在摩拳擦掌、额手相庆，迎接"科学的春天"的到来。第三，就当时的史学界，特别在近现代史领域的情况看，文化史的研究极其薄弱。因为长期的"以阶级斗争为纲"的方针的统治，"一切都为政治服务"；而胡适、张君劢、梁启超、陈独秀等都被定性为"反动人物""批判对象"，"人生观论战"也就基本没有人敢越"雷池"一步。所以，这方面学术成果非常少。即使在不得不触及的时候，也只是把文化史当作"阶级斗争的一种表现"，即政治史，以"狗咬狗"一句空话、大话、假话、谎话敷衍之，浮浅、简单、武断、轻率之极。

我所能够搜集和拜读到的一切涉及"人生观论战"的论著，基本都是以"狗咬狗"论一概否定之。唯李老师主编而由蔡尚思先生主笔的"人生观论战"最具体、最详细。普遍地说，都丝毫没有触及和揭示"何为人生观""因何论战""争论什么""结果如何"这些本质。

我意识到自己面临的客观条件，利弊各半。容易的一面是，前人没有做到，自己相对地便于自由发挥和创新。但也确有困难——参与论战的学者如梁启超、张君劢、张东荪、丁文江、胡适、吴稚晖、陈独秀、瞿秋白等数十位，都是当时和后来无论在学界或是政坛上均声名远扬、如雷贯耳的人物；涉及的现代科学和哲学思想很专业、很深刻、很宽泛，且很有影响。（如"新玄学派"推崇柏格森、倭铿、叔本华哲学；"科学方法派"信奉杜威、罗素、马赫哲学；"唯物史观派"依据马克思、列宁的"经济是基础""决定上层建筑"的"阶级斗争"的革命学说。）

我更看重的则是最难得、最幸运的有利条件：一、就是党的十一届三中全会开创的实事求是、解放思想的政治形势；二、我喜欢哲学，对新鲜、深邃的思想理论有非常浓厚的兴趣，非常敬佩那些伟大的哲学家、思想家。所以，我有充足信心，可以把"人生观论战"写成一篇与众不同、前所未有的论文，把这一段历史研究向前推进一步；有责任把中国近现代史上规模最大、历时最长、参与人数最多、文章著述最丰、涉及的学术领域最广、思想理论最深、社会影响最久远的人生观之争——实际是一场中国现代知识分子面临国难当头，寻求救国济世良策的根本思路——世界观、人生观、方法论之大鸣放、大交流、大切磋、大冲撞，及其伟大成就奉献给学界和社会。

论文题目选定后，李老师嘱咐我说："好好多读些书，把我那书里的这一部分给扩充一下。"他说话简单、语气平和，但我却觉得态度严肃、分量沉重，其中充满了信任、期望和鼓励。

我立即投入了紧张而有序、认真而深入的学习和研究——搜集、阅览资料，大量抄录、积累、分析、归类和整理卡片，随时记录、清理和调整思路。

第一步，逐篇仔细研读参与论战的各等人物（"新玄学派"的张君劢、梁启超、张东荪等，"科学方法派"的丁文江、胡适、吴稚晖等，"唯物史观派"的陈独秀、瞿秋白），32篇20多万字的文章，一览无余。

第二步，广泛搜集和阅读一切对"人生观论战"有所评论的著述，从20世纪20年代到70年代，从大陆到港台、海外华人，从史学专著到文学传记等约20多部10多万字。

第三步，深入、系统地分析、了解和研究各论战派别所承袭的哲学思想体系。"新玄学派"——法国的柏格森，德国的倭铿和叔本华哲学;"科学方法派"——美国的杜威、英国的罗素、奥地利的马赫哲学;"唯物史观派"——马克思列宁主义。为此,也阅读马赫的《感觉的分析》、罗素的《西方哲学史》、柏格森的《时间与自由意志》、詹姆斯的《实用主义》、杜威的《民主主义与教育》、梁启超的《饮冰室文集》、胡适的《胡适文存》、列宁的《唯物主义和经验批判主义》,等等,以及浏览有关的世界哲学发展史,特别是19世纪中叶到20世纪主流哲学各个流派的有关著作。

第四步,积极关注现代科技发展动向和吸收新的哲学思想,探索运用新的方法论研究"人生观论战",进一步提炼和升华对"人生观论战"的认识。我喜欢不时地阅读《自然辩证法》《自然》《知识就是力量》《百科知识》等杂志以及新的哲学著作,了解科技的迅速进步催生的一些新发现和新理论。我从中学习到英国哲学家波普尔关于"世界1.2.3"的理论,美国哲学家库恩关于"范式"的思想,苏联哲学家普·斯·迪什列维、弗·姆·卡纳克关于"理论在物理学研究中的重要作用"的论断,对系统论哲学产生了浓厚兴趣;从而对方法论在认识论中的决定性作用有了新的理解和特别的感受,并尝试运用系统论的方法观察、分析和解剖"人生观论战",观察、分析和解剖论战各派的思想体系。于是我发现:近代哲学,特别是19世纪后半叶到20世纪初的哲学(马克思、恩格斯、詹姆斯、马赫、罗素、杜威、倭铿、柏格森、叔本华等都是有影响的学者),共同有个突出特点,即都非常专注和强调人的能动性,这正是它比旧时代进步的表现,从而共同组成了新时代哲学体系(或称系统)。而各学派又是形成于不同的文化基础(或背景),彼此独立、自成系统、各有特色。(柏格森等强调人的主观能动性在于意志是自由的;詹姆斯等强调人的主观能动性主要表现于运用科学知识、科学观念、科学方法,创造新的人生;马克思强调人的主观能动性对客观的依赖性和必然受到客观的制约。)各学派都各有所"长"("新玄学派"反对机械主义,"科学方法派"批判所谓"意志绝对自由"论,"唯物史观派"反对唯心史观),也各有所"短"("新玄学派"过分强调自由意志,"科学方法派"过分夸大科学的历史作用,"唯物史观派"过分强调意识对经济的依赖而忽视文化对意识的影响力),互相依存、互相排斥,形成了矛盾的统一体,构成了当时中国现代哲学的新特征。

第五步,撰写论文。这一年的时间分配:前几步的准备、酝酿、筹划、构思,大约用了10个半月;真正下笔具体写作的时间大约用了40多天。

我当然十分明白:我的研究方法和结论都与以往所有的史学家大相径庭,而根源只在于方法论上的区别。从前的学者们均号称使用"阶级分析"的方法,把"人生观论战"发生的原因归结为"阶级斗争"的背景和参与论战者的所谓"反动的政治立场"(即后来一概"反共"),均一言以蔽之——所谓的"狗咬狗"论,竟完全忽略数十位大学者20万言的"论战"内容。我大不以为然。这正是延安整风时期反对、批判和改造的一种主观主义的坏学风——"粗枝大叶""对空放炮""隔靴搔痒""不着边际""言之无物",哗众取宠,毫无实事求是之意;就方法论上说,属于唯心史观。毛泽东曾毫不留情地指斥为"革命的大敌""民族的大敌",还用一副对联形象、生动、一针见血地针砭其嘴脸:"墙上芦苇,头重脚轻根底浅;山间竹笋,嘴尖皮厚腹中空。"其最大错误在于,否定了文化本是人类社会及其历史的重要组成部分。文化,对于每个人都是一种客观的社会存在和外在力量,既不以人们意志为转移,也对每个人的思想、道德、意志、品行、修养、知识、能力、生活给以非常重要的影响。(马克思、恩格斯就是在前人文化成果——文学、历史、哲学、经济、军事、艺术、法律等,特别是德国古典哲学、法国空想社会主义、英国古典经济学基础上成长起来的优秀知识分子的代表。同样,他们创立的"无产阶级专政"理论及其"阶级分析方法"也深刻、强烈地影响了20世纪的人类。)

我从研究"人生观论战"的具体的社会背景、论战内容,发现:所谓的"人生观论战",其实就是中国文化界关于现代哲学思想——自然观、认识论、历史观——的一次大鸣放、大争论、大宣传、大普及。它是20世纪初中国知识精英面对民族危机、国家灾难,接受世界进步思想的影响,鼓吹和宣传新文化,振奋和提高民族自尊和自信的哲学表现;是为遭受外国列强凌辱的苦难的中国民众提供争取国家独立、自身解放的新思想武器——社会变革方法论的。因此,"人生观论战",当之无愧属于当时新文化运动的重要组成部分,充分表现了中国知识分子的深沉的爱国主义精神,具有促进中国人民思想大解放的意义。它直接培育、影响和动员了一代中国人,引导中国人民创造了可歌可泣的推翻三座大山的新民主主义革命史。

1981年春,我正式投入写作,整个过程处于极端兴奋状态,40天废寝忘食,一气呵成写出《中国现代哲学首战》论文(初稿)。为7个部分:一、关于方法论问题;二、19世纪末20世纪初的世界哲学;三、五四运动前后的中国思想界;四、"人生观论战"的过程;五、科学与玄学的论战;六、唯物史观批判唯心史观;七、"人生观论战"的历史意义及未来哲学。共7万余字。

我敢说,这俨然是一篇完全耳目一新、确实入木三分的"人生观论战"的专著(初稿)——有史以来第一次全面深入、详尽具体、精细准确、有声有色、有血有肉地描绘出"论战"的真实面貌,第一次实实在在、广征博引、令人信服地剖析和揭示了"论战"之典型的哲学专业的学术色彩,即思想性、文化性本质。完全可以认为,论文把"人生观论战"的研究推到历史最高峰。

论文(初稿)交给李老师后,我就病倒了。在北三医照了胃镜:

胃炎严重爆发,"十二指肠球部溃疡""幽门水肿,上下不通"。长期饮食、睡眠失常,体重减轻了30多斤,面目明显消瘦无光。李老师急忙写信介绍我到地安门大街去找一位老中医张大夫——曾经做过范文澜的主治医生。我一边服药养病,一边等候李老师的回音。

李老师看完我的论文(初稿),半开玩笑半正经地说:"原来设想把我们编写的《中国新民主主义革命通史》有关章节扩充一下就可以了;没想到,你看了不少书。现在我却看不懂了,已交给中国人民大学哲学系教授王方名。"李老师谦和的一番话是说,我的论文哲学意味很浓,只好请哲学方面的专家阅判了。

王方名教授是我国著名的逻辑学大家,曾为毛主席和中央领导人举办过逻辑学讲座。我在人民大学读书(1962—1967)时,就是他为我们讲授逻辑学课程的。

半个多月后,王老师约我去他家。他已经与李老师沟通过,简明扼要地说:论文内容太多,文章显长;先回家养病,抽空把论文"压缩一半篇幅"。

如此看来,两位老师(著名的史学家和哲学家)对我的论文是基本肯定的,没有实质性的否定意见;起码在逻辑学的视角上,从整体到局部、从论据到推理、从结构到布局、从观点到结论等,都没有发现有什么大毛病。

回到大同家中,经邻矿一位家传老中医的诊治和爱人的精心照料,加上每天疗养、锻炼,正常规律地生活,我心情舒畅,复原很快。20天后,我开始有计划、有节律地压缩论文。

修改和精简后的论文叫作《人生观论战研究》,观点更加凝练、集中、突出、鲜明,结构也进一步紧凑、简明、清晰、严谨。为5个部分:"论战概况及其意义","'新玄学派'批判机械主义","'科学方法派'批判唯心论","'唯物史观派'批判唯心史观","现代哲学在中国的历史命运";加上"结束语",共3万多字。

5月底,我回到北京。李老师和王老师很快看完了我的论文,只修改了几个字词,即决定"打印30份"并分送相关人士和有关方面。接着,由李老师为首,约请中国人民大学哲学系教授王方名、中共党史系教授彭明,中国社科院哲学研究所研究员、副所长齐一,近代史研究所研究员孙思白等参加,组成了学术评审委员会。

这个学术评审委员会的成员,多数为我初次谋面、很陌生,不禁有一种不祥的预感——担心这些都很有名望的老学者、老专家,会观念陈旧、思想保守;何况没有一个人是真正研究哲学思想史的(李老师、孙思白、彭明原本没有研究哲学,齐一、王方名的研究领域虽然广义上属于哲学范畴,其实前者研究的是美学,后者研究的是逻辑学,都不是哲学史),难免对我的文章内容会感到陌生。俗话说得好——隔行如隔山啊!

不出所料,论文答辩会上果真出现了僵局。

李老师主持答辩会。他简短地介绍了诸位评审委员后,要求我用15分钟的时间概要说明论文基本内容和有关情况。我的说明结束后,评审委员们分别提问题,我一一答辩。除李老师和王老师没有提问题外,其余各位都丝毫不涉及"人生观论战"本身和论文的论据,而一致地集中针对和纠缠于方法论和结论。他们都不认同我离开"阶级分析"来研究问题,而说"阶级分析的方法是唯一科学的方法""方法不对,不可能得出正确结论"。他们无论如何不相信胡适、吴稚晖、梁启超、张君劢、张东荪等人的哲学思想会有什么进步性,更不同意区分什么"新玄学派"和"科学方法派",坚持"对任何人来说,立场和观点都是一致的""站在反动立场上的人,观点肯定也是落后的、反动的"。

无论我怎么争辩和反驳,他们都听不进去。一个多小时的争辩相持不下。最后,李老师宣布"休战",让我到外屋稍候,等待评审委员会集体的最后评价。约20分钟后,我被再召进屋,李老师代表评审委员会宣布了几条判词:肯定论文资料丰富、研究深入,独立思考、富有新意,文字简练、语句通顺,逻辑性强、言之成理;但大家"不能接受论文的观点和结论";所以,"同意毕业,而不授予硕士学位"。

李老师代表学术评审委员会征求我对评语的意见,我平静简约地表示"没有意见"。我非常明白:李老师宣布的结论实际上是对三方面立场的综合、概括和协调:一是,充分肯定了我的努力及其成果;二是,准确反映了老学者、老专家的认识和观点;三是,他和王老师审时度势后做出的决定。这在当时是唯一正确、恰当的结论,所以,大家满意,我也可以接受。

我非常理解李老师的良苦用心。他如此直白、平实、简单,不置褒贬;既精准反映了实际,表明了对双方的尊重、理解,也透露出对双方均有所保留。其实质和主要目的在于:一方面肯定我的成果,保护我的积极性;另一方面警示我保持冷静,不可轻视学术界传统势力盘根错节、根深蒂固的现状。

李老师爱才如命是很出名的。他的睿智机敏、果断正确的决定表明:他不仅思想解放,而且实事求是;不仅喜欢、爱惜人才,更善于引导、教育、团结和保护人才;不仅是史学家,更是教育家、组织家。

第二年春,研究生院通知可以"补考硕士学位"。我去征求李老师的意见。他不假思索,态度却十分鲜明、果断而坚定,似问而答地说:"要那虚名有何用?!"一句话就回绝了。

事实证明,李老师在我的论文的态度上是富有远见卓识的,也是意味深长的;既表明了他对待人生的基本态度,也体现了他审时度势的严谨。

研究生毕业后,我先被安排到中共中央组织部研究室工作,之后又被调动到全国政协办公厅研究室工作，基本没有再去理会论文的事。1985 年 8 月，"全国中青年哲学工作者最新成果交流会"在安徽省合肥市举行。我不揣冒昧把论文投递过去，会议即列为"交流论文"；会后还寄来了交流论文证书和《全国中青年哲学工作者最新成果交流会论文文摘》。

《人生观论战研究》既然是我费了九牛二虎之力创作成功的，既然已经为史学家、哲学家们所认可，并被"全国哲学新成果交流会"列为"交流论文"，那么就不再纯粹属于我的个人私有财产，而具有了宝贵的社会财富和资源的意义。我不仅无权遗弃之或任其自生自灭、"烟消云散"，更有责任珍惜、保护、收藏、利用和宣传之，使之发挥其应有的社会效益。为此，2005 年，我继续整理学习心得，写了《谈谈系统论哲学问题》，约 5 万字，被选为当年 9 月在福州举行的"科学发展观与历史唯物论全国学术研讨会"交流论文；其中第七节（"系统论的历史观"）被收入该研讨会论文集（人民出版社出版）。2006 年，我自费出版了自己的第一部《论文集》，将《人生观论战研究》列为首篇，《谈谈系统论哲学问题》也收入其中。之后，又将《论文集》分别赠送给国家图书馆、首都图书馆，以及中国社科院、中国人民大学、近代史研究所等单位的图书馆和亲朋、同学、同事等。

至此，我这也算是对李老师一番苦心的一个合乎情理的告慰。因为我与李老师已经凝结了非常深厚的感情。这种感情是唯一的，是任何其他感情不可比拟的——是"师生感情"，却超出了一般的师生关系；不同于"父子感情"，却胜于父子关系；其中多了许多友谊、信赖、欣赏和志同道合、薪尽火传的默契。这是一种只可意会、不可言传且融入灵魂的精神力量，高耸如山、深沉如海，坚不可摧、牢不可破。

毕业后，每每逢年过节，我都必去拜访他，喜欢继续聆听他的教海。1997年10月2日，我们几位同学去为他祝贺八十大寿。他依然是滔滔不绝、侃侃而谈、踌躇满志、雄心勃勃。他那无比关心党和国家命运的激情和极其强烈的社会责任感，令我十分感动。可惜，他一直忘我地工作而无节制，以工作为乐、以著述为家而少休息，终于胰腺癌变病倒，从此长期住院治疗。我坚持每两周去探望一次，虽然后来他已经不认识人了。我是怀着无限的悲痛和无奈伴随他走完了最后的人生路，眼看着他一天天地在医院里强忍着病痛和那没有实现遗愿的苦恨郁闷而终。

我深深地爱着李新老师，感谢他，敬仰他，永远怀念他。

2018年春节

永恒的怀念

黄修荣

李新老师离开我们十多年了,但他的音容笑貌仍时常在我脑海中出现……他是我的恩师,是我人生道路上的引路人。

我于1968年离开未名湖来到秦淮河畔;四年后为了同家人团聚,从江南水乡到科尔沁草原一个军马场工作;五年后又举家搬到太行山下的一座矿山。1978年我考入中国社会科学院研究生院世界史系,导师让我学习古埃及史。开学后由于入学考试俄语成绩"过关",学校让我选修第二外语英语。开学不久,我爱人因积劳成疾来到北京治疗,我便每天早上五点多起床赶到医院挂号,外语学习不免受到影响,心中十分着急。当时我想,要从事古埃及史的学习和研究,不仅要继续学好俄语和英语,还要学好从未接触过的阿拉伯语和古埃及使用的纸草文字,要学会这几门外语对于当时已年满35岁的我来说是十分艰难的,而且即使学会纸草文字,到哪里寻找那些古文献?经反复考虑,我决定转系。我的这一想法得到研究生院有关部门和世界史系导师的批准。在这前后,我见到已在李老师门下读研究生的北大同学侯均初,同她讲了我的这个打算,听她的高见。她建议我转到近代史系,并说可以帮我向李老师介绍。我说自己根本不认识李老师,连一面都没见过,能行吗?她说没关系,李老师为人慈祥,向来助人为乐,可以试试。果然，很快得到李新老师的应允。在李老师的帮助下，我在1979年9月顺利办好了转系手续，投入李新老师门下学习中国近代史。一年时间很快就过去了，1980年下半年要开始考虑写毕业论文了。李老师根据学术研究的需要和我的学习情况，经反复考虑，指导我选择了共产国际与中国革命关系问题作为我毕业论文的题目，并多次指导我修改论文提纲，帮助我修改论文，使这篇题为《共产国际与第一次国共合作的形成》的论文顺利通过答辩，得到好评，并于1983年交出版社正式出版。

李新老师从1980年起到退休，一直担任中共中央党史研究室副主任，而我从1981年毕业后就分配到这里工作。所以我很幸运，同李老师接触、向李老师请教的机会比其他师兄师姐都多。李老师在中央党校南院居住期间，他住在83楼，我在82楼上班，我们几乎天天见面。后来他搬到万寿路住了，除了出差和生病，几乎每周都要到我的陋室来"聊天"。李老师十分健谈，谈古论今，打开话匣子，一说就是半天。从1979年下半年起，我同李老师见面机会非常多，李老师的远见卓识和为人师表的风范成了我学习、效仿的榜样。

李老师治学严谨、一丝不苟。他把"板凳须坐十年冷，文章不写半句空"作为自己的座右铭。他主编《中华民国史》和《中国新民主革命通史》，字斟句酌，妙笔生花，出版后得到学术界的一致好评，是史学领域公认的权威范本。

李老师对人宽厚，对己严格。他是1936年就投身革命的高级干部。他生活简朴、平易近人，从不以老干部自居。他住在中央党校南院期间，每天中午拄着拐棍到食堂和普通干部员工一道排队买饭，从不搞特殊。按照他的行政级别，单位要给他配专车，他也婉拒，表示有公务活动时有车可坐就行了。

李老师专心学术，不喜从政。新中国成立之初，他的老上级邓小平同志想调他到中共中央西南局任要职，命令下了，连住房都要安排好了。但他不愿意去，请吴玉章同志出面帮忙婉言谢绝。中央党史研究室建室之初，兼任党研室主任的胡乔木同志想让他负责党研室的日常工作，他也以正忙于编写国家项目《中华民国史》和《中国新民主革命通史》，没有精力顾及中共党史为由推辞了。1992年，党研室领导宣布我担任第一研究部副主任。李老师听说后，忧虑地对我说：有了行政职务，恐怕会影响学术研究，要处理好这二者之间的关系。我告诉李老师，事先我并不知道组织上的这个安排，今后我会多加注意。后来在工作中我一直牢记李老师的教诲，不让行政事务过多地影响学术研究。

1981年秋我分配到中共中央党史研究室后，我爱人仍独自带三个孩子留在河北武安团城铁矿。这对于一个工资低、工作忙、孩子多的女同志来说，生活的艰辛是可想而知的。这种两地分居的状况一直拖到1985年初仍没有解决。李老师看在眼里，急在心里。1985年春节前，我请探亲假准备回铁矿过年，并打算在河北找份工作解决两地分居的难题。在动身回家的当天，有位刚调到党研室工作的同志对我说，能否请李老师以个人名义向中央有关部门写一份申请，讲清我要调家属进京的理由，他可以帮我将这份申请送给有关部门。我听了后马上跑去向李老师汇报。李老师听了后二话不说，马上动笔，不到半小时就把申请书递给了我。我拿到申请书连忙交给那位同志，随后便回矿山准备过年了。回家后不久，有一天突然接到党研室人事处电话，告诉我家属进京申请已经批准了。我喜出望外，没想到拖了几年没能解决的难题在李老师和其他一些同志帮助下这么快就解决了！

想起李老师，往事又一件件一桩桩从心中涌出、从脑海闪过……从2004年李老师仙逝到现在，十四年过去了。在这十四年中有过多少风风雨雨，但岁月的风吹不走我对李老师难忘的回忆，岁月的雨冲不掉我对李老师深深的怀念……只要一息尚存，李老师将一直存留在我的记忆里！

我记忆中的李新先生

章百家

李新先生是我读硕士研究生时的导师,我是他指导的最后一名学生。那时,先生年事已高,编书的任务繁重。因我已有十余年工作经历,他对我比较放手。尽管我与先生的接触不算很多,但他留给我的印象却是独特的。

我成为李新先生的弟子,是运气,也是缘分。听闻先生的大名,是在北大历史系读本科时。不过,那时我并未想到日后会成为他的学生,因为我学的是世界史专业,主修美国史。毕业一年后,在报考研究生时,我决定改学中国近代史,主要是觉得应对本国历史有更多了解,学问也可做得更扎实些。20世纪80年代初,是中国社会科学恢复和迅速发展的时期。1983年,社科院近代史所准备多招些研究生。民国史专业是重点,打算招个研究生班,确定了两位导师,一位是李新,另一位是李宗一,近代史所当时的所长。我因本科专业不是中国史,看到这个班招收的人数较多,就报考了。由于这届考生成绩不甚理想,近代史所最后只录取了三名学生,报考的都是民国史专业。结果,入学时一个分配到中外关系史专业,一个分配到近代经济史专业,只有我进了民国史班——两位导师,一个学生。

我们这届进入社科院研究生院时,院里还没有自己的校舍。学生们借住在玉泉路附近的几家单位。那里离近代史所很远，好在那时专业课不多，教学也不很正规。负责指导我专业课的是李宗一先生，而他又很忙。那时他告诉我，民国史成系统的教科书只有一本，就是李剑农先生所著《最近三十年中国政治史》，专业学习主要靠自学。好在近代史所有三大优势。一是藏书丰富，特别是有许多台版书籍，那是当时在别处难以寻觅的。二是有一批老先生，知识渊博而又毫无架子。或许是政治运动经历得多了，他们中的许多人恪守"君子述而不作"的原则，以读书为趣，不求著作等身，只求万事皆知。向他们求教，与他们聊天真是长知识、开眼界、受启发。三是全所上下浓厚的学术氛围和严谨的学风。当时所里的一批中年研究人员多是"文化大革命"前的大学毕业生，他们深感被耽搁的时间太多，那时都十分努力，并乐于帮助我们这些后学。回想起来，求学路上得两位名师指教，又遇近代史所这样的环境，真可谓三生有幸。

第一次拜见李新先生，已是第二个学年的某个夏日。李宗一先生告诉我，我的毕业论文由李新先生负责指导。那时，李新先生住在紧邻颐和园的党校南院。院内有个大水塘，几座年久失修的二层小楼。先生住在其中一座二层的一个单元里。进入室内，首先看到的是拼在一起的几张书桌，上面堆满书籍。房间的一角还放着一张写字台，一个戴着眼镜、穿着白色圆领衫的小老头摇着蒲扇在那里看稿子。这是先生留给我的第一印象。初次谈话的内容我已记不清楚，大抵是我介绍个人情况，听听他的意见。以后一年多时间，我大约每隔一两个月会去见他一次。除讨论有关论文的问题之外，谈话的内容越来越广泛。

李新先生操四川口音，待人和蔼，十分健谈。一两次接触之后，我便感到他是那种人生难得一遇的老革命、老干部和史学大家的混合体，阅历丰富、见多识广，又直言不讳，绝少教条气息。那种天南海北、无拘无束的谈天便是他给我授课的方式。回想起来，先生的教诲有四点令我终身受益。

先生反复强调的一个观点是"历史最宝贵的品格就在于真实"。他常说，史学与文学、艺术不同，文学和艺术追求的是"美"与"善"，而历史研究追求的是"真"，但求"真"并不容易。一方面，历史本身极其复杂，充满种种矛盾现象；另一方面，历史写作也不免会受到现实环境的限制。他说，写信史就得说真话，有时真话不便说，那就讲几句空话，但绝不能说假话。在先生看来，一个好的历史学家，必须首先是一个正直的人。

对于学生，先生的要求是严格的，最看重的一点是勤奋。他经常告诫我，做历史研究一定要坐得住冷板凳，一定要掌握第一手资料，言出有据。他总说，搞史学的人不一定要很聪明，但一定要耐得住寂寞；只要勤奋，慢慢积累，总会有所发现、有所成就。我毕业论文的选题是"抗战前期国民政府的对美政策"。这个题目当时比较新鲜，很快得到先生认可。在我动笔写作时，他反复询问的是收集的史料是否已经足够，是否能做到孤证不取。先生主张"论从史出、以史带论"。对于那种还没研究就预设观点，然后再拼凑史料的做法，先生是很不屑的。

对于文风文字，先生一贯提倡"精炼、平实、准确"。我以为这与先生强调史学在于求"真"这一点互为表里。这个要求看似平常，真正做到很不容易。从事历史研究的时间越长，对这一点体会越深。用寥寥数语把一个复杂的历史过程概括清楚，用平实的语言勾勒出历史的波澜，这颇费斟酌，也最见功力。而"准确"所包含的不仅是对史实的把握，也包括文字表达和词汇运用。记得我在毕业论文中写道，"珍珠港事件"发生后，国民政府的官员极为兴奋，弹冠相庆。先生即指出，"弹冠相庆"一词专用于同僚中有人升官而众人庆贺，放在这一场合属用词不当。

先生思想活跃，善于独立思考，不拘泥于成说。然而，他在主张思想解放的同时，也强调尊重常识、保持常人见解的重要性。先生认为，事物都具有多面性，革命不能因循守旧，改革必须有所创新；但过去所犯极左的错误，一个重要原因是偏离常识，在分析问题时把某个方面推向极端。先生以对人性的认识为例，说过去只强调人性带有阶级性的一面，而否认有超阶级的一面，比如母爱就是人类一种普遍的情感。我以为，先生的这种认识是深刻的，也是他反思历史的一个结晶。在他的革命生涯和学术生涯中，这类事情经历得太多。"文化大革命"中那个尽人皆知的口号"宁要社会主义的草，不要资本主义的苗"就是最极端的例子。先生的思考对我日后从事研究工作启发颇多。在梳理改革开放的历程时，我常想我国的改革，不就是既有创新，又有向常识的回归吗？

三年时光一晃而过。快毕业时，许多同学都打算读博士。我问先生是否可以考他的博士生。先生不假思索地答道："你这么大年纪了，还不赶快工作，念什么博士。我们这些人还不是啥子'士'都没有！"毕业之后，我在社科院近代史所工作了十年，后来又调到中共中央党史研究室工作直至退休。在这两个单位，李新先生都曾是领导。不过，我毕业那年，他也从领导岗位退下来，因此我从未在他直接领导下工作过，与他始终是师生关系。

做学生时，我对李新先生的经历略有所闻，后来读了先生的回忆录才有较为全面的了解。先生在中学时代即投身革命，参加救亡运动，是重庆学联的主席。全面抗战爆发后进入陕北公学，后在晋冀豫根据地工作。解放战争时期在河北永年做过县委书记。新中国成立前后即投身教育事业，主要是参与中国人民大学的筹建工作。那时，邓小平要调先生去西南局任青委书记兼西南军政委员会秘书长，这是个相当于如今副部级的职务。但是，先生仍决定留在中国人民大学从教，成为一名"双肩挑"干部。1962年,先生辞去一切行政职务,调至中国科学院近代史所任研究员,专心治史。1978年,先生任社科院近代史所副所长。1980年,任中共中央党史研究室副主任。这两个任职,一个副局级,一个副部级,今天看来算是奇葩。据我所知,先生的工作主要在社科院,工作是主编社科院的两部大书:《中国新民主主义革命通史》和《中华民国史》。党研室的职务大约是为了解决他的待遇问题。1986年,先生退居二线,仍任研究员,思索不止、笔耕不辍,直至病重方休。

先生对我的影响似在有形无形之间。我对先生的敬佩是随着我从事历史研究工作经历的增长而增长的。一位老革命、老干部,弃官从学、一心以治史为己任者并不多见。做学生时,先生对我的那些教诲似乎并无新鲜之处。在从事研究工作之后,我越来越体会到那正是历史学的灵魂和生命所系。而先生对于学生的那些要求,他是身体力行地做到了。

先生的个人著作不多,大约只有几本回忆录,后由师兄陈铁健整理汇集成《流逝的岁月》一书。这些回忆以史学家特有的敏感和反思精神,以白描式的手法,记述了先生亲历的一些重大事件。我以为,这些回忆最典型地反映出先生作为历史学家所持有的价值观。

先生是中国新民主主义革命史和中华民国史两个学科的开拓者和奠基人。他的特长和最重要的学术贡献是组织开展大型研究项目和主持编写大型史书。这两个项目涵盖了20世纪前半叶的所有重大事件。当时,这不仅需做大量的开拓性研究,更困难的是许多问题还不同程度地带有政治敏感性,要形成有建树的新观点必须解放思想、突破禁区。读这两部书,特别是与此前的研究做比较,就会发现书中的创新是大量的。而这些重要的新观点,对事件、人物的新评价都是在倾听各种不同意见、反复拿捏之后才形成的。这些新观点能够坚持住,写到书中也很不容易。先生之所以成为主持这类项目的不二人选，不仅因其有严谨的治学态度、开阔的眼界和独立思考的精神，是真正的行家里手，在学术上足以服众；而且因其有出色的组织能力，在史学界有广泛的人脉关系，能够调动各种资源，同时还有足够的阅历和资历，可以顶住来自上下左右的种种压力。可以想见，他为这两个集体项目所付出的辛劳是巨大的。这是他个人著作不多的主要原因。不能不说，这也是一种可贵的牺牲精神。

作为史学大家，先生的身份是双重的，既参与了那段历史的创造，又主持了那段历史的编写。这种双重身份使他的认识和批判有许多独到而深刻之处。岁月流逝，那一代人已经远去。然而，先生的人格、学问永远值得后人敬重、学习与推崇，先生的思考也将永久地给后人以启迪。

恩师李新
——一位一贯乐于同事及晚辈弟子分享学术成果的老前辈

潘荣

我自 1984 年 8 月从北京中国社会科学院近代史研究所调动到南开大学历史系后,一直在高校讲授中国近代史,也带过四十多个硕士研究生,其中有一两个研究生私下恭称我为"恩师"。但我知道,这个称呼我是担当不起的。这两个学生在做毕业(或学位)论文时遇到困难,而我恰好对他们的题目感兴趣并手中已掌握一些有关资料,就不仅提供资料,甚至花了气力给他们反复指导,乃至亲自动手帮他们改了一部分。总之帮他们渡过毕业(或拿学位)这一关。且不说我的方法正确与否,可以肯定的是对他们提高职业(都是中学历史老师)素养作用并不大,无法与李老师对我一生事业的影响相比较。我之能在年近三十时走入中国近代史研究的领域,并在此后就从事这方面教学与研究,并取得些许成果,与李新老师将我引进门后,又扶持我走了开始的几步路是分不开的。"文化大革命"爆发以前,我喜欢的是数理化,如果没有这场史无前例的所谓"革命",我后来应当能成为一个"理工男"。"文化大革命"改变了我的人生轨迹。当了四年多的"狗崽子"后,1969 年 6 月到农村插队落户了。我的运气还算不错,才五年就捞到一个"工农兵学员"的名额,进入天津师范学院政史系政教专业学习。幸运中不大理想的是,我对政教专业不感兴趣,想转到物理系或本系的历史专业，但都没办到。

1977年夏我留校工作一年后，幸运再次降临：我考上了李新老师名下"中国革命史"方向的研究生。当时报考"中国革命史"，并非对李新老师已有所了解，而是因为政教专业的所有课程中，我最喜欢的是中共党史。在1978年9月底到北京读研之前，我对李新老师已经有了一些初步了解。一、我通读了几遍《中国新民主主义革命时期通史》，最深的感受是它的篇幅之长与内容之丰富全面，为以往我读过的中共党史书籍所无法比拟。二、在父亲的介绍下，与新中国成立初年曾经在近代史所工作过的河北大学历史系的漆侠先生见面，请教了不少问题。漆先生对李新评价甚高。三、8月中旬到北京复试时，亲眼看到了李新老师。那一年，他60岁了，拄了一根拐棍，看来身体不是那么强壮，但待人和蔼可亲。复试结束时，他给我们留下一个书面考察的题目"关于真理标准讨论之我见"，三天内交卷。这个题目明确地表达了他与黎澍先生对那场重要的大讨论的立场。那一年近代史所只有黎澍与李新招生了，原来报刊上刊登的中国社会科学院近代史所招生简章上要招生的有四位导师，除黎、李二位，还有孙思白（中华民国史方向）与蔡美彪（中国近代文化史方向）。不知什么原因，孙、蔡两位后来没招生。

现在回想起来，我读研究生这三年还是比较顺利的。最初一年集中学外语。我们近现代史专业共有七人，即张亦工、王好立、侯均初、梁澄宇、潘荣、刘敬忠与王树才，除两位王同学一人学英语一学人日语，其他五人都学俄语。黎、李二位导师专门为我们请了一位不仅业务好（精通俄语，也懂英语），而且极其负责任的老师。她就是现在研究共产国际与中国革命这方面建树很多的李玉贞先生。在教学将结束时，她找来一本1975年苏联科学出版社出版的C.A.达林（曾任共产国际远东书记处成员）所写的《中国回忆录》，分给我们翻译，由她审改校订。1980年底，此书由中国社会科学出版社出版。第二年学习基础课，前半年学习马克思主义原理，后半年学习中国古代史与世界近代史。这一年上半年，我在《近代史研究》（1980年2期）上发表了生平第一篇论文《关于孙中山与越飞会谈时间的探讨》。这文章写出初稿后，曾交给李新老师提意见。因为开始用了一些俄文资料，李老师建议再找俄语专业的同学把把关，我就又找了南开大学外文系俄语专业毕业的79级研究生刘蜀永帮忙。虽然最后定稿时那几个俄文资料没用上，但刘蜀永与我一起到北图查报纸、核对资料，也花了不少力气，就署名为第二作者。文章的题目最后是李新老师确定下来的。原来的题目好像是与某某某先生商榷，还是质疑什么的，记不清了，但李老师认为：题目不用那么具体了，商榷对象放在注释中就可以了。

第三年是写毕业论文。我原来提出的几个题目都被李老师否定了，原因都是题目太大或争议太多。后来他建议我写1927年广州起义，并告知到广州去查档案，他可以找朋友帮我查资料。我考虑到自己原来拟定的题目在短时间内确实没有把握做好，还是遵照老师的意见好些。我从北京出发去广州之前，李老师为我写了几封介绍信。我记得一封是给广东省省委党校副书记张江明，一封是给广东省社科院历史研究室张磊先生，还有一封是给广州起义的亲历者宋维静。到广州后我就住在了广东省委党校的招待所里，离广东省社科院很近，从张磊先生那里得到不少帮助。由于李新老师对如何收集这种问题的史料很有经验，想得也很周全，我此次广州之行收获很多，回来后毕业论文写得比较顺利。答辩也比较顺利。当时研究生院对第一批研究生的答辩有一个现在看来不大合理的要求，即第一次答辩既通过毕业论文又同时授予学位的人数，原则上控制在参加答辩研究生的三分之一左右。凡是答辩中答辩委员会成员提出异议较多，而主要导师又同意通过论文的，暂时只通过毕业论文，准予毕业；在半年（或者一年）后，论文经过修改、再次通过答辩后方能授予学位。当时李新老师名下共有 6 位研究生,结果第一次答辩既通过毕业又授予学位的只有黄修荣与我。黄修荣与侯均初一样,都是北大历史系 61 届毕业生,俄语基础又好,论文答辩又受到答辩委员一致好评,首批就授予学位应当是顺理成章之事。我的基础与其他师兄师姐相比都要差不少,能顺利通过就是因为按照李新老师的意见,选了一个相对而言争议较少、内容又比较单纯的题目。

1981 年秋确定我留近代史所民国史研究室工作的同时,李新老师便给我布置了参加《中华民国史》第二编第二卷的任务。李老师嘱咐我尽快与彭明老师联系。彭老师参加了我的学位论文答辩,已经见过面。他热情地邀请我参加由他主编的这一卷的大纲制定,几次见面后我们就成为忘年交。后来我想调南开大学工作,就是他帮我联系南开历史系负责人。因为我参加了大纲的编写,在这卷的几个编者中动手最早,1983 年初,我就拿出了第一稿。令我没想到的是,李新老师很快就审阅了八九万字的稿子,并做了二三千字的批注。更令我意外的是,他在明确指出我已经写出来的稿子还不是成品,充其量不过是个"史料长编"的同时,让室里将我的初稿与他的批注打印了几十份,发给大家提意见。可惜的是,因为几次搬家,我留下的两份打印稿丢了。去年秋天我带了自己的两本小书《北洋军阀史论稿》与《北洋政府史话》去看望一位老同事。她 20 世纪 60 年代初毕业于北京师范大学历史系,在宁夏大学工作多年后,调到天津教育学院,退休后合并到天津师大。她与我一向关系密切,所以在翻了我送她的小册子后,问了这么一句:你是否清楚为什么你平时这么贪玩(指我 2006 年膝关节做手术前年年夏天出去旅游,以及几乎每周打桥牌或下围棋),但比我们这些平时基本上不玩的人发表的文章还多吗?我知道她的意思,反问道:"您的意思是否就是我遇到了好老师,有机会参加民国史的编写?"她很痛快地回应:"对了,你小子还有点自知之明。"后来我反复琢磨她这番话,深以为然。是呀,我后来写的那些东西,要追根溯源,从选题到史料主要都是依靠当年在近代史所时积累的资料。我后来之所以能写出《张勋传》,还不是因为我在参加编写《中华民国史》时,承担的主要内容之一就是张勋复辟。就连《北洋政府史话》这个小册子的写作任务,要不是由近代史所的同事主持《百年中国史话》选题和组织作者,也不一定能落到我头上,因为还有来新夏、焦静宜等也可以承担。

如前所述,1981年至1983年这两年,因编书的需要,我经常向长期与李老师合作的彭明先生求教。彭先生是个心直口快的人,有一次,他语重心长地对我说:你跟着李新编书,算是跟对了人了,他搞项目,一定会结下一个大果实,而且大伙分着吃,他从来不吃独食,而且特别尊重合作者包括下属的劳动成果。跟着别的先生编书或搞项目,也许也会出一些成果,但像你这样没有经验也没有名气的年轻人最后能落下多少东西就说不好了。因为当时我刚刚参与《中华民国史》的编写,并不清楚彭老师这番话具体所指。后来我为了查资料方便,长期住在所办公室里,晚上经常与也住办公室或家就在附近的同事们聊天,逐渐明白了彭老师的意思。当时与我经常聊天的有沈自敏、杨光辉、张振鹤,等等。现在记得比较清楚的一次是与沈自敏老先生的谈话。记得沈老说:当年所里组织编撰《中国史稿》第四卷,我比你现在也大不了几岁。为了编书,查阅英文书籍档案,翻译提供英文资料,可是下了不少功夫呢!不过最后自己什么也没落到。现在很多我当年翻译的资料自己连稿子都没留下,反正我也用不上了,现在就要退休,更是无所谓了。你们是赶上好时候了。尤其你跟着李新编书更是跟对人了。沈老这番话,对我的触动是很大的。因为当时我读到的李新老师个人署名的文章不多,对那些在中国近代史领域署名论文多一些的学者，特别是所里一些老先生很是钦佩。但我的看法不仅得不到沈老认同，张振鹤等更是明确反对。张振鹤明确地讲：我认为，学术带头人的主要责任是把所里整体的科研带上去。你看看民国史研究室刚刚成立几年就出这么多成果，为什么呀？我告诉你，李新同志心里想的就是领着大家一起编书，不是只想自己出名。这些话是私下聊天，本来是不应当外传的。但据我所知，沈、张等对我讲的这些话并不是什么悄悄话，也没有避人耳目之意，因为他们经常也对所里其他人说这些话。后来我调到天津了，也没机会与沈老等人聊天了。

我离开近代史所以后，李新老师分管的民国史研究室与革命史研究室的学术成果与日俱增。据大师兄陈铁健在《送李新先生远行》一文中说：先生主持编撰的《中华民国史》12卷、《中华民国人物传》12卷、《中华民国大事记》10卷、《中国新民主革命通史》12卷，以及为数甚多的《中国现代史资料丛刊》《中华民国史资料丛刊》等等，约计数千万字，早为海内外学术界所公认。我还在近代史所时，就几次听到老同事们在一起议论说，几个所领导人相比较，要数李新的组织协调能力强，与各地高校历史系、很多省市社科院的史学研究所或者党校的领导及专家都有关系，遇事好联系。因为李新善于协调，能团结各方面学者齐心协力，在牵头编写大部头著作时就顺利得多。我在撰写硕士毕业论文时，到广州搜集资料时，已经受益颇多，当然是认同这一说法的。而且我还要进一步说一点自己的体会，即李新老师能组织好完成重大项目的学术队伍，更重要的因素恐怕还是他一贯乐于与同事甚至学生晚辈分享学术成果。就拿《中华民国大事记》的署名来说，现在我手中保存了三十多册当时由中华书局内部出版的16开白皮的《中华民国资料丛刊·大事记》，每本编者的署名都是中国社会科学院近代史研究所民国史研究室，书尾则有本辑编者与责任编辑的名字，但没有李新老师的署名。再有就是《民国人物传》12卷，我手边也都有。我一本挨一本地翻，前两卷主编为李新、孙思白，但从第3卷开始，主编就分别为宗志文、朱信泉、严如平及娄献阁等，第3卷、5卷封皮还有"李新校阅"的字样，后面从第6卷就没有"李新校阅"的标注了。《中国新民主革命通史》（多卷本）的主编也是李老师与陈铁健大师兄共同署名。而且我知道，在《中华民国史》我执笔写的那两章稿子中，李老师提出了2000多字的修改意见，但在书出版时关于执笔人的分工说明中没有任何地方提及李新老师的付出。我想在600多万字的稿子中，主编李新（李宗一先生逝世后，改为总编），不会只对我的稿子提出修改意见吧！《中华民国史》共12卷、15册，600多万字中我记得只有第二编第一卷开始有一篇《第二编代序：北洋军阀的兴亡》，标明作者李新，其他各卷、各章、各节都把执笔人交代得清清楚楚。我以为，所有参与《中华民国史》写作的学者，都分享了学术成果成功带来的名利，也应当是这套书得以成功的重要因素之一。

我在要结束这篇短文之际，忽然又想起1985年南开大学历史系召开民主选举系主任（据我个人所知，国内高校没有先例）时，美国史专家杨生茂先生站起来讲了一番话，大意是：一般的学术带头人搞好自己的学术，教好课，带好自己的研究生就可以了，但系主任不同。系主任必须把全系各专业的教学与学术研究放在第一位，要牺牲自己的学术研究，成全大家。在思想上没有牺牲自己的精神准备的人不能当系主任。他的这话，我记了几十年了。李新老师曾任近代史研究所副所长、中共中央党史研究室副主任，官职比系主任大多了，但他私下与我表达过这样的意思：当官就是为了更好组织更多的学者编书，如果从个人兴趣爱好出发，不如就当个普通的研究员。原来我不能完全理解老师的话，现在我感觉好像是理解更多一些了。

斯人已去　风范长存

——为李新老师百年诞辰而作

汪朝光

2004年2月5日，接到李新老师长子小丁的电话，得知李新老师于当日逝世。虽然李老师卧病有年，他的离去或许不算是很突然的事，但遽尔得知，仍然是令人悲痛的消息！

时间过得真是很快！一晃李老师离去已是十四年前的事了，而今年又恰逢他的百年诞辰。作为李老师的学生，过往的种种常常浮现眼前，于此写下一二，也是对李老师百年诞辰的纪念吧！

记得第一次见到李新老师是在1981年12月。那时我即将从南京大学历史系毕业[1]，报考了中国社会科学院研究生院近代史系（也就是近代史研究所）的硕士研究生，选择的导师便是时任近代史研究所副所长的李新老师。因为上大学期间便对民国史感兴趣，而那时民国史研究刚刚起步不久，招考民国史方向研究生的在全国唯有李新老师。所以，虽然以李老师的大家名望，感觉自己不过是个初出茅庐的大学生，贸然报考似乎有点自不量力，但还是鼓起勇气，参加了考试。经过了初试之后几个月的等待，在我的同学报考其他学校都得到了结果之后，我才在12月中旬收到近代史所的通知，进京参加复试。

---

[1]　1977年恢复高考后的第一届大学生，在1978年2月入学，所以也在1982年1月毕业。

这是我第一次到北京，甚而也是第一次出远门长途旅行。坐了19个小时的火车，在一个暖阳冬日的上午，走出了北京站，来到近代史所，参加研究生复试。那时近代史所刚刚搬进落成不久的东厂胡同新大楼，楼内走过的人们还流露出乔迁新居的喜气，而我也从此踏入了近代史研究的大门，领路人正是李新老师。

因为李新老师公务繁忙，他并未主持对我的复试。在复试结束之后的第三天晚上，由当时主持民国史研究室工作的李宗一老师带我去建国门外永安里李新老师的家中，第一次见到了李新老师。在这之前，李老师在我心目中是著名的历史学家，还是一位很早就参加革命、身居部长级高位的领导干部，我心中难免诚惶诚恐。去之前，我还特意问李宗一老师，见到李新老师应该怎么称呼呢？李宗一老师说，就称呼"老师"吧。等见到了李新老师，随着我对他的称呼"李老师"，我的忐忑也就烟消云散了。李老师确实是位非常平易近人、温和开朗的长者，对我也非常亲切。第一次见面，李老师并未多说学习的事，而是聊起了家常，从家事到校事，一下便拉近了我和他的距离。同去的李宗一老师想来与李新老师很熟，也随之说起了家常事，并且他对李新老师的称呼是"李新同志"。虽然他是李新老师的直接下级，但如此称呼却也是那个时代人与人之间以"同志"相称的平等关系的真实写照！

从这第一次的见面，也开始了我作为学生、学者、晚辈而求学、求教、受益于李新老师的过程，直至李新老师的离去。在二十三年的时间里，李老师对我的教诲和帮助是那样令人难忘，时至今日，犹历历在目。

作为李新老师的学生，我在三年的硕士研究生就读期间，从李老师处学到了许多为学之道。在我读研究生的时期，全国的研究生招生刚刚恢复不久，中国社科院研究生院的招生名额非常有限，而近代史所招收的研究生数量尤少,从 1980 年到 1982 年,连续三年每年只招了一人,有人戏称这是"三代单传"。也正因为如此,除了外语和政治是在研究生院上大课、比较正规之外,专业课的学习,不似大学那般有按时序的排课,多半是去李老师家中,面对面地听他讲课。由于只有李老师和我两人,讲课的方式当然不拘一格,没有讲堂式的上下隔离,而是自由自在地漫谈聊天。课中我可以随时发问,李老师也就随时解答。讲的内容也不拘于以课程大纲为中心的刻板,而是丰富多样,不仅有学术中的历史,也有李老师丰富人生经历中的历史,而且后者经过李老师用韵味悠长的四川话说起来,不仅很有趣耐听,而且有时更能引人深思,更加深了我对历史全方位的认识。

李新老师早年入川东师范就读,是"一二·九"运动时期重庆学运的活跃参加者。全国抗战开始后,他投奔延安,参加革命,以后长期在华北敌后根据地工作。有一次,李新老师说起他在抗战中的经历。1942 年日军发动极其残酷的"五一大扫荡",当时他在中共北方局担任组织部的组织科长,组织部部长刘锡五在突围开始前对他说:北方局干部的花名册你打个包背上,有你就有它,没你也必须有它,因为这份材料如果落到日军手中,后果不堪设想。这就是当时的实情,抗战和革命不是坐而论道,而是血火考验!所幸的是,李新老师经受了这样的考验。所以,中共在抗战中能够昂然崛起并且为后来的革命胜利打下坚实的基础,正是因为有许许多多像李新这样的革命者的奉献牺牲才做到的,而这也是后人研究抗战史所不能忽略的。这样丰富的阅历,对后来李新老师从事并领导民国史研究,是非常有帮助的。

如今回想起来,随李新老师读书的三年确实获益匪浅。每个月大体都有一次课,从当时安家在玉泉路十一学校中的社科院研究生院,坐地铁一号线到礼士路或 338 路公交车到西单,再转 1 路公交车到建国门外李老师家中。能够在三年的学习中这样面对面地聆听李老师广闻博见的讲授,并以风趣幽默的语言表达,再加以适当地总结提升,从学术的角度赋予历史以丰富的意义,这是大课堂的讲授很难得到的。想想这真是够奢侈的。一位学界大家,对着一位刚刚入门甚或还没有入门的青年学子,娓娓道来,循循善诱,这种经历大概并不是每个求学者都能得到的。而且毋宁说,或者也是可遇而不可求的一段人生经历,真真令我终身受用!

1984年12月,我在硕士研究生毕业后,来到近代史研究所民国史研究室工作。李新老师是民国史研究事业的开拓者和领导者,民国史研究室就是由李老师一手组建并发展壮大的。1972年,当民国史研究被列入国家科研计划时,李新老师受命在近代史所组建民国史研究组(1978年改称民国史研究室),开始了创立一门新学科——民国史研究的创业历程。举凡与民国史研究相关的方方面面,李新老师都曾躬亲其事、殚精竭虑,克服诸多困难,与研究同人共同努力,终于创立了民国史研究这门中国历史研究中的新兴学科。有关民国史研究的对象、原则、框架、体例等等,都是当年在李新老师的领导下,由诸多研究同人共商而定,并为学术界沿用至今。现在,民国史研究已经成为近些年来中国历史研究中最为活跃、成绩斐然的一门学科。饮水思源,我们更应推动民国史研究的不断深入,推出更多的研究成果,培养更多的人才,才可以告慰李新老师。

我在研究室工作期间,李老师的主要工作单位,已经转移到中央党史研究室。但是,无论是个人的民国史研究工作,还是研究室的民国史学科建设,都可以继续感受到李老师满怀热情的关注和支持。尤其是对《中华民国史》的编撰工作,李老师更是投入了毕生的精力和心血。

自民国史研究起步伊始,在李老师的精心谋划和民国史研究团队的集体讨论下,将这项研究课题分为三个部分:编写多卷本《中华民国史》,同时编纂收录民国时期重要人物生平经历的《民国人物传》和反映民国时期大事要事的《民国大事记》。1978年,《民国人物传》第一卷公开出版发行;1981年,《中华民国史》第一编二卷公开出版发行;《民国大事记》也开始陆续出版内部发行本。这标志着民国史学科的诞生,也是改革开放的时代产物,在学界引起强烈反响,在社会层面也引起读者关注,其初版本的发行量高达十余万册。

李新老师治史,特别强调实事求是和论从史出,并将其具体落实在民国史研究中。即便是在民国史学科初创时期,研究不够,史料不足,但李新老师仍秉持这样的原则,严格要求研究者,使民国史系列著作具有了较高的学术价值和长久的学术生命力。四十年后再看,即便是四十年前最初出版的一批民国史著作,仍然可以基本站得住,仍然可以成为后人学术研究无法绕过的必备参考著作。这并不是所有学术著作都能做到的,而这恰恰体现出李新老师治史的高远眼光和洞察力!

但是,因为民国史研究刚刚起步,在学科体例、编写框架、研究内容等方面,都还存在诸多问题需要解决,而且有关民国史研究的基础性史料,当时的开放和整理也严重不足,这些都对研究工作的进程有一定的影响。李新老师曾经对我坦承,回头看,最初设想用五年到十年左右的时间完成这件事,确实有些乐观,有些低估了其间的困难。而且20世纪90年代以后,随着学术研究环境的变化,民国史研究最初采用的从各单位抽调人员、进行大协作集团式攻关的编撰工作方式,也面临着新的挑战,研究工作的进度受到一定的影响。而李老师也是年龄一日长于一日,身体和精力毕竟都不能和壮年时代相比。但恰恰是在这样的情况下,更显出李老师的研究定力和领导能力。他仍然亲自指导着研究工作的进行,改稿看稿,从不稍歇;他尤其关注研究团队面临的一些困难,竭尽全力,尽其所能,为研究团队创造工作条件,并且取得了相当的成效，使民国史研究室的工作度过了最困难的时期。那时，我已经在民国史研究室先后担任副主任、主任，协助李老师做些民国史研究的组织协调工作，深知李老师为民国史研究所付出的一切！

1998年11月，在李新老师病重住院前，他在致友人书中写道：此书已搞了二十六年，眼看世纪转换，总不能再拖到下世纪去。我是此书最早的发起者之一，尽快完成全书，俾克这样的全功，我想可以说是我们共同的心愿吧，我们总应该尽责任，不使此书半途而废矣。无论如何，总应尽快将此事做完，以尽对社会也是对作者的责任。我已是八十衰翁，想我将此事尽快做完之心大家总可理解吧！其间所反映的李老师对民国史研究的深情厚爱，当可为学界同人所共同感知！或许令李老师有些遗憾的是，在他的有生之年，未能看到这套书的全部出版。但在所有研究者的共同努力下，2011年由李新任总编主持编撰的《中华民国史》《中华民国史·人物传》《中华民国史·大事记》全36卷册在辛亥革命百年纪念之际全部完成出版。这是李新老师能够含笑于九泉的！亦是后人堪可告慰李新老师的！

可以说，无论是李新老师在任或不在任，他都始终如一是民国史研究团队的实际领导者；即便在他离去之后，他对这个团队的工作仍然发挥着重要的精神影响力！李新老师不仅是学术研究大家，是民国史研究的开创者，也是学术管理大家，是学术组织工作的优秀领导者。在李新老师的组织领导下，完成了《中华民国史》等多部有分量并在学界极具影响力的重要学术著作，而这些著作往往又是个体研究者很难独自完成的。取得这样的成就，反映出李新老师善于从事学术组织工作、善调度、重协调、胸怀宽广、知人善任的领导能力。要将一支数十人的研究团队带好，同时通过研究课题的进行，出成果，出人才，并非易事。李新老师也深知并实际体验到工作之难。为此，他花费了大量的心血，在指导研究工作的进行之外，也做人的思想工作，并且帮助大家解决工作乃至生活中的具体困难。李新老师特别关注中青年研究人员的作用，提出《中华民国史》出书后的署名应该尽量为作者着想，主要作者一定要在书封面的正中关键位置上署名，而他的署名应该退到书的角落里，虽然他是这套书的真正主编，生前看过并改过全部的书稿。他的这种严于律己、宽以待人、大度豁达、不为己利的态度，也是他的领导能够服众的原因之一吧！

李新老师身为著名学者和高级干部，和他那个时代的许多学者大家一般，对上对下都是平等相待的。在我与李老师的交往过程中，体会到的都是他的谦逊坦诚、实事求是。甚而令许多人想不到的是，他的生活也是非常的简朴：在党校住宿舍、吃食堂，家中陈设用外人的眼光看，甚而可谓陈旧，连他用的大些的冰箱，还是几个学生实在看不下去，凑份子"赞助"买的。这真的值得我们晚辈后生敬重！也真的值得我们晚辈后生思考！

我在读书期间，深受李新老师的培养。参加工作之后，和李新老师也常见面，听取他对学问的指教。负责民国史研究室的工作之后，常常向他请益学术管理之道。闲时也常听他天南海北地无所不聊，那些逸闻趣事，也是历史研究不可或缺的重要方面。在和李老师的交往中，不需要任何虚饰与矫情。1998年秋冬之交，李新老师因病住院，但身体还好，思维敏捷，仍很健谈。1999年2月，我去美国斯坦福大学进行半年的访问研究，行前去医院看望李老师时，他还约我回来后多谈谈美国见闻和美国的民国史研究状况。但不承想，半年之后我回京时，李老师的病情恶化，已经不怎么能够完整表达自己的想法了，只能困难地吐出一二字句，关心的还是早日完成民国史的撰写。从那之后，李老师的病情时好时坏，我基本上一二个月去医院看望一次，目睹他的身体日衰，能够领会到人生衰老乃至离去过程的艰难之处。

2004年1月19日（阴历腊月二十八）下午，我在北京医院的病房里最后一次见到李新老师，情况如常。但转年之后的噩耗，仍然展示出病魔的残酷面相。虽然余心也哀，但也只能暗念，一定要将李新老师毕生致力并关怀的民国史研究工作做好。

在二十三年的时间里，我始终得到李新老师在学术上的指教与工作上的关心。李老师常常告诫我，学术上一定要有定见，不为一时的潮流所动，实事求是、坚持真理，以史实为依据，不说假话，即便对老师的意见，如果有不对的地方也同样可以批评。我个人这些年来的成长与进步，与李老师的热情关怀与尽心帮助是分不开的。

值此李新老师百年诞辰之际，谨以此文表达对李新老师的深切感怀和无尽悼念之情。在我个人今后的学术研究和人生道路中，更当时刻铭记李老师的教诲，以不负李老师的培养与关心！

李新老师的功绩与为人，将永远为我们后人所怀念！

2018年4月26日

于东厂胡同一号世界历史研究所

寻找真实是最好的纪念

李大兴

今年9月15日是先父李新百年冥诞,他的门生故旧相约合作出版一本纪念文集,高谊可感。著名历史学家陈铁健先生赐函约稿,敢不从命?

一

一个世纪前,父亲出生在四川荣昌县(今重庆市荣昌区)。据族谱记载,这一支李姓最早属于陇西李氏,北宋时迁华北,南宋时下湖南郴州。明末张献忠入四川,杀戮极重,故有清初"湖广填四川",先祖因此移居荣昌。

父亲幼年失怙,家道中落,然而读书优秀,靠宗族祠堂资助读完初中,考入川东师范。他17岁参加"一二·九"运动,任重庆学联主席,次年被学校开除。自此父亲先是从事抗日救亡活动,抗战爆发后旋即纠集同学七人步行去延安。

父亲前半生的行迹,在他的回忆录《流逝的岁月》里有相当详细的记述;后半生的事功,他的学生和旧部比我清楚得多。作为后人,我能写的更多是私人的回忆，出自血缘关系的视角、感受与理解，别有不可替代之处，只是作者须格外注意不因感情而溢美。

父亲转身学术实属半路出家，由于主编了几部大型通史，尤其是《中华民国史》，遂于当代史学史上占一席之地。不过，父亲虽然没受过严格的学术训练，但一直好学，晚年尤多省思。我青年时也曾是习史之人，由于时代和所受教育的不同，在观念、方法上和父亲颇有抵牾。比如我对集体撰史一直有所保留，更倾向于个人书写历史，历史书写个人。但另一方面，我对父亲的历史观还是认同的。他经历的岁月里，由于政治运动频仍，以论代史、历史为现实政治服务乃至于掩盖真实的事情时有发生。父亲因此深有所感："我认为写历史应按照历史本来的面目来写，把它写成信史、真史。但这样做是很难的，有各种各样的困难。自古以来，要想写真史，首先在政治上就会遇到很大的困难。'在齐太史简，在晋董狐笔'说明写真史会遭到杀身之祸。但是，中国的史学正因此而形成了一个光荣而伟大的传统。即认为写史而不真，有违史德，丧失了史学家的良心。"

以上引自《流逝的岁月》前言第二页。父亲写回忆录时已经年近八旬，再无顾忌，履践了他自己写史存真的信念。在我看来，这部回忆录是他毕生最好的著述，历史家的回忆是史笔，波澜不惊之间，涉及许多令人震撼的历史本相。他晚年有相当庞大的写作计划，回忆录已经写到"文化大革命"前夕，却因为中风而搁置。

我是家中幼子，四川话所谓"老幺"，父母有我时已经四十余岁。我甫一记事即逢"文化大革命"，从此家人分散数地，自顾不暇。"文化大革命"结束不久高考恢复，小学初中辍学的我也从此回到学校，忙于读书应试。我考上大学一学期后获保送出国留学，从此去国三十多年，也就再没有机会从容与父母交流，询问他们的个人史。父亲的相当一部分经历，我也是通过回忆录了解到的。进而言之，我是在父亲去世之后，渐渐走近他，开始理解他。这固然令人遗憾，却也再平常不过。父子之间往往亲情与张力并存，关注与冲突同在。两代人之间的距离，往往只有走过时间之桥才能缓缓拉近。然而时不我与，当我年过不惑，渐渐多一份历史的眼光看上一代人时，父亲已口不能言。所谓互相理解，更多在想象之中。

关于父亲，我已经写了六七篇文章发表，与其说是怀念，更多是为了留下一些历史叙述，记录我眼中的父亲和我所知道的他的生平。我希冀通过状写父亲呈现他所处时代的点滴。这样的写作，毋庸赘述，以寻找真实为追求。

二

大约是1967年，父亲白天在位于东厂胡同的近代史研究所接受批判，学习改造，晚上回到张自忠路3号大院的家。他除了写检查、外调材料外，没有工作可做，因而有大把空闲的时间。他教我打扑克、下象棋，夜里，紧闭窗帘，在餐桌上铺上厚厚的毯子打麻将，应该都是在这个时期。

我清楚记得自己坐在父亲的腿上，听他给我念《三国演义》小人书。半个世纪过去，我还能够大致背诵60册小人书的目录：桃园三结义、董卓进京、捉放曹……我通过读这些小人书完成了识字，父亲又教我背诵古诗。后来有一段时间，背诵《长恨歌》与《琵琶行》成为我在大院里的保留节目。

在压抑而缓慢的时光里，父亲大约从天伦之乐里找到一些慰藉。他自己翻看家里不知从哪里留下来的一部《白香词谱》，顺便就给我讲了诗词平仄的基本知识。我听得似懂非懂，却从13岁就开始应用，糊里糊涂地写诗，受益至今。如今想来，我从少年时代就喜欢写诗，其实是父亲的遗传。不过我开始写时，父亲已经恢复工作，受命主编《中华民国史》，无暇再指点我。我也没有觉得父亲精于诗词，在我看来，他写得过于直白。后来我渐渐认识到，诗词是中国读书人抒发怀抱的一个重要传统，作者不必是诗人；事实上，大多数作者也称不上诗人。这个传统到父亲这一辈还相当普遍，如今已基本不复存在。

当年父亲的诗写在两个本子上，中间还夹着一些散页。少时我都读过，不知道现在还保留了多少。从他的回忆录里可以看到他 14 岁时写的一首诗，是送他的哥哥参军抗日："山河悲，家国危，从军曲，誓不归……男儿自古重义气，安能戚戚乎别离？"通篇激扬的基调，既折射时代的波澜，也反映父亲的个性。1998 年我最后一次听他长谈。因为耳背，他说话声如洪钟，中气还很足，所以当时我想他的身体还很好，谁知道几个月后就一病不起。他很激昂地反复说了几遍：他一生的追求是救国，从年轻到老一直如此。

他说得很真诚。我也知道这是他内心真实的想法，对于他那一代人中的大部分来说，是信念所在也是精神寄托。我这一代以及更年轻的一代，越来越现实化、个人化，以至于有"精致的利己主义者"这种说法。世代的变迁是不可逆转的事实，无所谓谁对谁错，从不同的视角看各有千秋。每个历史人物都是很多面性的，不过自己往往看不到。这一点父亲也承认，他从历史学的角度，认为回忆录往往是不可靠的。出于这种自觉，他写回忆录时委托朋友和学生去核证史实，对自己的经历多有反思。

父亲也是很多面的。他有四川人爱摆"龙门阵"的习性，一生健谈，然而谈笑之间，更多保持乐观精神，极少流露自己内心的感情。感伤或激愤，大多只有在诗词中偶显端倪。我个人觉得他写得最好的一首，是写于 1976 年清明后的《金缕曲》：

> 此恨何时已，望峨眉云山万叠，故人千里。往日花开不知惜，今日落花难觅。叹花落水流春去。世路哪能行两遍，若能行携手重行起。长夜听，巴山雨。
>
> 曾经沧海难为水，数十年天涯行尽，几人知己？误了佳期空自悔，且盼梦中相遇。竟一梦也无消息。欲寄音书从何寄，但泪痕湿透千层纸。情未断，人老矣。

如果不了解 1976 年历史上发生过什么事情，这首词读起来便是一首简单的伤怀忆旧之作，看不出其中感时的层面。父亲后来曾经把这首词抄送给好几个朋友，并且点明是对当时世事有感而发。我曾经对他说，这一首写得有些李义山（商隐）的味道。

义山诗本来就兼具讽世与感伤的两面，这一点父亲应该也很清楚，只不过他对自己写的词里流露的另一面似乎没有完全意识到。他青年时就成为职业革命者——革命者被要求立场坚定、对敌人无情。革命成功以后，政治运动接踵而来，有许多时候不表现出坚定无情还真是不容易幸存。

我记事时，父亲已久经风雨、年近半百，绝大多数时候喜怒不形于色。少不更事的我有时觉得他缺乏感情，或者至少比较钝感。待自己人过中年，性格基因日益明显后便体会到，看上去波澜不惊的时刻，完全可能内心汹涌澎湃。我因为性格很像父亲，尤其能想象严酷境况里他的动摇。我从自己内心的软弱，体会并体谅到父亲的心境与选择。

父亲 1968 年第一次中风，虽然后来恢复不错，多少不良于行，而且生怕再摔跤中风。此后八年多，他出门时多半我会陪着，因此我见过不少他青年时的战友。在他们当中，父亲既有才子之名，又有"清谈家"这样一个多少有些调侃意味的绰号。与他的战友相比，父亲更多文人气,而曾任江西省副省长的彭梦庚颇似豪杰,我见到时正任国务院副秘书长的宋一平仪表堂堂、很有威严,因纪录片《安东尼奥尼》一段公案而被免职的外交部新闻司司长彭华深目鹰鼻,不苟言笑。与他的战友相比,父亲选择的道路也相当不同。他们的大多数在"文化大革命"前已经升到副部级,而父亲却在1962年卸去所有官职,到著名历史学家范文澜手下帮助他编撰《中国通史》。

　　我隐约感觉到,他很多年前在同侪之间就有些另类,这是他后来从官员转向学者、从革命走入学术的根本原因吧。在知识分子被要求进行革命改造的50年代,父亲却自觉自愿地把自己打造成一个知识分子,这多少反映了他骨子里的价值观。不过个人史如同大历史,还有更具体也更偶然的诱因。同样重要的,大约是他1957年差一点被打成人民大学最大右派的经历。他本就无意仕途,才会到人民大学,不意也是风波险恶。反右运动过后的第二年是"大跃进",到1959年又有反右倾机会主义分子的运动,原人民大学副校长、刚刚调到北大任副校长的邹鲁风被整得自杀身亡。同案的张腾霄(时任人民大学党委常委、研究生部部长,"文化大革命"后曾任党委书记)也被下放到农场赶大车。

三

　　"文化大革命"前,学部(中国科学院哲学社会科学部的简称)陆续调入相当多党内资历颇深的"老干部",他们当中多数是从事党务和行政工作,少数出身党内笔杆子。他们或者由于仕途顿挫,或者因为历史复杂,来到这里多少有些被贬谪的意思,像父亲这样自愿,为了来这里还颇费周折的很少。我不知道他有没有避祸的意识,即使有,他也不会说出来的。不过他通晓历史,应明白远离中枢、不担任官职是相对安全的做法。

事实上,他幸亏调到近代史研究所,虽然史学界由于其敏感性在"文化大革命"开始时首当其冲。1966年6月初父亲就被"中央文革小组"成员戚本禹点名批判,月底被抄家,但他毕竟不是担任领导、掌握实权的人,更多是陪绑的,所受到的批判与冲击相对要少一些。

"文化大革命"后旧识劫后重逢,多有细说惨痛经历的一幕。父母的朋友里,有家破人亡的,有羁狱多年的,每到伤心处不免涕泗横流。父亲说起自己,不禁庆幸"没当官"也"没想当官"。这是事后回过头看的感受,当初的心境未必如此。据母亲回忆,父亲在20世纪50年代中期之前本是一个工作狂,而且勇于任事;进入60年代就放慢了节奏,为人处事也谨慎了很多;到"文化大革命"期间经常无事可做,我记忆清晰的景象是在炎热的夏天,父亲光着膀子,摇着一把大蒲扇,晃着他的秃头,反复地唱:"我本是卧龙岗散淡的人……"小时候我不理解他为什么老在唱这一句,如今想来大概是一种自我暗示、自我安慰吧?他这样一生总惦记着家国天下的人,其实是无法真正散淡的。

宦海的凶险显然影响了他的选择。"文化大革命"结束后,父亲有过出任人民大学校长和去中纪委的机会,他都主动放弃。这种选择无论在何时都相当另类。父亲的身份定位最终在学者,不过他很少以学者自居,他颇有自知之明:早年教育的不足、戎马与行政生涯再加上多次政治运动消磨的岁月、周围有太多的大知识分子及饱学之士,这些都足以让他认知差距。在他的同代人里,不少人以革命者自居,对从旧社会过来的老一辈知识分子不知不觉间有一种居高临下的领导心态。相比之下,父亲对有学问的人有一种天然的尊敬。在钱钟书、瞿同祖这样的大学问家面前,父亲虽然比他们年轻不到十岁,却持晚学之礼。父亲对他的同事、学生相当谦和,这大概是他晚年颇受尊戴的原因之一吧。

父亲的经历注定了他不是书斋中人,这使得他在学者中也是相当另类。他虽然口才极好,讲课、演讲都很受欢迎,笔头也快,但是留下来的学术文章并不多。另一方面,他早年从事青年工作、组织工作,担任过县委书记,其领导力、沟通力与组织力是许多学者不具备而且缺乏经验的。这些能力对于由众多人共同撰写的大部头通史主编来说相当重要,尤其在早期风雨飘摇的岁月里。

在近代史研究所东厂胡同一号八角亭编撰《中国新民主主义革命时期通史》时,适逢"三年困难时期",即使在北京大多数人也食不果腹,浮肿与肝炎相当普遍。父亲相当多的精力用于解决吃的问题,最终编写组没有人浮肿或患肝炎。从父亲的回忆录里可以看出他行事相当务实灵活,比如带四位共同主编蔡尚思、孙思白、陈旭麓和彭明每天吃人民大学食堂的小灶;又比如为了能够从高等教育部领取一点给教授的特殊供应,由时任高教部部长杨秀峰给了他一个教授职称。父亲就这样当上了教授。

在饥馑中结下的友谊是长存的,八角亭编书组同人由此结缘,情谊甚至延续到我这一代成为两代世交。编书组的诸位长者初次见到我时,我还在襁褓之中。其中最经常到家里来帮忙的,一位是陈铁健先生,另一位是李义彬先生。

当年我在长春学日语时,原任教于吉林大学的李义彬先生已经调入近代史研究所,留下两间小屋给他的次子小和住。酷寒难耐时,我经常去那里借住,和小和兄喝白酒,一盅一饮而尽,身上暖流升起。小和兄后来英年早逝,我听说后忍不住倒了一杯白酒,遥望西天,在心中向他告别。

去年父亲农历生日虚岁一百岁时,有一个小型纪念座谈会在北京举行,85岁高龄的李义彬先生不仅出席,还特意写了七页纸的发言,回顾了他和父亲四十余年的交往，由女儿在会上宣读。听说老先生身体很好，我感觉很欣慰，不意他今年初骤归道山。

四

长者在父亲百岁之年远行，我并没有悲伤，只是想起母亲生前几次告诉我，李义彬先生是我的"救命恩人"：我三岁大病到抽搐时，他赶往医院把医生请到家里急诊，终于化险为夷。这些很个人化的情节，在生活中屡有发生，虽然微不足道，但对当事人来说很重要。个人史与大历史之间的关系也有类似之处，一方面绝大多数人在历史上不留痕迹，被时间的河流冲得越来越远；另一方面，恰恰是这些看上去并不重要的个人史，呈现出一个时代的真实面相。

当生命终止时，一个人便定格在一段光阴里。对于生者来说，逝者的生命存在于历史之中。关于历史，重要的不仅是我们知道多少，还要追问有哪些我们不知道和为什么我们不知道。也许湮没是一种宿命，不过很多事情是被湮没与被遗忘的，越是波澜起伏的年代越是如此。即便是自己的父母，在他们离开尘世之后，我越来越感觉到，对他们的一生我了解得其实很有限。他们不愿说、不便说或者不敢说的事情，别人也就多半无从知晓。

父亲的回忆录虽然写得真实，但也有许多有意无意之间避而不谈或语焉不详之处。比如他涉及祖父时都很简略，而且没有说明死因。他提到祖父毕业于川东师范，参加过同盟会和辛亥革命，是镇上小学校长。然而父亲去世后，家兄回荣昌老家，父亲当时唯一在世的堂弟说五伯（祖父行五）上过云南讲武堂。如此说来，祖父并不仅仅是一个教书先生。可惜家兄旅途中没有做进一步的了解，后来这位堂叔也过世了。父亲的曾祖父在本地发现过煤矿，家族持有股份；父亲的外公是本县为数不多的有功名的人，而且出身望族。由此看来，父亲这一支的境况与地位原本是不错的，只是遭遇祖父的早逝。

人生的幸与不幸往往只是相对而言。当年和父亲一道去延安的同学，大多家境富裕，或经商或是地主。他们参加革命以后，因为出身吃了不少苦头。他们在老家的父母家人，后来也不乏被镇压或打入另册。父亲由于祖父最后的身份是教师，出身就填写了"自由职业者"。在讲究"家庭成分"的年代，这是一个中性的出身。父亲从来没有因为出身挨整，也没有必要与家庭划清界限，反而在进北京后，接他的母亲到家中奉养，直到去世。

老一辈如果"家庭成分"不好，大多对家世讳莫如深。我们这一代后人因而对先人的事迹所知有限，父母的事情都未必了解很多，再往上一代多半就一片茫然。家族史的断裂在20世纪翻天覆地的变化里相当普遍，如今想重新继续，谈何容易！

我一直想回到父亲生长的村庄与小镇，感受一下那里的山水，也看看还能找到什么。我不敢怀抱太多期望，近百年前的乡村早已不复存在，据说父亲曾经每日走过的小路，现在已沉入水库底。那一代人走过的道路，更多已经湮没；父亲至少还留下一本回忆录，更多的人什么都没有留下，历史和故事成为骨灰，本是更常见的。《流逝的岁月》其实没有写完，但其体例是以时间和事件为线索，每篇都独立成文。这样的写法为历史提供个人角度和一些细节，但对个人感情、喜怒哀乐多半着墨不多或者忽略不计了。唯一的例外，是关于一段暗生情愫的初恋。父亲很少谈自己的感情史，不过他能写出"往日花开不知惜，今日落花难觅"，自有其多情的一面。他虽然晚婚，但很早就有女友。后来的事情他没有多说，只是相当详尽地记录了与初恋女友的交往与印象。分别近三十年后的1963年，父亲乘轮船途经万县，在一个晚上到了她家门口,但最终没有进去相见。

  我个人以为这个细节相当说明父亲的性格:他内心的许多波澜,最终也没有写出来。我的理解其实没有什么缘由,更多是出于他去世以后我才清晰感到的血缘上的联系。父亲并不曾想影响我,我早年因为和他更多意见相左,也很难受他影响。然而近年来我越来越感到和他性格的相似,看到遗传的无可抗拒。这是一种有点复杂、多少无奈的感觉,然而恰是在这种感觉里,我仿佛日益走进父亲的内心世界,在我的心里看见我所认为的真实生平。

附录

李新回忆文章

（选自《流逝的岁月：李新回忆录》）

我为什么写回忆录

近年来出版了很多回忆录。我看过的也不少，颇受教益。通过回忆录，使我对许多历史事实了解得更加具体和丰富。但是，大多数的回忆录都"隐恶扬善"，无论对别人或对自己，都是拣好的说，坏的不说或少说。其实这也难怪。人们在回忆往事的时候，关于自己，多半爱说"过五关斩六将"的事，至于"走麦城"，连提也不愿意提；对别人，一般是爱说别人的坏话，能为别人说好话的并不多。因此"隐恶扬善"只要说的是真话，就应该说是不错的了。至于那些谁当权就为谁说好话；谁倒霉，就说谁的坏话，甚至伪造历史、取宠求荣，这样的为拍马而写的"回忆录"，一切正直的人，都会对它不屑一顾，虽然也能凭权势而畅销一时，但用不了多久，就会被抛进历史的垃圾堆里去。

写回忆录，按理我是没有资格的。记得 20 世纪 50 年代末，我在成都帮助吴老（玉章）写回忆录。在写留法勤工俭学时，恰好陈毅外长从国外回来，也住在成都金牛坝。既然住在一起，我便过去访问了陈毅。他对留法勤工俭学记得很清楚，因此谈得很详细。他除谈了事实经过之外，还提出了一些非常宝贵的意见。他说："当时有个党员，当我们在里昂被抓起来、关起来后，他却溜之大吉，一直跑到苏联去留学；而我们这批被捕的人，则被押送回国。我一直认为他当时这样的做法是不好的。领头的党员当逃兵，在群众中影响很坏。"陈毅由此更谈到我们的白区工作。他说:"我们的军队打仗,党员是冲锋在前的。但在白区游行示威,党员却躲在后面,把非党积极分子推到前面去,因此被捕的多半不是党员。结果,非党同志为我们被捕、被杀头,使我们大大地脱离了群众。这样做是不符合列宁主义的。你们看,'血的星期日'不是布尔什维克领着群众一起去流血牺牲吗?"陈毅的谈话给我很大的启发。他谈完后,我说:"陈毅同志,请你再谈一次,我给你写成回忆录。"他说:"写回忆录,我没有资格。"我说:"你是元帅嘛,怎么没有资格?"他说:"留法的时候,吴老已经是名流了,我还是娃娃呢。"因此,此后我没有再找他谈回忆录的事了。陈毅尚且说他没有资格写回忆录,那么,我还有什么资格呢?

我是一个历史工作者,研究历史的人。我认为写历史应按照历史本来的面目来写,把它写成信史、真史。但这样做是很难的,有各种各样的困难。自古以来,要想写真史,首先在政治上就会遇到很大的困难。"在齐太史简,在晋董狐笔。"说明写真史会遭到杀身之祸。但是,中国的史学正因此而形成了一个光荣而伟大的传统。即认为写史而不真,有违史德,丧失了史学家的良心。尽管有不少"史学家"由于昧心写伪史而飞黄腾达,但悠久而光荣伟大的史学传统并没有完全失坠,它依然存在于史学界和广大人民的心中。

因为我亲身经历过的一些历史事实,都被一些大名鼎鼎的"史学家"为了政治目的而把它歪曲了,我的良心使我感到有责任把它纠正过来,因此我必须写回忆录。对于那些"隐恶扬善"的回忆录,虽然并没有隐去真事,但它毕竟太不全面,我也应该就我所知,加以补充,以便后人对真相不致以偏概全。总之,我写回忆录是应客观的要求,至于够不够资格,我就不管它了。

我写回忆录的目的既然是这样,那它就不能像文学作品《红楼梦》那样,把"真事隐去",而要如实地把真人真事写出来。可是这样的回忆录是很难发表的。所以我的回忆录都只送中共中央党史研究室保存，并不想发表。

那么，现在为什么又出版这本回忆录呢？说来话长。大概是1995年吧，组织上考虑让我离休。既然要离休，就得确定我的工龄。从前，我的工龄都是从1938年，我从陕北公学毕业后算起的。对此，我一直没有计较甚至没有注意。后来，我发觉抗战前参加工作与抗战后参加的待遇大不一样，而且，提拔干部也是一个大界限。因为新中国成立初，邓小平就要我去西南局任青委书记并兼西南军政委员会秘书长，那就是副省长的待遇了，但吴老没有让我离开中国人民大学。而在中国人民大学评定级别时，我就是行政九级（以后一直没有增长），也不算低。那时人们对级别的观念不像现在这样浓厚，现在是连和尚、道士都有级别。现在既然要离休，工龄就不能不计算。现在是，凡参加过"一二·九"游行、跟着喊过口号的都算参加了革命，而我那时是重庆学联主席，能不算参加革命吗？何况我们被开除学籍以后，留下来没有被开除的人，现在都被承认是参加革命了。因此我请党委进行调查，解决我的工龄问题。党委根据我写的回忆录《风雨巴山》，派人去四川调查，结果证明我写的完全属实，毫无虚假。四川当年从事学运的老同志们看见这篇回忆录后，都劝我将它发表。我说："其中的真人真事，不隐去能行吗？"他们说："没有关系，顶多，对个别的人，你替他改一下姓名就行了。"为此，我才准备在党史出版社出版我的《风雨巴山》。出版社的同志对我说："光出版《风雨巴山》未免太单薄了，要出，不妨多出一些。"既然出版社愿意增加一些内容，我于是便把这次的回忆录增加为《救亡与抗战》，把从"九一八"到抗战胜利（1931—1945)这一段时期现成的几篇汇集到一起出版。这便是这本《救亡与抗战》出版的由来。

八年抗战，是我一生中最值得回忆的时期。无论是关于游击战争、减租减息、发动群众、统一战线、国共摩擦斗争以及整风运动等等，我都必须写，也准备写。例如我现在正写着的《中共北方局整风记》就是非写不可的。但要发表就很难了，大概要等十年以后吧？这并非是我的顾虑太多。我已年届八十，并且早已有安身立命之所，不必为"稻粱谋"了，还有什么可顾虑的呢？只是因为其中说到的人和事，距今太近，有的还活着，即使本人不在了，他的亲属还多嘛，何必要引起他们的不安呢？而且，有的领导人从政治上考虑，出版社从风险上考虑，都不愿出版这样的回忆录。因此，我一定要写的这些回忆录，暂时只能送存党史机关，束之高阁。但并不是要"藏之名山"，而是要等到适当时机才把它发表出来，最好是等死后才发表。"死后是非谁管得"，那时候什么评论都听不见了，多么干净！张学良要把他的回忆录留到下世纪（初）才发表，其用意很深，也可以说用心良苦。我认为他这样做很明智，所以我的某些回忆录也要留待将来发表。

有些事和人现在不宜说或不宜直说、多说，甚至要等到死后才发表。但现在一想，那样不对。必须当这些人还活着的时候，我就应直接真姓真名地说到他，他如果认为不合事实，就可以起来辨正；如果等他死后我才写到他，那么，别人会认为我是捏造，尤其是他的亲属会说我写的不合事实，则别人会相信其亲属而不相信我写的。因此，我这本回忆录写到了许多现在还健在的同志，并且其中有不少同志自己还写了回忆录（有的是著作或文章）。这样最好，让读者来评判谁写得真，谁写得假；谁写得偏颇，谁写得全面。书印在纸上，白纸黑字，当今和后世的读者总可以从中求得比较接近于真实的东西。任何欺骗，只能一时起作用，对少数人起作用；绝不可能永久对多数人起作用。

1998 年 9 月

风雨巴山

布衣协会

1931年秋，我考入重庆川东师范学校，心情是无比的高兴。

川东师范的官费是很优厚的，每学期83元。因为我大哥于一·二八事变时即参加义勇军离家出走，家境非常困难，我不但不能从家里拿钱出来上学，反要从官费和祠堂奖学金中留一部分以供家用。官费中每月伙食费5元，我却参加4.5元的伙食团；书籍费10元，我尽量不买书，到图书馆借或与同学合用；制服费13元，校服一般都要用德国咔叽布制作，我却用"三峡布"去做，这样可以省下5元。谁知用"三峡布"做制服却惹出了麻烦。

"三峡布"是什么？是民族资本家卢作孚在合川开的织布厂的产品。因为嘉陵江从合川到重庆有一段路很险要，风景也很好，人称"小三峡"。卢作孚便用它作商标把他所属工厂出产的产品称为"三峡布"。我们那时很崇拜卢作孚，认为他是一个了不起的爱国实业家，就像江苏南通的张謇一样。本来，卢作孚创办民生公司是颇不容易的，他在和外国资本的斗争中屡遭风险，但是他依靠职工的爱国热情冲杀出来了。卢作孚不仅在川江航运中站稳了脚跟，而且在合川办工厂，修轻便铁路，同时还办学校、设立图书馆，等等。在他的治理下，合川的一个特别区欣欣向荣，受到人们普遍的称赞。我们曾到那里去参观。当欣赏了小三峡的美丽风光之后，坐上那轻便的小火车，我们心中既是无比的兴奋，又有无限的感慨。我们四川从辛亥保路运动闹起，闹了几十年，连一寸铁路也没有修起来，今天毕竟坐上火车了！虽然是轻便铁路上的小火车。

卢作孚等爱国人士凭个人奋斗就能搞出这般成绩，请问军阀们、大官们，你们都干些什么呢？你们就知道争权夺利，打内战，一年打几次内战。现在日本人打进来了，你们还要打内战。卢作孚不愧是合川人、四川人、中国人。历史上，蒙古大将蒙哥就是在合川钓鱼城被打死的。合川有光荣的传统，卢作孚继承了这个传统，而那些军阀官僚，只打内战，不打日本，则是背叛了祖宗的不肖子孙，不配是四川人、中国人。不是汉人养的[1]，简直是汉奸！

我们当时一些穷学生，用"三峡布"做制服，一方面因为它价廉物美，经济上合算；同时，也因为它是国货，而用国货具有爱国的意义。"三峡布"有多种质料和颜色，其中黄色的和德国黄咔叽布相差不多，远看很难分辨，必须就近细看才有区别。学校当时的制服只规定样式和颜色，并没有规定衣料的质地，更没有明文规定一定要用德国黄咔叽布来做。因此，我们平时穿着"三峡布"制服，同学不以为奇，学校也从不干涉。当时也有些富家子弟（主要是普通班而不是师范班学生）[2]嫌我们寒酸。但我们却认为国难当头，那班阔少只知享受，不知救亡，根本看不起他们。好在这是个人的事情，各不相干，各行其是，彼此也相安无事。

---

[1] 四川因为汉人与少数民族杂居，汉人有大汉族主义思想，常用"不是汉人养的"来骂人，我们那时也有这种错误思想。
[2] 川师办有普通班，即普通高中，完全是自费生。因为川师很有名，所以许多有钱人家的子弟都来投考川师普通班。

谁知"双十节"前后，省教育厅有位督学来校视察。学校通告全体学生一律要穿学校规定的制服上课，并特别注明制服要用咔叽布的。尤其可笑的是在操场欢迎督学讲话时，连鞋袜的颜色和样式都作了规定。通知最后照例用可恨的官样词句："如有违犯，定予严惩！"见了这个通告，同学们都是一肚子的气。既然当学生，尤其是穷学生，只好忍耐。我把衣服洗得干干净净，鞋袜也按规定换上，自以为无事了。不料第二天正在上课，训育主任夏先生从我身边过的时候，特地拍我一下，向我严肃地轻声说道："一会儿督学就到，快回寝室把衣服换了！"我一听很生气，也明白他的意思，但故意地回答："我的衣服是刚换的，很干净嘛。"因为在上课，他不好发脾气，就怪声怪气地说："好，那你下课到我办公室来一下。"

　　下课后我去训育处，夏主任不在。办公室的人说："夏主任要你晚上8点来。"晚上去，他又不在，但办公室里已有几个人在等着，都是穿"三峡布"的。二十班的杨兆临和十九班的赵承绪我认识，因为都是后期的[1]。前期两个班的同学我则不认识。又等了大约一刻钟，夏主任还是不来。赵承绪说："我们回去吧！"杨兆临说："学校要我们守时刻，夏主任为什么不守时刻呢？"他说话时特别朝着办公室的人，并且声音很大。我接着说："管他的，我们守时刻就得了，回去上自习吧，还要点名呢！"于是大家就走了。在路上，杨兆临对我和赵承绪说："看来夏主任要搞点名堂呀！"他问我是否认识刚才那几个初级班的人，我说不认识，赵承绪说他认识。杨兆临说："好，去联络一下，只要大家一致行动，我看学校也不能把我们怎么样。"于是决定杨负责联络二十班的，我联络二十一班的，赵联络十九班的；前期的也由赵负责去联络，我从旁协助。

---

[1] 川东师范当时仍行旧制，分前期、后期。前期相当于初中，后期相当于高中，但程度略高一些，并分文史、数理和博物三科。

第二天中午，训育处叫我去谈话。我进屋后，夏主任一言不发，只递给我一个通知，上面说我不守校规，并蔑视师长，记大过一次。我登时怒火中烧，但马上又冷静下来，准备应对之策。夏见我好久不说话，忍不住开口问："你服不服？"我郑重地回答："不服！"他又问："为什么？"我说："我犯了哪一条校规，蔑视了哪一位师长呢？"夏说："你的制服不合学校规定，你对我就太无礼貌！"我说："我的制服无论颜色和样式，都是合乎规定的。"他稍停了一下才又说："但你的不是咔叽布。"我也想了想才回答："是的，我的是'三峡布'，不是咔叽布。但是，我们师范学校不是提倡节俭吗，为什么一定要穿华贵的呢？我们不是讲爱国吗，为什么一定要用外国货呢？"这时我见他气得面色发青，恶狠狠地向我走来。我以为他要动手打我，不自觉地向后退了一步，但他却笑眯眯地轻声对我说："你是不是觉得你有理，就故意对抗学校？"我看出了他在耍诡计，也就做出尊敬的样子回答道："夏主任，您知道我家境贫寒，上学很不容易，能考上川师，简直是天意，怎么会故意对抗学校呢？再说，当初学校并没有规定非穿咔叽布不可，我的制服已经做好了，现在再做哪有钱呢？夏主任，您能不能让我把这身衣服穿了再说呢？"我见他怒气渐消，便继续往下说："那天在课堂上，您让我换衣裳，我以为说我的衣服脏了。因为在上课，只小声回答了一句，怎么能说是蔑视师长呢？夏主任，我对您是尊敬的，对所有老师都是尊敬的……"他听得不耐烦了，打断了我的话，说："那你就一点错也没有，都是我错了，学校错了？"我赶忙接着说："怎能这样说，夏主任、学校，怎么能有错呢？错嘛，总是在我们学生身上。"他明知我意带挖苦，但也只能就势下坡了。他把记过通知书收了回去，说道："既然知道错在自己身上，就认错吧，学校历来宽大，可以不处分你们。"一场紧张的谈话就这样结束了。

下来我立刻去找杨兆临。原来夏主任先找他谈话，谈完之后他正要找我，训育处就把我叫去了。夏主任说杨兆临是学生会主席，应该带头做个好样子。杨回答说，很想做个好样子，可家里是"灾区"[1]，经济来源完全断绝了。现在的伙食费还是由学校补助的，如果学校再补助他一笔衣服费，他马上就去做新的。夏主任一听，无可奈何，两手一摊，说："你先去吧！"随后就叫我去谈话了。根据夏和我们两人谈话的情况，我们一致认为事态可能缓和了，因为所有穿布衣的人都没有处分通知书，可见对我的记过通知不过是吓唬人的，现在他既收了回去，事情大概就到此为止了。

几天之后，我们所有的人都接到一个通知，大意说："该生等无视校规，不着校服，本应严惩，姑念其家境贫寒，并能悔过，免予处分。惟自今日起，限一月内每人按学校规定制作校服一套，经呈阶后备用。该生等不得再以任何理由抗拒！"大家都被这个通知气炸了，决定星期日齐集南山共商对策。

在去南山之前，杨兆临、赵承绪和我，还有我的一位好友陈泰湖，晚上在一个僻静的地方约会。杨兆临一见我就说："咱们太天真了！"我说："咱们是君子之心嘛。"随后大家分析情况，认为学校是先摸我们的思想，断定我们不敢反抗才出此下策的。我们下一步应该斗争。"人心齐，泰山移。"内部决不能有变心的，因此凡参加斗争的都要有所表示。不过斗争还得有方法，哪些人靠前，哪些人靠后，要预先有布置。并且还要先留退步，不要把事情想得太顺利。一切都商量妥当了，决定星期日的会由我主持，杨兆临拿主意。而事务工作由陈泰湖负责，赵承绪协助。为什么要陈负责呢？因为他虽然穿"三峡布"，那是为了爱国而用国货，而且他从小学到初中就和我要好，我们从来就衣履一致。其实他家境富裕，为人慷慨，要他负责事务就是要他出钱

---

[1] 当时国民党把苏区叫"灾区"，苏区的人民叫"灾民"。

的意思。

南山在长江南岸,从川师去约有三四十里路程,还要坐船渡江。为了避人耳目,我们是分散去的,每次轮渡只许上一个组,不超过七八人。不到10点钟,各组已都到齐,集合在预定的松林中了。检查人数:47人,一个不差。会议开始,大家推我为主席。我首先说明穿"三峡布"是有理的,并不违反校规,而学校后来随意决定必须穿德国咔叽布则毫无道理。几句开场白之后,我详细地把夏主任找杨兆临和我个别谈话的情况说了一遍,指出:学校并不和大家打招呼,只向我们两人摸气候,认为我们是穷学生,软弱可欺,所以才发出了那个荒谬的通知。今天大家自动集合在这里,请大家发表意见,对那个通知怎么办,是服从呢,还是不服从?

我的话还未完,各种喊声就出来了:"服从个球!""谁服从谁就是孙子!"一时乱作一团。杨兆临个子高,嗓门也大,朝大家高声喊道:"光嚷嚷也不行呀!到底决定服从不服从,然后还要决定怎么办。"大家安静下来了。有人说:"服从不服从,大家表决。"我说:"不行,不能用表决的办法。这件事要每个人完全自愿。有人不愿意可以自便,大家还是好朋友。凡是不服从的都要先考虑后果才决定,不要凭意气。决定了就要一起斗争到底,不能中途变卦。凡是想服从的不能顾面子,尽可按通知去办,不过决不能站在学校一边来破坏我们的斗争。"这以后好一阵没人说话,赵承绪才出来说:"老拐[1]说得有理,大家同意不同意?""同意!"回答得很干脆。于是我接着说:"那好,现在先请想服从学校的出来,到那边小树林里去集合。"结果一个人也没有。我一连说了三次,还是没有人出来。我又说:"现在请不服从的到石头后边。"结果一轰而去,全到了石头后边。我也走了过去,对大家说:"现

---

[1] 四川江湖上把姓李的称"老拐",取铁拐李的意思。

在天已快中午了,陈泰湖同学为大家准备了吃的:肉包子和糖包子,不服从的请拿肉的,要服从的请拿糖的。大家拿吧,吃完了再开会。"

结果肉包子都被拿光了,而糖包子没人动,大家笑逐颜开地吃起来。杨兆临又说:"既然大家都自愿斗争,我看糖包子也可以吃。大肚子的请跟我来,吃饱了才有劲儿斗到底。"于是一些人把糖包子也都吃光了。有人提议:"我们大家吃,怎能让老烟[1]一个人出钱呢?"大家一齐喊道:"我们自己出!"我说:"很好,谁愿出钱就出钱,愿出多少出多少,没有钱出不打紧,以后出也可以。我们就请老烟当会计吧!反正以后还要用钱,现在先把钱交给他,凭自愿。大家以为如何?"一阵鼓掌之后,大家都向陈泰湖交了钱。过后一数,竟有70多元,而当天只不过花了20元。

吃完之后,又集合起来开会。我请杨兆临先发言。我说:"他个头大,有劲儿,又是'灾民',见多识广,请他出点主意吧!"杨说:"我家是'灾民',穷人闹共产,我在重庆,没有回去。学校把我当'灾民',救济我上学。我没钱,要我穿德国咔叽布。那也好,反正靠救济嘛,能穿绸着缎我也干。我看'灾民'们在这场斗争中打头阵最好,请学校再救济,理直气壮。'灾民'们请出来!我们首先去向学校申请。"马上就有8个"灾民"站到了他跟前。杨又说:"我看毕业班的打第二阵,因为学校最怕毕业班。"赵承绪应声而起,喊道:"十九班的请到我这里来,我们要商量个办法。"于是毕业班的6个同学过去了。杨兆临又说:"二十一班是新生,但人多,可以把住阵脚。前期3个班的同学年纪小,当预备队,跟着二十一班的同学一起干。"他停了一下,问大家:"这样好吗?""好!"大家齐声回答。接着他又问:"但是,谁来当总指挥呢?"大家齐声喊道:"就是你嘛!"他摆了摆手说:

---

[1] 四川江湖上把姓陈的称"老烟",由"烟尘"的谐音而来。

"不行,我领着人打头阵去了,怎么能当指挥呢?毕业班的来当也困难,因为他们快毕业了,功课忙,事情多。前期的……也不合适。我看二十一班的老拐最合适,大家看怎么样?""赞成!"在一片掌声和喊声中,杨兆临把我拉上了那块大石头。人们都涌向了我这边,要我发表"政见"。我说:"既然大家一定要我干,我就干吧。就是上刀山、下火海,我也认了。"又是一阵掌声,"但是,我得声明,我只是前台,必须老杨作后台我才干。"听我这样说,人们发出了笑声和掌声。杨兆临立即出来说道:"好,我是后台,但后台不是我一个,是大家,只有大家才是总后台,大家谁也不准拆台!"人们一面鼓掌,一面高喊:"不许拆台!""拆台的人不是汉人养的!"杨兆临继续说:"对,谁也不能拆台,不能中途变心,尤其不能告密!"有人喊:"那我们宣个誓吧。"杨兆临说:"好!那就请跟我高呼:'坚持到底,决不变心!变心的不是朋友!告密的天诛地灭!'"他喊一句,大家喊一句,声震山谷,把松涛的吼声都压盖住了。

最后,大家说应该给团体起个名字。我提议说,就叫"布衣协会"吧。大家一致通过,并通过我为会长,杨兆临为总参议,赵承绪、陈泰湖等为参议。

布衣协会成立后,立即筹商如何对付学校。决定第一步由"灾区"学生申请制服救济费;接着毕业班学生申请借款,保证毕业后一年内还清,看学校如何答复。第二步由前期班学生到处募捐,扩大影响;荣昌学生则向甘绩镛[1]恳切求助,以便通过他影响校领导。最后准备向报纸投诉,全体到街头募捐,实行决战。为应付学校到期检查,特做大中小三套制服,准备轮流个别送验;同时每个人向有两套(一套的也可以)制服的同学预先说好,如学校要集中检验时借用。如果需

---

[1] 甘绩镛,字典夔,四川荣昌人,是军阀刘湘的亲信,曾任刘湘二十一军的政务处长、川东师范校董会主任、校长。

要妥协，只要学校把限制展缓，我们也可以表示服从，以拖延时间。

当"灾区"学生的救济申请送上时，学校即感到十分难办。因为那时刘湘对川北红军"围剿"失败，而中央红军又到了贵州，重庆人心浮动，谣言四起，当局唯恐出事，要各学校注意学生动向（尤其是"灾区"学生的动向）。夏主任于是找杨兆临谈话，说上次的通知，不包括"灾区"学生，希望杨能回去向大家进行解释。杨说："'灾区'学生有困难，学校可以从宽，如其他人确有困难，学校何不也从宽呢？况且衣服的颜色样式都已符合规定，在此困难时期，何必一定要逼着他们去买德国咔叽布呢？现在人心惶惶，倘若因此逼出事来，对学校也没有好处。"一席话说得夏主任无言以对，只好嗫嚅地说道："你先回去向大家说说，只要大家不闹事，可以商量。"但当杨兆临走时，他又故意严肃地说："现在是紧急时期，谁敢闹事，决不姑息！"

针对学校外强中干的情况，我们决定全面出击。除毕业班申请借款外，我们荣昌学生利用和甘绩镛是同乡的关系，全体签名给他写了一封信，恳求他出来解救穷学生的苦难；说有的同乡同学一时无法，准备上街去乞讨，那样对我们荣昌人是很不光彩的。这封信对他表示了诚挚的乡谊和热烈的希望，而且连称主任（因他是校董会主任），措辞既诚恳又恭敬，目的是打动他的心。我把这封信托他在图书馆工作的一位亲属送呈。那位亲属和我关系很好，他看了信说："这封信写得好，甘主任最顾乡情，他一定会帮忙的。"果然，甘见信后非常生气，立刻打电话给学校，问谁规定一定要穿外国咔叽？为什么有事不出公告而暗下通知？这一下学校可慌神了。

我从甘的那位亲属处得知这一消息后，立即让前期班的荣昌同学到附小去募捐（川师附小办得很好，许多有钱人都把子弟送来入学），但不要到街上去，不要把事情搞太大了。很快，夏主任找我谈话。我一进门，他就声色俱厉地冲我喊道："李忠慎！你真厉害，干吗告我的状？"我明知他色厉内荏，却故意惶恐地表示惊讶："我哪里告过状呢？连法院在什么地方也不知道呀。"他气得更厉害了，声嘶力竭地吼道："你别装！给甘主任的信是你领头写的吧？"这时我才冷冷地回答："哦，你原来问的是这个。这是请他帮助嘛，怎么能说是告状呢？""那你是领头的了？"他狡黠地问。我于是严正地回答道："夏主任，你是想找出为首的严办吗？老实说，这是逼着大家无法可想了，才一起联名写信的，谁也说不上是带头人。如果要处罚，那就处罚我好了。大家都无罪，我也是无罪的。"夏沉吟了好久，忽然态度温和了，走过来拍了我两下肩头，故作亲切地说："你这人够朋友，所以大家选你当头儿……其实，我也是贫寒出身，也是同情你们的，但是要应付教育厅呀。现在督学也走了，学校也不想严办了……"猛然间，他又提高了嗓门："回去告诉大家，不许再闹了！再闹没有好处。"我故意站着不走，他又高声问道："怎么不走？听见了吗？"我说："我可不是头呀脑的，我怎么去和大家说呢？"夏主任于是说："你去吧，就说是我让你传达的。"我看可以收场了，就说："既然是夏主任的命令，我就回去传达。"于是慢慢地走出了训育处。

这场斗争我们总算胜利了。但是我们知道学校一定要维护"威信"，岂肯在学生面前示弱？夏主任也并非善类，他是一定要报复的。因此布衣协会仍然保留下来，准备随时再斗。

众志学会

日本帝国主义侵略的加紧和红军西征的影响，使得重庆人民对国事日益关心。布衣协会本是一个非政治性的组织，学校对制服问题已不再追究，它也就在无形中解体了。但由于人们不断地在一起讨论时事问题,我因是协会会长,对大家的思想情绪比较了解,觉得大家需要有一种新的形式组织起来。

我一上初中就赶上"九一八",因而养成了看报读书的习惯。川东师范有一个很好的图书馆,是甘绩镛捐赠的,特地用他的字号命名为"典夔图书馆",藏书很多,报刊也订得齐全。图书馆的人员几乎都是甘的亲友,大半是荣昌人,和我的关系都很好。我每天都要到图书馆看书报,并且可以偷偷地直到楼上藏书室去看书。在那里,各种禁书我都可以看到。当时严禁的是马克思主义书籍和共产党的宣传品,而我最感兴趣的正好是这些。虽然好多书我都看不懂,但总要硬着头皮看下去,看多了也就大略地知道一些内容。图书馆的人要我解说,布衣协会的人要我介绍,我竟敢大胆地开讲,甚至是口若悬河,乱说一通,仿佛自己真懂得许多似的。其实是似懂非懂,现炒现卖,充分表现了青年人"半瓶醋"的特点,现在想起来还觉得可笑。

由于时局日趋紧张,大家常在一起议论,因此有人建议组织讲座会或读书会一类的团体。1935年初,李成之、王方名转学来到川师,更促成了这一团体的诞生。李成之因在成都参加革命活动被开除,王方名因到苏区参观后发表言论被开除。他俩年龄较大,阅历也较多,有明显的政治倾向,一听说我们要组织团体,不但极力赞成,而且帮着出主意,实际上起了指导的作用。这个团体,以布衣协会后期班特别是二十一班的同学为基础,很快就成立起来了。李成之建议我们的团体定名为众志学会,我们以众志成城、共御外侮之意组织众志学会,这是谁也无法干涉的。大家同意他的意见,并推他为会长,但他坚决推辞,说是刚转学到此,不恰当。我因为了解他转学的真实原因,所以不勉强他并替他解释,同时提议杨兆临当会长。但杨说他下学期就是毕业班了,并且是"灾民",更不合适,结果大家还是推我当了会长。

众志学会人数不多,因此规定要读理论书,还要作读书报告。为了团结更多的人，又由周极明出面，组织了一个歌咏队，又叫合唱团；由李成之出面，组织了一个体育队，又叫球队。这两个队都是由众志学会发起的，并以众志为名，但对外就简单地叫歌咏队和球队，以免过分引人注意。

众志学会成立后，大家读书和讨论的热情很高。在李成之的影响下，读的都是进步书刊和马克思主义的入门读物。后来又根据一些人的兴趣，分别成立了文学组和教育组。文学组主要读左翼作家的作品和苏联作家的译著，尤其是鲁迅和高尔基的著作。教育组主要研讨陶行知的生活教育主张，也读李浩吾的著作和介绍苏联教育的文章，这样就使我们这些师范学生突破了杜威的教育学说。不少人一接触到马克思主义就很感兴趣，尤其是唯物辩证法吸引了我的注意力。那时我们刚学完逻辑学，觉得我们中国封建专制统治过久，人们缺乏逻辑思维的习惯，对一切大人物的武断言论不加思索，奉命唯谨，实在可悲。现在读到辩证法，又觉得光讲形式逻辑还是不行，必须懂得唯物辩证法，才能引导我们求得真理。王方名和我有同感，于是我们两人一起读书，一起探讨，常常在学会上发言，作专门的读书报告。

因为经常开讨论会，交流思想，发表意见，大家便有出壁报乃至办刊物的要求。办刊物一时还办不到，可以先向有关报刊投稿。至于出壁报，对众志学会来说，那是轻而易举的事，因此决定出《众志周刊》（壁报）。王方名的字写得好，由他负责写报头和组织人抄写文章；陈泰湖会画，由他设计并画报头以及负责壁报中的插画或专门的漫画。编辑事务由我和王方名、陈泰湖共同负责。决定后不到一星期，《众志周刊》就张贴出来了。它色彩鲜艳、图画动人，而且内容充实，谈的都是大家很关心的问题，吸引了许多人来看，一时观者如堵，轰动了全校并传播到校外，当然也引起了学校当局的注意。

与出壁报同时，我们也把讨论会扩大，定期举办讲演会。当时，学校有一个官办的讲演研究会，每星期六在大礼堂举办讲演会或游艺会。虽然学校资助它不少经费，但由于它的内容和形式都很死板，所以观众时多时少、不甚踊跃。我们的讲演会也在星期六（只有星期六才有时间），因为内容切合实际形势，讲演者感情充沛，所以前来听讲者不少，教室容纳不了，教室外面也常常挤满了人。这样就惹得讲演研究会不满，说我们有意夺走了他们的观众，并且到学校告了我们一状，要求学校取缔我们的讲演会。

恰好那一期壁报是发表了我的一篇文章，题目叫《谈辩证法》。这样的大题目，我现在也不敢写，可那个时候却勇敢地写了，并且自以为得意，认为自己找到了正确的思想方法，应该把心得写出来，帮助大家。

这篇文章登出来后，训育处夏主任就找我去谈话。他问我那篇文章是自己写的还是别人写的。我说："自己的文章还要找别人写，那未免太丢人了。"这时他非常严肃地对我说："你知道什么人讲辩证法吗？那就是共产党。我看你还不像，你的文章准是有人指点你写的。你把指点你的人说出来，就没有你的干系，不然恐怕你会吃官司的！"然后他睁大了眼睛瞪着我，想透过我的身上寻找出什么特别的东西来。但是我很冷静，若无其事地回答道："夏主任，学校不是号召我们要多读书吗？我从图书馆看了点书，写了点心得，就要吃官司吗？"他很不耐烦地呵斥我道："我问的是谁指点你写文章？"我仍然沉静地回答："恐怕夏主任也了解，我写文章连稿子也不打，我还靠别人指点吗？请问谁能指点我哟！"夏主任更生气了，他吼道："是我问你，还是你问我？"我于是不开腔了，看他再怎样吓唬我。

他许久不说话，最后改变了腔调，装出很关心的样子，拖长了声音对我说："李忠慎，你本来很聪明，可是现在你上当了，你上了辩证法的当、马克思的当。马克思主义是什么？老实说，你年轻，并不懂。

它最能蛊惑人心，你上了它的当，会去杀人放火，闹得家破人亡。"他停了好一阵才继续往下讲："唉，小伙子，太年轻，不知道厉害。我是过来人，上过当、吃过亏的。"他又停了一阵才说："我劝你回头吧！别再看那些鬼东西了，免得将来后悔。"他又朝我靠近一些，轻声地问："是谁介绍你看这些的？"

我明白他的诡计，很郑重地回答："那些书都是图书馆的，我爱去图书馆，还用得着人介绍吗？夏主任若不信，可以问图书馆的人嘛。"他见榨不出油水，便让我先回去。可临走又把我叫住，问："你们为什么要破坏人家讲演研究会呢？"这时我确实生气了，但仍勉强地抑制着，一本正经地回答："他们能开演讲会，我们为什么不能开呢？夏主任，学校能不能给我们一点经费，让我们像他们一样，到大礼堂去讲演呢？"

他沉吟了一下，意外地对我说："可以，学校对同学是一视同仁的。我看都是讲演会，就合并在一起吧，何必搞两个？"这时他逼问我道："你看怎么样？都是同学嘛，应该以团结为重。"这一下可把我将住了。

想了一下后，我回答道："讲团结，好嘛，可是要真的。"他马上追问："那你同意了？"我说："我个人完全同意，但这是大家的事，总要经过大家嘛！"夏说："你是会长，怎么不能做主？""我们不是讲民主吗？当个小小的会长，就独断专行，那不成了军阀吗？"我顶了他两句，然后便回头走了。

下来我就找李成之商量。他从夏和我的谈话中分析，认为夏很可能是共产主义的叛徒，要大家提高警惕。后来又和王方名、陈泰湖一起研究，都觉得学校注意的重点是李成之，因为夏已向许多人询问过李成之的情况，而独独不找他本人谈。夏问是谁指点我写文章，我也隐约地知道他是有所指的。因此我们决定，以后李成之少出面，多往球场和附小方面走动。因为我年纪较小，夏现在对我还不甚怀疑，而且又是甘绩镛的同乡，与甘的亲友拉上了关系，一切场面上的事最好由我去办。与讲演研究会应该联合，但不能合并。还应向学校要求补助经费，让《众志周刊》能出版发行。

我向夏主任报告：众志学会愿意与讲演研究会联合举办讲演会和游艺会，并望学校资助《众志周刊》。夏主任很高兴。但后来讲演研究会不愿意合作，说我们看见他们有钱，想去揩油；并对其会员造谣说，他们曾几次邀请我们参加，都被我们无理拒绝。他们为了争取观众，特举办一次讲演比赛，会后还有余兴——文艺演出。对此，我们专门致函提出：讲演会应按学校要求联合举办，我们将有3人参加比赛；在余兴中，我们的歌咏队要唱歌助兴。他们一直不答复我们。我们则用心地准备讲演和唱歌，到时一定要大显身手，争取到各方面的同情。

讲演比赛的日期到了，我和陈泰湖领着学会的人整整齐齐地来到大礼堂。讲演研究会守在门口的人想阻止我们入场，故意问我是什么人。我挺胸把校徽朝他一亮，厉声说道："本校的人，不是历来都可以自由参加吗？"然后便昂然走进去，后面的人也跟着进入会场。我见会场的人并不多，前面几排和后面几排都空着，本想坐到前排去，后来一想，还是坐后排好，遇事商量方便些。因为我们队伍整齐，都穿上了制服，戴上了校徽，而且又坐在一起，动作一致，秩序井然，会场的注意力很自然地便集中到我们身上来了。大家向我们鼓掌，并欢迎我们唱歌。我们立刻唱了一首流行的爱国歌曲，赢得了全场的喝彩。这时，讲演研究会的人不得不下来，把我和陈泰湖请上主席台。我提出我们参加比赛的人应抽签，他们说早已抽过了。我问："那该怎么办呢？"最后协商的结果是前5名、中5名、后5名各增加1个人。关于文艺节目表演，我们则自甘放在最后。

比赛开始前，主持人发表了一通讲话，但一句也不提我们参加的事。他讲完后，问我是否讲话，我毫不客气地走上讲台。这时台下有人发出嘘声，我置之不理，开始讲："今天的讲演比赛，根据学校的意见，是要讲演研究会和众志学会两家合办的。""夏主任，是这样的吗？"我特地转身朝着夏主任问道。夏勉强地点了点头。我继续说道："但是有人说我们不愿意联合。今天众志学会的人都来了，请问：你们中可有人不愿意联合？""没有！"后排发出了响亮的回答。我又往下说："我们没有一个人不愿意联合，而且专门写信提出了意见。但是我们没有收到回信。可是我们仍然决定来参加。我们相信，'精诚所至，金石为开'。我们要求联合的愿望是一定会实现的。现在，我们参加进来了，联合实现了，请问：都是一个学校的同学，这样团结起来、联合起来办事好不好？""好啊！"全场爆发出雷鸣般的掌声。同时，会场中部有不少人在议论，他们都是讲演研究会的，因为他们从来听到的都是我们反对联合的谣言，我的讲话使他们感到吃惊。我怕会场乱了，赶快说道："现在联合起来就好了，过去的事情就让它过去了吧。下面希望按顺序进行。无论对谁的讲演和表演，都应表示欢迎，都不可发出嘘声、喝倒彩，那样就太不礼貌了。如果我得罪了谁，我先在这里表示歉意，请他谅解！"我的话在一阵笑声和掌声中结束了。

在讲演比赛中，我们的3名参加者获得极大的成功。余兴中的表演，我们的唱歌最为出色。当合唱《大路歌》和《开路先锋》时，全场不自觉地跟着唱了起来。直到散场之后，在各路归途中，"轰，轰，轰！我们是开路的先锋"的歌声，仍在夜空中飘荡。

对于这次成功的盛会，讲演研究会却认为是最大的失败。他们向学校报告并到处造谣，说我们有政治背景，在做赤色宣传。参加比赛会的学校负责人，如夏主任等也对我们讲演和唱歌的内容不满，认为是受了社会上左翼思潮的影响，应予纠正。经过仔细的研究之后，学校领导取得了一致意见，决定把我们众志学会合并于讲演研究会，并要我去当讲演研究会的会长。夏主任把这个决定告诉我。我当即明确表示：合并与否应该由全体会员决定，我一个人不能做主；我不是讲演研究会的会员，绝不能做它的会长。夏主任忙说："那你不能参加讲演研究会吗？"我说："就是因为不愿意参加那个会，我们才另外组织的。"这一下他火了，板着脸问我："讲演研究会有什么不好？你说！你说！"我故意放慢调子反问他："我说了它不好吗？它再好我也可以不参加呀。它不是也规定自愿参加吗？"夏主任一时语塞，停一会才似乎是自言自语地说："我知道，你们思想不一样，你们太左，嫌他们太右，太右固然不好，太左了也要出问题的。"我装着没听见，由他说去。他见我不理，便走过来对我说："我从来不强迫，不过学校已经决定了，你若不服从，要考虑后果。"我立刻反问他："难道学生参加什么团体也要学校决定吗？"他不回答，只挥手道："你下去仔细考虑吧。"

我认为事态严重，和成之相约，星期日到一位老师家里去请教。《众志周刊》是星期日定稿，星期一清晨贴出，因此这一期就交由陈泰湖负责。陈听说学校要把众志学会合并掉，非常气愤。平日他就对夏主任两面三刀的作风十分反感，早想画幅画来讽刺他。这一下把他的灵感激出来了，于是画了一幅《三种平衡》的漫画。第一种是不稳平衡，画的是一个很有学问的老师，因为不会巴结上司，饭碗被打碎了。第二种是稳平衡，画的是权贵的亲朋好友，稳坐在交椅上。第三种是随遇平衡，画一个人驾着一辆重心很低的四轮大车，两匹大马拉着，他用一个拍子拍着马屁股，那车子随意地向前跑，却很平衡。那个驾车的人，神态酷似夏主任。

这一期壁报一贴出，立即震动了整个校园，人们像潮水一样涌来观看，都说这幅漫画画得太好了。这下可惹恼了夏主任，他当即命人撕了壁报，然后把我叫去训了一顿，说我们太无法无天了！并说学校决定整顿校纪校风，开除陈泰湖，勒令《众志周刊》停刊，众志学会自动解散。我说："陈泰湖的画，针对的是社会上的不良现象，有些人故意胡扯，用心太可恶了！夏主任一贯宽宏大量，何必与一个年纪轻轻的学生计较呢？如果真有得罪的地方，这刊物是我负责的，我向您赔礼道歉。"说着我就向他一鞠躬，然后又往下说，"若是开除了陈泰湖，那不等于说讽刺的就是我们学校吗？我看这样并不好。"他迟疑了一下，忽然问我："你说怎么办？该开除谁？"我说："何必一定要开除呢？如果非开除不可，那就开除我好了。"他稍一沉思，狠狠地对我说："你以为就不能开除你吗？"随即愤然地走了。我等了好一阵也不见他回来，只好默默地回去，心里十分忐忑。

因为在老师那里，已预料到夏主任不会善罢甘休。老师说我们太天真了，遇事只往好处看，不往坏处想，现在又出了漫画的事，看来是非倒霉不可了。我准备着被开除，去找李成之想办法。他认为不一定，不过有这种思想准备也好，如果真被开除了也没什么，他可以介绍我到外县去教小学。我有了这个底，心里就踏实了，实心地静待事态的发展。

第二天，训育处叫我去，给了我一个通知书。夏主任坐在那里，既不看我一眼，也不和我说一句话。我也故意很沉着地把通知书拿在手里，却不打开来看，把它装进口袋就走了。我以为问题一定很严重，回到寝室打开一看，原来只说："该壁报（指《众志周刊》）言论图画，多有不合，着即停刊。"既没有对陈泰湖和我的处分，也没有禁止众志学会的活动。以后一两个星期，我们都等着大祸降临，但一直没事。从此，我们更加小心谨慎，把主要活动放在歌咏队和体育队方面，众志学会的活动尽量减少，并且多半在歌咏和体育活动的掩护下进行。

雨后凭栏

1935年夏天发生的华北事变，使中国人民受到极大震动。何应钦答应了日本驻天津部队司令梅津的一系列无理要求，报纸上都说是签订了《何梅协定》。虽然国民党的宣传机器一再否认，但人们眼看着河北省政府主席于学忠被免职了，国民党的军队调走了，甚至连蒋孝先的宪兵第三团也被赶出了平津[1]，国民党在平津和河北省的活动也都销声匿迹了，如果不是答应了日本人的条件，怎么能出现这种情况呢？很显然，国民党又一次出卖了国家的主权，华北即将成为东北第二，亡国的危险真是迫在眉睫了！这时虽在暑假期间，我们回到家乡仍要天天看报，关心时事，而时局的发展也随时激起我们心头的波澜。

恰在这时，陈泰湖接到了令其退学的通知。在20世纪30年代的四川，学校开除学生有两种：一种是公开布告，叫作"斥退"；另一种是在学习成绩通知书中附上退学通知，叫作"默退"。默退是最不得人心的做法。既然要开除学生，为什么不把理由公之于众呢？这太不光明磊落了！只能说明他们理亏，所以学生对于这种做法非常痛恨。陈泰湖很着急地来找我商量，如何去向他父亲说明情况。因为他本人对开除并不在乎，而且早有思想准备，只是他父亲是江湖上的人士，很讲面子，怕儿子做的事情有辱门风。商量决定由我去向他父亲报告。

我见了陈大伯还未及寒暄，他劈头就对我说道："你可把我泰湖带坏了！叫我好丢人啊。"我这下可怔住了，但稍微一想，反觉事情好办了。连忙恭敬地回答："大伯，我们结拜弟兄几十人，做的全是光明正大的事。我们不怕日本鬼子，爱国救国，有什么丢人的？泰湖在重庆

---

[1] 蒋孝先是蒋介石的侄儿，他率领国民党的宪兵第三团在平津对付共产党和革命群众，有时也暗杀汉奸，所以日本人要把他赶走。后来在西安事变中，因他作恶太多，被革命群众镇压了。

出了大名,替您争光了!我也没错,这件事本来是我为首的,应该从我开刀。'杀人不过头点地',爱国受罪,流芳千古。我准备向学校请罪,把泰湖开脱。"陈大伯为人很开通,一席话就把他说明白了。他赶忙拍着我的脑袋说:"小余娃,好样的!我看着你从小长大,没做错事。在棠中,是老龙板他们不对。你为朋友不顾自己,将来一定有好报[1]。这回怎么样?也给开除了?"还没等我回答,他又接着说:"开除算什么?杀人不过头点地嘛。要找事(指工作)我帮忙。"我向他说明我还没接到通知书,现在的问题是泰湖该怎么办?他说泰湖的事不用我管,他自有办法。他要留我吃饭,我推辞了。临走的时候,我故意问他:"大伯,泰湖该受奖呢?还是该受罚?"他笑着对我说:"要奖要罚,我都饶不了你这个小余娃,泰湖还不够格呢。"他一直把我送出了大门。我把见大伯的经过告诉了陈泰湖,他才泰然地回了家。

8月底,我约陈泰湖一起返校,他说他父亲的活动还没有结果。我到校后一个月左右,陈泰湖也来了。离家时,他父亲给了他一张请假条,要他拿着这张条子去报到。他照章行事,好像没有发生任何事情一样,就顺利地办完手续上课了。他因为晚到,忙着补课,众志学会各项活动我们都尽量不去找他。

这时华北的局势更加紧张了。日本军队大量涌入关内。在"中日亲善""经济提携"的幌子下,日本特务不仅在华北猖狂活动,而且还把它的魔爪远远地伸到了西北各地。从10月开始,就盛传"华北防共"。日本为了侵占华北,加紧扮演华北伪自治的丑剧。首先,在冀东"非武装区",日本人利用汉奸武装,驱使流氓无赖,袭击田税所。接着,天津、北平的"自治"运动队伍也不断在街头出现。这队伍里都是些什么人呢?全是些流氓、地痞、大烟鬼,在天津还夹杂不少日

---

[1] 在棠香中学,反对会考时我一直坚持到底。校长龙树芬(外号老龙板)不断加害于我。

本浪人。正是在日本人的导演下，伪组织"华北民众自治促进会"成立了。日本大特务土肥原等人纷纷到太原、保定、济南等地活动，想以"自治"为名，诱使某些地方军阀"独立"，把华北从中国分裂出去。11月25日，国民党的冀东行政督察专员殷汝耕公然背叛祖国，在通县宣布成立"冀东防共自治政府"，使冀东二十余县大片国土脱离了中国政府的统治。

  冀东汉奸政府的成立，在全国引起了极大的震动。它意味着日本的殖民统治已经由东北深入关内，眼看着全中国都将成为殖民地，全中国人都要当亡国奴了！所以全国对这个汉奸政府一致声讨，要求南京政府把殷汝耕缉拿归案，按汉奸卖国贼治罪。但国民党政府在日本帝国主义面前毫无骨气，只有屈服。就在伪冀东政府成立的第二天，国民党对日本人表示驯服，非但不敢动殷汝耕一根毫毛，反而撤销了北平军分会，改设冀察绥靖公署，以宋哲元为主任。这就表明南京国民党政府已放弃了华北的"中央化"而允许其"特殊化"了。

  对于日本的侵略野心和国民党的卖国政策，当时一般热血青年无不痛心疾首。我们那时都非常关心时局，每天清晨，阅报栏前面总有许多人等着看报。图书馆管报纸的人也很积极，只要报纸一到，就先张贴出来，然后再回馆去登记。记得殷汝耕当汉奸那天的报纸一贴出来，一个同学气愤不过，立即将那片报纸撕了下来，用脚在殷汝耕的像上面踩了又踩。所有在场看报的人，都为之鼓掌欢呼。连没有看到那条消息的人，本来感到遗憾，也一样兴奋地跟着大家鼓掌。然后又一连几天撕了踩了宋哲元的像，以至于蒋介石的像。这一来学校慌了，忙在纪念周上说：撕报踩像的举动不文明，尤其对委员长不该这样。不知怎么的，平常一提委员长就要立正，今天居然连立正也忘了；平常总要说委员长是要抗日的，只是共产党"捣乱"，必须先安内才能攘外，今天连这一套鬼话也不敢说了。可见民心不可侮，在愤怒的群众面前，统治者的威风是扫地已尽。

我们分析了这种情况，觉得众志学会的活动不但可以恢复，并且要趁势展开。为了减少阻力，尽量少用众志学会的名义，多用救国的名义。从此以后，救国读书会、救亡读书小组、救国合唱团、救亡讲演队以及救国武术队、救亡体操队等组织，纷纷出现。

学生们的救国热情虽然高涨起来了，但整个社会还没有觉醒，重庆城里依然到处灯红酒绿，充满醉生梦死的人。"桃花江是美人窝，桃花千万朵，比不上美人多……"从七星岗，经过上下都邮街直到朝天门，一切大商号几乎都播放着这类靡靡之音。周极明对此愤慨极了，他领导着众志歌咏队唱救亡歌曲，并到处教救亡歌曲，虽然在许多学校里用洪亮的歌声把靡靡之音压倒了，但在整个重庆城，尤其是繁华的商业区，《桃花江》《特别快车》等流行歌曲仍然占着明显的优势。对此，周极明毫无办法，只是愤慨地骂道："你们是中国人吗？快去给日本人当亡国奴吧！"我们都劝他要忍耐，不要太激烈；但同时又和他一样，对那班只知争权夺利的官僚、政客，和那些见利忘义趁国难发财的奸商，也非常痛恨。我们尤其恨那些打扮妖艳的女人，认为她们是"祸水"，是"亡国的妖孽"。现在想来，我们当时的认识是多么幼稚可笑！而且受封建思想的影响不小。不过，在那国难当头的时候，如果没有一批热血青年，我们的民族恐怕是要沉沦下去的。所以我认为对过去的那些事情，应该有分析，但我们始终不后悔。

一天下午，满天阴霾四布，但一阵大雨之后，天气晴朗了。我们众志学会许多人，不约而同地登上了教室楼顶，对时局展开了热烈的讨论。慢慢地，夕阳西下了，飞鸟归巢了。山下的马路上传来了一曲《桃花江》的歌声。仔细一看，原来是求精中学的一群女生，穿着摩登的时装在那里唱流行歌曲。周极明刚开口骂了一句"他妈的"，就被李成之止住了。成之说："潇潇雨歇，凭栏远眺，不是很有诗意吗？管她们干什么,我们来联句吧!"我说:"很好。老大哥,就请你开头吧。"他望着浮图关,沉吟许久,忽然念出一句诗来:"浮图关上鸟纵横。"不知是谁正在眺望南山,立即扭过头来接道:"一带寒山浸夕昏。"我随之又接上一句:"雨歇凭栏无限意。"这时女生们的歌声又随风飘来,马上有人斩钉截铁地联了一句,作为七言绝句的结束:"垂杨马路咒摩登。"这时有人立即说道:"咒她们干什么,我们也来唱吧!"有人喊:"请周极明指挥!"极明没有响应,可是歌声不用指挥就开始了,大家唱道:

怒发冲冠,凭栏处,潇潇雨歇。
抬望眼,仰天长啸,壮怀激烈。
三十功名尘与土,八千里路云和月。
莫等闲,白了少年头,空悲切!

靖康耻,犹未雪,
臣子恨,何时灭?
驾长车,踏破贺兰山缺。
壮志饥餐胡虏肉,笑谈渴饮匈奴血。
待从头,收拾旧山河,朝天阙。

我们的歌声是那样的雄伟、那样的悲壮,并且传得那么遥远,仿佛整个重庆,连浮图关、南山、嘉陵江和扬子江都加入了我们的合唱。凡是听到我们歌声的,都跟着唱了起来,下面马路上的女生们也跟着唱起来了。我们唱了几遍《满江红》之后,又唱《开路先锋》和《大路歌》。在我们稍一停顿时,女生们却唱起《新女性》来了。我们也给她们帮腔,特别是唱到最后那一段:

新的女性，是生产的女性大众；

新的女性，是社会的劳工；

新的女性，是建设新社会的前锋。

新的女性，要和男子们一同，翻卷起时代的暴风。

暴风，我们要将它唤醒民族的迷梦；

暴风，我们要将它造成女性的光荣。

不做奴隶，天下为公！

无分男女，世界大同！

新的女性，勇敢向前冲！

新的女性，勇敢向前冲！

嘹亮而雄壮的歌声，震动原野，震动山谷。路上的行人停下了脚步，开车的人也停车走了出来，一时交通都为之阻塞。人们对山下山上的男女合唱感到新奇，又感到振奋，随即报以热烈的掌声，直到歌声停止，行人才分途散去。

这天晚上，大家批评了周极明，认为他太鲁莽。同时我们又感到对广大群众，尤其是对女学生的抗日积极性估计不足。女学生讲究穿着是爱美的表现，并不妨碍她们的抗日觉悟。抗日是中国人的共同要求，家境富裕的学生也都是要求抗日的，我们不应该排斥她们。应展开工作，深入到学生的各种爱好不同的群落中去。我们平日对求精中学有成见，认为它是教会学校，学生都是少爷小姐，思想落后。现在事实证明：那里的学生也是要抗日的，那里的学生也并非都是少爷小姐；就是少爷小姐，也并非都不抗日。因此我们决定：以后要把工作面放开些、放大些，要对所有的同学都展开工作，不要把讲演研究会的人看作敌人，要争取他们与我们合作；而且要把工作发展到校外去，不仅要做校际工作，同时还要到广大市民尤其要到下层市民中去展开工作。

当时做了分工：杨兆临负责与重庆大学联系，因他有亲友在重大工作，今年重大刚收学生，负责招生的正是他的一位亲戚；我负责与二女师及省职校联系；陈泰湖负责与艺专联系，同时因他与民生公司和两三个工厂有关系，要他设法到那些地方去筹办工人夜校或补习班；其他的人负责到什么地方，我现在已记不清了。李成之社会关系多，又有社交经验，所以校外工作由他负总责。歌咏和体育活动能团结一些并不热心政治的人，并且容易打通校际关系，当时重庆的歌咏活动正在兴起，体育比赛也不断举行，正好利用这个机会展开救亡工作。李成之说："为了工作顺利，展开歌咏和体育活动时，什么帽子也不戴（指团体的名称），尽管唱歌和打球就是了。你唱救亡歌曲、打球时多做宣传，何必一定要挂什么招牌呢！"他的意见很好，大家都同意，后来照此方针办事，果然很顺利，也很有成效。

重庆学生哪里去了？

1935年的四川，尤其是重庆的政治情况，是很复杂的。一方面，由于日本侵略的加紧，四川人民和全国人民一样，抗日情绪和自发的救亡活动在不断地增涨；另一方面，蒋介石利用追击红军，假"剿共"之名，把他的手伸入了四川。以贺国光为主任的行营参谋团首先在重庆成立，接着康泽的别动队也在四川张开了魔爪。这样就给人民的抗日救亡活动带来很大困难。不过，国民党的"中央"势力是要吞并四川地方势力的，因此蒋介石与刘湘之间的矛盾也日益尖锐化。

蒋介石为了讨好人民，采取了一些措施，如统一币制、统一税收、禁止滥征田赋等，这虽然于人民有利，却损害了地方军阀的利益。特别是蒋介石沽名钓誉，故意接受人民的控诉，惩办地方的贪官污吏和倚仗军阀的豪强，而这些人恰好就是军阀的亲朋故旧。例如刘湘的干儿子也因遭到许多人的控告而被"法办"。这样做的结果，使得地方军阀大丢面子，无法忍受。刘湘为对抗蒋介石，保存自己的力量，开始提出"川人治川"，后来竟提出抗日和民主，并暗中和共产党以及全国各地方势力联络。既然要"川人治川"，那么对四川的民众就不能不"宽厚"一点；既然要抗日，要民主，就得利用人民的力量；而要联络共产党，更要装出点进步的样子。可是蒋介石是"中央"，是上级，他又不敢公然反抗；而人民群众的斗争也常常直接针对着他的统治，他还是要照样镇压。对于这些复杂的情况，我们当时很年轻，既不甚了解，也不会分析，但凭一股热情去干，有时候胜利，有时候失败，却并不知道是什么缘故。现在回头来看，真觉得十分可笑，也想到那时的热情要能一直保持到今天该多好啊！一个人如果既有青年人的革命热情，又有老年人的深思熟虑，那一定会战无不胜，但二者是难以兼备的。

因为蒋介石对日本不抵抗，我们对他早已不存幻想。所以他到四川做的一切事情，我们一概反对。但在学生中也有人认为他总比四川军阀好些，对此我们估计不足。

现在记忆犹新的是参谋团一到重庆，头一件事就是大搞"新生活运动"。这个运动很快就在学生中出现了分歧。新生活运动是蒋介石在他进行"剿共"的大本营南昌搞起来的。他因为"剿共"不得人心，连连失败，于是提出对共产党要实行"三分军事、七分政治"的政策。"七分政治"的核心是实行法西斯主义。那时，到处写满了"干！干！！干！！！""一个党，一个主义，一个领袖"等大字标语，讲话时一提到"蒋委员长"就要立正，用一整套迷信和愚民的方法来统治人民的思想。他为了使法西斯主义中国化，又在学校里提倡读经，在社会上推行新生活运动。

新生活运动大谈什么礼、义、廉、耻，最突出的活动是要街上的行人靠左走和提倡集体结婚。他的这一套东西还没有搬到四川来就已引起了我们的反感。

湖南军阀何健和广东军阀陈济棠也曾大力提倡读经，一个天天要向祖宗牌位烧香，一个要把祖坟搬到花县洪秀全家乡去，还有山东军阀韩复榘说他赞成新生活运动，就是担心行人都向左走在街上碰了头怎么办。这些笑话，有的不一定真实，但在学生中普遍流传。报刊上登出的集体结婚照片，都是很豪华的，但偏说是实行节约，人们对此非常不满，见面时常说："大人们救国，全靠新生活，四维礼义廉，没本赚大钱。"四维礼义廉，就是骂他们无耻。这充分显示了我们四川人善于讽刺的本领。行人靠左走，是学习西方人的文明习惯，本无可厚非。但蒋介石把它和礼义廉耻扯在一起，就显得非常可笑了。说什么我们中国自古是礼仪之邦，一言一行都是很守规矩的，行人靠左走很像我国古代的礼仪。蒋介石和他的党徒们大讲"礼义"而不讲廉耻，倒很符合他们的实际。

当时我们听了这类讲话，就故意鼓掌起哄，他们居然以为我们拥护这套卖狗皮膏药的瞎话，有人还笑眯眯感到很得意。为了推行行人靠左走，还特意组织新生活服务团上街值勤。参加服务团的人，实习生要穿童子军服，初中以上的要穿军服（受过军训的）或学校制服，并且佩戴着很惹人注目的值勤袖章，当队长的还可以佩戴一把短剑，这样装扮起来，显得十分神气。青年人是爱出风头显神气的，所以新生活服务团吸引了不少人参加。我们川师因为众志学会的影响较大，尤其是后期班的学生对蒋介石的一套已不大相信了，所以参加的人不算多。这一下可把训育主任和军训教官给急坏了。他们大力鼓吹，用尽一切利诱和威胁的手段才完成了上级规定的数字。为了欺骗上级，他们所造的表册，把许多并未参加的人都列入了名单。

我在"文化大革命"中还因此遭受了一次不小的麻烦。造反派审查我的历史，派人到我的家乡，凡我到过的地方都跑遍了，也没有找到任何问题。忽然在川师的档案中发现新生活运动服务团的名册中有我的名字。于是大施讹诈，要我交代参加过什么反动组织。不管我怎么申辩也没有用。后来我从他们的旁敲侧击中知道他们问的是新生活服务团。对他们采用的打"哑谜"的方式我很反感，索性把问题挑明了："你们问的是新生活服务团吧？为何不直说呢？老实告诉你们，那个服务团是为蒋介石服务的，但是个很广泛的群众性组织，不应给它扣上一顶反动的帽子。因为它做的最主要的一件事就是要行人靠左走，这能算什么反动呢？而且我根本没有参加。"他们很生气地说："你敢说没参加吗？如果有证据证明你参加了怎么办？"我说："如果我有隐瞒，可以开除我的党籍。"于是一个人把一个本子在我面前一挥，说："你太不老实了，服务团的名单上就有你的名字呢。我看你的党籍完了！"我这才明白怎么回事。我随即向他们说明："服务团员在街上值勤，手拿指挥棒在那里吆喝，众目睽睽，人所共见，又不是搞秘密工作，是很容易调查清楚的。你们找当时的人问一问，看我在街上值过勤、站过岗没有，不就清楚了吗？"后来他们去调查，果然就清楚了。这场风波才算平息。通过这些事情，"造反派小将"也受到了教育，对旧社会的复杂情况也有了些理解。

参谋团搞的第二件事情是学生军训，这件事主要是通过康泽来进行的。以高中学生进行军训，在蒋介石统治的基本地区如江苏、浙江、安徽、河南等省，早已实行。集训时大多要强迫学生集体参加国民党，并在少数学生中发展复兴社员。蒋介石的中央势力伸入四川后，也向各学校派军训教官，同时准备集训。不过对蒋的这些做法，刘湘也很警惕，生怕挖了他的墙脚。尤其对康泽，因为他是别动队总队长，复兴社十三太保之一，他愈是利用他是四川人，到处拉同乡关系，刘湘对他就愈加防范。

川东师范在重庆大学没有完全办起来以前，是重庆的最高学府，历史悠久，声名卓著，刘湘用他的亲信甘绩镛当校长，早把川师作为他个人私立的学校。因此在参谋团未派军训教官之前他已先派来了人。他的军训教官和训育处的某些人一开口就是"甫公"如何如何[1]，根本不提"委员长"。康泽知道这种情况后，岂能容忍？于是通过参谋团也派来了军训教官。参谋团是代表蒋介石的，刘湘和甘绩镛都不敢公开阻拦。康派的军训教官和训育处趋向"中央"的一些人，满口"委员长"，而且一声一个"立正"，这样就使川师日益"中央化"。但这样的中央化，不仅在学生中不得人心，即使在教职员中也吃不开，因为"甫公"的势力在川师是根深蒂固的。关于"委员长"与"甫公"两股势力在川师的矛盾，我们当时并未能很好地加以利用。不过现在想来，我们的一些活动之所以能在这一个时期顺利展开，还是和他们之间的斗争大有关系。但是，无论蒋介石也好，刘湘也好，他们都不许学生闹事，特别不允许提"抗日"一词，因为蒋早已颁布了"睦邻"令，一提抗日，就是妨碍邦交，就要问罪。《新生》周刊被查封，杜重远被判刑，就是因为登载了一篇题为《闲话皇帝》的文章，得罪了日本人。蒋介石怕日本，刘湘也一样，重庆的日本领事馆和日本兵，是谁也不敢惹的。人民群众对此非常气愤，加上日本侵略不断深入，所以抗日潮流就像滔滔江水一样，即使三峡那样险峻，也阻止不住它的奔腾东流。

在重庆搞军训，因为刘湘与蒋介石有矛盾，所以还不能像东南各

---

[1] 刘湘，号甫澄，人们（主要是吹捧他的人）称之为"甫公"。

省那样，强迫施行。在学生中，对是否参加军训也有不同意见。就是众志学会的会员，意见也不一致。我因从小身体瘦弱，参加点体育活动还可以，要我参加严格的军训，我是不干的。李成之却认为既然要抗日，就该学会打仗，应该主动参加军训，并可从中了解更多情况。周极明等也很赞成他的主张。他们两人不但带着一些人参加了1935年暑期由"中央"主办的军训，而且在这年冬天，李成之还主动与刘湘二十一军的军官联系，由他一位亲戚四处张罗，在长江南岸搞了一次学生自愿报名参加的军训。

日本的侵略野心是无止境的。在1935年夏秋，尽管国民党已在河北满足了它的各项要求，但它还是继续在策动冀察政权特殊化。到11月底，纷传"华北特殊化"将逐步实施，冀察两省将"独立"，要继冀东而"自治"，全国人民莫不为此而忧心忡忡。虽然国民党一再辟谣，到12月7日，"谣言"竟被证实了。国民党为满足日本对"华北特殊化"的要求，决定设立"冀察政务委员会"，以宋哲元为委员长，由日本推荐的著名汉奸王克敏、王揖唐、齐燮元、曹汝霖等人为委员。这个机构定于12月16日成立，虽不挂"自治"的招牌，但这一"特殊化"的妙用，实际上把冀察两省划在中国的正常行政区域之外，怎不令全国人民痛心疾首，感到亡国灭种大祸临头的危险呢？

北平当时处于最危急的前线。而青年学生既富于爱国热情，对时局又最为敏感。他们目睹日本得寸进尺，国民党畏敌如鼠，"华北之大，已经安放不下一张平静的书桌了"。这时要他们再听信胡适那一套"读书救国"的谬论，怎么可能呢？何况红军长征胜利到达陕北的消息、中共《八一宣言》团结抗日的主张，他们都已经知道了。因此他们联合起来，首先在北平古城发出抗日救亡的吼声，是历史赋予他们光荣的责任。他们果然在12月9日开始承担起这项光荣的任务。

12月9日，北平6000多名学生冲破层层封锁线，集合到新华门前，向何应钦（由他的代表接见）提出了六项要求：

1. 反对"防共自治"运动；

2. 公开宣布中日交涉经过；

3. 不得任意捕人；

4. 保证国家领土安全；

5. 停止一切内战；

6. 言论、集会、结社、出版自由。

何应钦（由他的代表转达）不仅不理会学生的要求，反要学生"遵守纪律"，赶快回校"安心读书"。学生们一听，义愤填膺，立即展开示威游行。浩浩荡荡的队伍，向西长安街奔去。"反对华北自治""打倒日本帝国主义"的口号，把人们心头的积愤倾泻出来，人们听着是多么得痛快呀！但是统治者对学生的正义行动却实行无情的镇压。1933年，长城抗战的大刀，不是用来对付日本兵，而是用来对付学生了。虽然不是刀刃而是用刀背向下砍，可怜文质彬彬的学生，尤其是女学生，怎么经得住这些"壮士"们的刀背呢？于是无数的学生受了伤。对着奋勇前进的学生队伍，警察用成排的水龙头朝着他们身上冲水。那天天气严寒，冷水喷在衣服上立刻冻成了冰。尽管有人冻伤了，有人冻得浑身发抖，但是热血仍在他们胸中沸腾，他们不顾被捕和受伤的危险，打散了又集合，终于完成了他们的任务。

北平学生一二·九运动的怒吼声，立刻传遍了全中国。当我们从报上看到这惊人的消息，从刊物上看见那动人的照片时，人人都热泪盈眶，恨不得马上行动起来。但我们在讨论应如何行动时，李成之却说要稍等一下，等他去找人商量之后再说。在这以前不久，我在图书馆看书时，从一本杂志中看见一份夹在里面的宣传品，仔细一看，原来是中共中央发表的《八一宣言》。我把它拿回来给了李成之。他拿去问了一个朋友，回来说这宣言是真是假，尚待研究。正因为如此，成之这回特别谨慎，以致犹豫不决。

继一二·九运动之后，北平学生于12月16日——冀察政委会预定成立之日，又展开了规模更大的斗争。城内外各路学生队伍，经过和军警的多次搏斗，终于迂回和巧妙地到达了预定的集合地——天桥。当时集合在天桥的学生即达1.5万人以上，随后立即展开声势浩大的示威游行，不少市民也跟着参加进去。示威队伍折回前门时，召开了市民大会，通过了《不承认冀察政务委员会》《反对华北任何傀儡组织》和《收复东北失地》等决议案。

北平学生一二·九运动的示威游行，立即得到全国各地学生的响应。杭州和广州的学生分别于11日和12日即开始举行游行示威。12月16日，北平学生和市民更大规模的爱国行动，进一步掀起了全国抗日救亡的高潮。天津、上海、武汉乃至国民党中央所在地南京的学生，都奋勇地走上街头。各地爱国学生的英勇斗争，刺激着我们身上的每一根神经，使我们无法保持平静。找不着李成之，我们三四个人（杨兆临、陈泰湖等）商量了一下，便决定一面联络各校，一面准备全市学联的章程以及各种宣传品。正在这时，李成之回来了，他拉着我立刻去新蜀报社。报社的人问了我一下学校的情况，认为川师既已开始向各校联络，那么就应以川师为联络中心，立即组织全市学联。在座的人一致赞成。为了加速行动，大家都主张《新蜀报》应发表一篇文章来刺激一下，并议定这篇文章的题目为《重庆的学生哪里去了？》。于是我们大约三个人马上凑成了一篇短文，第二天《新蜀报》就把它登了出来。

《新蜀报》是四川最有影响的大报，由它出来问"重庆的学生哪里去了"，这对重庆的学生实在是莫大的刺激。自辛亥革命以来，重庆学生历来都站在革命运动的前列，具有光荣的传统，难道现在国难日亟，全国学生都奋起抗争的时候，重庆学生却自甘落后？难道蒋介石派来个参谋团就把重庆学生压垮了？南京的学生都不怕，重庆的学生还怕什么？《新蜀报》的文章，在重庆各学校引起纷纷的议论：有人说救国人人有责，为什么光责怪学生？你们不是要我们安心读书吗？读书救国吗？怎么现在问我们哪里去了？应该问《新蜀报》哪里去了？也有人说不能问《新蜀报》，因为它并没有提倡读书救国。在这场议论中，大多数学生还是认为报上的文章问得对、问得好，我们是学生，应该是抗日救亡的先锋，不能和别人比，只能和学生比，平津的学生不怕日本人，南京学生不怕蒋介石，为什么我们重庆学生不能动？我们落后了，怎么办？急起直追嘛！由此各校学生都自动组织起来，准备行动，并派人到川师联系，希望成立全市的组织，共同斗争。

  川师的同学看了这篇文章也很激动，不少人埋怨众志学会，说它平时说大话，光会唱歌打球，到时候缩头了。众志会员中有不少人则埋怨李成之，连我当时都有这种情绪。但成之见我却说："越埋怨越好嘛，这样我们领头干，他们不就跟上来了吗？"我很佩服他有主意，既沉着又不泄气，但总觉得这回太落后了。他于是对我说："像北平那样的斗争，我们领导得了吗？落后一点也好嘛。'后面乌龟照着爬'，看人家的样子走路，免得摔跟头。'不怕慢，只怕站。'只要能一步一个脚印，总会达到目的地。"我虽然并不完全心服，但当时除了听他的，谁也没有更好的办法。现在想起来，李成之当时老不见面，准是到处找党、找领导去了；可又找不着，于是采取后发制人的办法，以北平学生为榜样，根据重庆的情况稳步前进。我看成之的做法是正确的。重庆学生响应"一二·九"的斗争，虽然不够轰轰烈烈，只是照着北平学生的样，亦步亦趋、稳扎稳打地进行，一会儿公开，一会儿隐蔽，一会儿又公开，却一直没有间断。尽管李成之在1935年冬就被学校开除了，我们一批人在1936年夏天又被开除了，后来由于党组织派人来领导，使运动的发展，终于由相当的自发性走上完全的自觉性。

有了李成之出主意，我们筹备学联和响应北平学生的行动，才得以有计划有组织地进行，并且进行得比较顺利而没有遭到大的挫折。

学生救国联合会

在筹备学联的过程中，各学校到川师来联系的人较多，这就引起了学校当局的注意。一天，夏主任找我谈话，他说："最近你们太忙了吧？都忙些什么呢？"我说："是的，为了抗日救亡，大家都该忙一点。"他厉声说："不许说抗日！昨天'中央'又来了命令。"我说："日本人快占领华北了，不抵抗，难道要投降？"他更严厉了，高声喊道："你胡说！一切'中央'自有办法，用得着你管吗？"我停了好一阵，才慢吞吞地轻声说了一句："我是四万万分之一，我不过尽一份责任罢了。"然后两人都沉默不语。最后，他极其郑重地对我说："我管不了你们，你们厉害。但是，你们若招惹外面的人到我这里来闹事，那就别怪我不客气了！"他的话语中充满了讽刺和威胁，不等我搭腔，就把门一拉，走出去了。

下来和成之商量，觉得夏是完全倒向"中央"去了，如果学联成立会在川师召开，可能会遭到迫害。但从他的口气看来，若在别处开，他不会管。因此决定找重庆大学的人想办法。

后来，在重大城内办事处召开了成立会。不知怎么搞的，开会的时候，竟有市党部（国民党）的人前来参加。而且讨论章程时，有人提出学联应服膺三民主义，在市党部领导下进行工作。这下可引起了一场大争论。大家说："'三民主义，吾党所宗'不是天天在唱吗[1]？

---

[1]"三民主义，吾党所宗"是国民党党歌开头的两句，当时一切集会，都要唱国民党党歌。

干吗还要写上学联的章程呢？"但有人却说："既然天天都在唱，为什么不可以写进章程呢？"大家说："各校学生会从来也没有说在党部领导下工作，不是进行得很好吗？为什么现在要写进章程呢？难道我们唱什么歌、打什么球，也要请示党部吗？"也有人却说："国民革命就是要由党来领导，社会各界都由党来领导，为什么学生不由党来领导呢？"双方争论激烈，各不相让，主席只好压下这个问题，先讨论别的。在讨论选举时，有人不赞成章程（草案）上规定的选学校不选个人，而多数人又都不赞成选个人，因为各校学生会的负责人不断改换，不如选学校稳定，但意见始终统一不起来。休会的时候，成之对主席团成员说："为了团结，避免分裂，学联章程上写上以三民主义为指导，没有关系。正如天天唱党歌一样，不过念一声'阿弥陀佛'罢了。但选举一定要坚持选学校，如果选个人，容易受打击，而且个人一遭打击，学联也就瘫痪了。"大家都同意成之的意见，所以复会之后，进行得很顺利，章程终于通过。只是把"学生抗日救国会"中的"抗日"二字删去了。随后大家选举了川东师范、二女师、重庆大学为重庆市学生救国联合会的主席团，并推川师为首届执行主席。

川师的学生中，本来有众志学会和讲演研究会的矛盾。但从华北事件发生以来，救亡活动把双方的会员聚集在一起，从前的矛盾自然消减了。川师学生会选举的结果，是赵承绪、杨兆临、李忠慎、李成之、李昆明等当选。赵承绪毕业走了，杨兆临又面临毕业，所以二十一班的"三李"几乎成了学生会的代名词。由于杨兆临总是支持成之和我，而且都是众志学会的人，李昆明又很机敏，凡事都听我们的，因此，大家合作得很好。川师被推为学联常务主席后，秘书处自然也放在川师。于是王方名、陈泰湖等成了秘书处的骨干。王方名事实上成了学联的秘书长，学联的印章是他刻的并由他保管，油印机也在他那里，一切重要的印刷品一概由他负责。

全国的学生都行动起来了。紧邻重庆的武汉学生也冲破压迫行动起来了，我们重庆学生还能再沉默吗？所以学联成立后立即行动。好在什么都准备就绪了，只等一声令下。但是怎么行动才好呢？成之作了充分的考虑。公开提出示威游行，肯定要吃亏，各地的示威游行都遭到了镇压，因此决定以扩大宣传为名。各校的宣传活动早已自发地展开了，现在加以组织和扩大，大家一定很欢迎。政府当局对近日的宣传并未实行压迫，扩大宣传事前又未告诉它，它临时也未必镇压。为了掩护扩大宣传，决定同时到行营参谋团去请愿，请求"委员长"出兵抗日。各校宣传队伍按计划分别到达预定地点，等请愿团出发后即开始宣传活动。然后纠察队引导，自西而东，到朝天门集合，举行示威游行。

12月24日[1]，重庆学生有组织有计划地、大规模地行动起来了。三十多个中等以上学校的一百多个宣传队布满全城，大家都分散地提前到达指定的地方，还有一些小学也闻讯参加进来。等到达预定的时刻，各处同时把统一的旗帜举出来，在救亡歌声中展开了宣传活动，一边散发传单，一边讲演。传单是统一印制的，简明有力，富于鼓动性，读了的人无不感动于心。讲演也规定了题目和大致的提纲，由于讲演者都是充满了爱国激情的青年，他们根据提纲尽情发挥，每句话都发自肺腑、扣人心弦，讲到伤心处声泪俱下，讲得激昂时振臂高呼。听众也是热血沸腾，时时跟着高呼口号，一时"反对华北自治""打倒日本帝国主义"的口号声，此起彼落，响彻整个山城。

到参谋团请愿的人，按计划比宣传开始早半个钟头到达行营门口。这次请愿是事前通知了的，参谋团以为我们会大队人马前去，所以行营附近戒备森严。一见我们去的只是少数代表，他们的情绪也就松弛

---

[1] 我的记忆中不是24日，要早一点，大概是20日，但查阅报纸却是24日。

下来了。我们说要见贺国光主任并向他递交请愿书,一个人出来说他可以代达。我们说还有许多意见要向贺主任面陈,他说了声"好嘛",就领我们进了行营很里面的一间会议室。

这间会议室很大,正中挂着总理遗像,两边都有屏风挡着。我坐在靠边的座位,能看见屏风后的大部分地方。忽然间,我看见一个熟悉的人影走来,到屏风后站住了。仔细一看,原来是夏主任在窥视我们的行动。我心中一想:看来他们是一切都准备好了,今天的扩大宣传和游行示威可能会出问题。于是,我向靠近我的一个代表轻声嘱咐了一句:"今天要小心!你们在这里态度要尽量缓和,时间要尽量拖延;我马上出去告诉外边的人,要加快进行的速度。"我装着出去找东西的样子,立即起身走出了行营,奔向我们的指挥部——重大办事处。成之见了我很惊讶,我向他说明了情况和意见,他表示同意。

这时一个纠察队员来报告:七星岗有日本人捣乱,抢宣传品,并抢着要给宣传人员照相,被我们的人包围起来了。成之要我马上去解围,赶快带着队伍提前到朝天门去。我赶去时,包围日本人的人更多了。只听见人们大声呼喊:"把抢去的东西放下!""把偷拍的相片留下来!"但被围的三个日本人不肯照办。这时有人喊起了"打倒日本帝国主义""赶走日本鬼子"的口号,并向日本人冲去,好在被纠察队拦住了。

我见形势紧急,立刻进入包围圈的中心。宣传队的同学们一见,为我鼓掌。我站上一条讲演用的凳子,高声说道:"同学们,同胞们,请冷静,请冷静!我们宣传抗日救国是光明正大的。我们的宣传品就让他们拿去吧!他们照的相就让他们拿走吧!让他们拿到日本去登报,那才好呢。"一阵掌声,打断了我的讲话。我停顿了一下,又接着往下讲:"应该让日本人看看,我们中国人是怎样反对他们的侵略的!我们认为日本人民还是不赞成侵略的。我们只反对日本军阀。在战场上,对日本兵是不客气的，但对没有武器的日本人我们绝不伤害。我们中国人是有志气的，不能受人欺侮；但中国人又是讲文明的，绝不欺负手无寸铁的人。不管人家怎样挑衅，我们不要上当。兵来，将挡；水来，土掩；不拿武器，讲道理。'君子动口不动手'，我们有理走遍天下。真要打，战场上见。光我们四川就有7000万人，和日本人一样多，我们怕什么？如果我们现在动手，我们就上当了。人家就是要我们上当，好说我们不讲理、不文明，我们千万不要上当呀！"见大家的愤怒平息了，我用手一指，说："请这边闪开一条路，让他们走吧！"那三个日本人早先被吓得魂不附体，这时才惊魂初定，每个人都双手合十，连称"这位先生说得好"，乖乖地从人们闪开的一条小道中走了。

我为什么敢于让日本人把宣传品带走呢？因为我们的宣传品都是统一规定的，并且盖上了学联的印章。像"打倒日本帝国主义"一类的口号，只是口喊，并没印上宣传品，为的是避免被当局找麻烦。至于日本人照的相，我们宣传讲演，怕他什么，何必要扣留他的底片？我最担心的是扭打起来，特别是打伤了人，政府当局就一定镇压。现在把日本人的挑衅解除了，趁着人多，我们便高呼口号："打倒日本帝国主义！""赶走日本侵略者！""保卫中国每一寸土地！"七星岗地势高，呼声远播，山鸣谷应，把滔滔长江激荡的水流声都压住了。我们既已达到宣传的目的，便赶紧带着队伍奔向朝天门。沿途的宣传队也都得到了通知，提前往朝天门集合。

等我们到达朝天门的时候，各校一百多队的宣传队伍大都到齐了，人山人海，水泄不通。成之代表指挥部一声令下，由我讲几句话，立即开始示威游行。这时一辆行营的车开来了，吆喝着要见学联的人。成之急中生智，他吩咐我和重大的代表留下应付场面；二女师和省职校的几个代表把队伍分几路带走，这样既是游行，又是分途返校。他本人则和纠察队出面照应，回到指挥部。我们等队伍都分别进行了，才慢吞吞地走向行营的汽车。行营官员很不高兴,把一纸命令递给我们。打开一看,原来是要我们取消游行示威,立即返回学校。我们一声不响。他怒吼道:"看见了吗?不许游行示威!"我说:"我们是宣传嘛。""那为什么都集中到一起来了?""重庆的街道,就这么一长条,由西向东,自然就到了朝天门。"他见队伍已经分散开,似乎已完成了自己的任务,口气便稍微缓和了一些,又问道:"为什么不解散,还要列队行进?"我说:"这是新生活运动的规定嘛。"重大的代表补充说:"今年军训时规定,学生三人以上,就要列队行进,学生们又不是乌合之众,列队行进,整整齐齐,不是很好吗?"这时学生队伍已经逐渐走远了,但口号声高响入云,仍然震人耳鼓。这人听了皱着眉头,无可奈何地向我们说:"别再闹了,再闹没有好下场。快回去叫大家明天好好上课!"然后摆出一副当官的架子,登车而去。

回到指挥部,成之还没有回来,想派人去找,又不知道他在哪里,心里很着急。一会儿,收到他送来的一张条子,说行营派出了马队,紧跟着学生队伍,他怕出事,得等大家都回校后才回来。果然等到天黑才见到成之。他一天没吃饭,赶快给他搞来些吃的东西。他边吃边说:"马队跟在学生后面,有时在两旁夹着学生队伍。开始大家害怕,后来学生呼口号,他们也不干涉,学生们就胆大了,于是纵情高呼,他们还是不管,只是旁观的群众,常常被他们轰走。有两个小学生,看见高头大马,吓坏了,乱跑,差一点被马踩着了,但骑兵却下来把小学生扶上了人行道。"等他把各校学生都已安全返校的消息说完后,大家才松了一口气,散了。这时他已填满了肚子,拉我到房间里悄悄对我说:他今天已被特务跟上了,拐了好多弯才甩开了那些家伙。他要我先回学校去看看动静,然后到他的一个亲戚家见面,再决定是否返回学校。

回到学校,我故意到训育处去找夏主任。训育处一切如常,只是说夏主任开会去了,还要过两天才回来。第二天,重庆各报都登了学生请愿的事,扩大宣传的事只个别报纸有简单的报道,而对示威游行,所有的报纸都只字未提。学联的宣言和通电,没有一家登载。但由个别学校(如川师)发出的电文却登了出来。看来当局是控制了的,但似乎还不算严厉。

成之安然返校后,分析了这种情况,认为这是当局有意压缩空气,准备悄悄实行打击。他在学校已不安全了,决定寒假找二十一军在南岸搞军训,别的事,他就不管了,这样好避开旁人的耳目。学联的工作,他主张不罢课,但要继续宣传,并要把宣传往远处扩展。大家都同意他的意见,决定遵照执行。那时除了他以外,没有人能提出好的办法来。多次的行动已经证明:成之有主意,他想出的办法都是切实可行的。而且他看得较远,能预见到事态的发展,能预先拟定应付事态发展的对策。现在他要"退隐"了,以后怎么办呢?大家都感到惶惑,不愿他离开。我因了解实际情况,认为他非走不可,便向大家尽力解释。但以后到底怎么办呢?决定川师要以众志学会的人为骨干,加强团结,同时要注意校际联系,特别要和省职校、女二师和重大的优秀分子加强联系,要一些学校尽可能建立起核心组织来,使各校都有骨干分子,这样学联才能比较长久地保持下去。

成之特别向我们提出:从现在起,就要准备迎接当局的打击。要使学联即使受到打击也能活动,要准备秘密活动的办法。他还提出:重庆学联不能孤立地活动,要和全国一致进行。首先全四川都要活动起来,要立即与成都、万县取得联系;同时要派人到省外去,到武汉、到上海去;与北平有关系的人要争取和北平联系上。他把一切布置好了以后就不再和大家见面了。

学联活动的展开

由于李成之的指点,我们对当局可能的迫害是有准备的。因此,学联的活动尽量以不过分刺激当局的形式展开。

学联的宣传活动由扩大进行转为分散进行。市区由各校分别担任一定的区域,并且只用一小部分人分小组轮流负责,而把大部分力量向郊区发展,向过去很少有人去的地方发展。这时,经过陈泰湖,也经过其他人的关系,我们与民生公司的关系搞得不错,所以我们能搭民生公司的轮船,上自北碚、合川,下到长寿以至涪陵等地去进行宣传活动。这些地方的群众对我们的宣传很欢迎,特别是对救亡歌曲很感兴趣。为此,周极明忙得不可开交。他既要教大家唱会歌曲,又要教大家学会指挥,并且还要准备好歌片(油印的简谱歌曲),把所有教唱的人分配到每一个宣传队中去。他和艺专(艺术专门学校)的人经常到各校检查,组织和帮助各宣传队中的人员进行歌咏活动。极明的脾气急,专业的音乐人员要求高,常常和各宣传队发生矛盾。我为了去解决矛盾,被逼着学会了指挥。我问极明,我的指挥合格否?他说及格了。至于唱歌和简单的乐理我本来就会。于是凡极明他们发生矛盾难以解决的地方,我便代他们去那里教唱歌和指挥。等我把那里的人教入门以后,我总是告诉大家,我在搞歌咏上是二把刀,你们要想学好还得请专门的人来。这时极明他们再来,就不但没有矛盾,而且还特别受到尊重。

歌咏在抗日救亡运动中的作用很突出。哪里有抗日的歌声,哪里的救亡活动就开展起来了。极明喜欢雄壮的歌曲,对比较柔美的曲调便反感;但群众却很爱抒情歌曲,特别是具有民歌风味的更受欢迎。女同学也最爱抒情曲,例如《渔光曲》一出来就风靡一时。后来《夜半歌声》也在男女青年中普遍传唱。因为有许多女同学参加到宣传队伍中来了，极明不得不改变他的偏爱。在每个宣传队中总有女同学去教儿童唱《卖报歌》，教女工唱《新女性》，教大家唱《渔光曲》。当然，最能鼓舞人心的还是《毕业歌》《义勇军进行曲》和《扬子江暴风雨》中的一些歌曲。由于周极明和艺专同学的特殊爱好，学联宣传队所到之处，几乎都能听到雄壮的歌声：

　　……同胞们，大家一条心！
　　……我们，不做亡国奴！
　　我们要做中国的主人！
　　让我们结成一座铁的长城，
　　把强盗们都赶尽！
　　……向着自由的路，前进！

　　聂耳的这支歌曲是那样的雄伟、豪迈，富于鼓动性，只要有一个人开头，凡是会唱的人，便不由自主地跟着唱起来。这歌声立即汇成巨吼，震动人心，把中国人不愿做奴隶、要争取自由解放的心愿唤醒。这支歌曲代表了"一二·九"时期重庆救亡歌咏运动的特点。

　　尽管救亡歌曲振奋人心，但它毕竟不能把抗日救国的道理讲透彻。救亡宣传除依靠文字为工具外，歌咏只能起辅助作用，最主要的还是得靠讲演。在街头上做长篇大论的演说是不受人欢迎的，必须简明扼要，抓住群众最关心的问题讲个明白。每个人讲演一般不要超过5分钟，最后还应加以鼓动，在群众情绪高涨时高呼口号结束。我们学师范是要研究讲演术的，我们曾像演员那样自己练习和互相训练，不但要练口齿、练表情，而且要练嗓音、练呼口号的本领。不要小看呼口号的本领，要领着广大群众呼喊出整齐有力的口号，是大有讲究的。必须把口号口语化，太长了不好喊，太短了没有劲儿，长短一样又太平板；必须把它改变得适合于呼喊，而又长短错落恰当，到最后能掀起高潮，才合乎标准。为了训练讲演员，我们组织了许多练习组，由善于讲演的人去教练，除了到街上和四郊去讲演外，我们还特地派优秀的讲演员到剧场和电影院去，利用演出前和中场休息的十来分钟进行演讲。由于训练有素，而且讲的都是抗日救国的当前现实问题，所以很受欢迎，演讲总是在口号声和鼓掌声中结束。剧场和影院主人见此情景，也都希望我们多去，因为这对他们的票房收入是有利的。

我们的宣传一般都是讲演和唱歌相配合，同时还利用标语、图画和地图。我们到哪里，一般都贴出标语，另外也要在墙上写标语。在这方面，艺专搞美术的和各校擅长书法的人便成了老师。像通俗的漫画形式，尤其在郊区和农村中是深受欢迎的。用地图来辅助宣传，效果也很好。我们学地理的同学，时常在墙上画一幅很大的中国地图，把东北四省完全涂成红色，把华北各省分别画上红道道，在上海以至重庆等城市，凡有日本租界和领事馆的地方都标出记号。在东海上画一条凶恶的鲸鱼，张着大口，在长江和珠江流域写上两行大字："一口已经吃掉了东北，一口正在吃华北。下一口该轮到这里了！"两行字后面几个鲜红的惊叹号，看了令人感到实在是触目惊心。宣传队有时也把这样的地图用硬纸做成，挂在竹竿上，讲演员对着地图向群众讲述日本侵占东北的经过和现在侵略华北的情况。群众看图听讲，最容易受感动，有的中小学生听着听着就哭了起来。这时再高呼"收回失地""打倒日本帝国主义"等口号，激愤之情，是任何文辞也难以形容的。

除宣传活动外，学联最重要的活动是抵制日货和劝人使用国货，因日本提出交涉，抵制日货遂改称抵制仇货，后来连仇货也不许叫，只称"抵货运动"。使用国货是谁也无法干涉的，而最为工商界的爱国者所欢迎。重庆的抵货运动很有历史传统，从五四以后，一直不断,到五卅时期更为高涨,至1927年革命失败后遭到巨大挫折,但"九一八"后又复高涨起来。四川有名的民生公司就是在抵制仇货和提倡国货声中发展起来的。20世纪30年代的抵货运动一直没有被压下去,所不同的是以前抵制的是一切外国,特别是英日两国,而现在抵制的对象则集中在日本身上。抵制日货自"九一八"后在学生中是毫无阻力的。但在工商界,情况却很复杂,因为做日货生意获利甚大,所以不光有专门从事日货买卖的商号,就是一般商人,也或多或少买进一些日货,以招徕顾客。自从"一二·九"运动以来,因为各界人士都同情并声援这一运动,所以由学生发起的抵货运动进展顺利,工商界也自动起来进行。为了避免当局干涉,学联没有像"九一八"时那样,实行检查没收甚至烧毁仇货等激烈行动。我们只组织一些调查组,把调查所得的材料提供给工商界的爱国团体,让他们自己去处置。但是,抵制日本轮船客运的斗争却是学生自己搞的。这场斗争进行得十分有趣,我至今记忆犹新。

陈泰湖的父亲和民生公司有业务关系,因此泰湖认识公司里的人。我有一位高小时期的同学,初中毕业后考上民生公司的练习生,这时已是船上的正式服务人员。此外,重庆学生中还有不少人与该公司有关系。

在一二·九运动之前,我们已为该公司的工友及附近的工人办过文化补习学校,很受工人们的欢迎。民生公司的职工爱国心很强,对外国轮船在中国内河上横行早就不满,特别对日本轮船横行川江更是愤恨。但民生公司在航运上与日本轮船的竞争,因势力单薄,老是处于不利地位。只有在爱国运动高涨时期,因有广大群众的支持,才能改变形势。所以民生公司对于抗日救亡运动,尤其是对于抵制日货和提倡国货的运动,不只同情,而且还给以行动上的支持。船上的员工很希望学生们支持他们与日本轮船的竞争。

在此情况下，学联决定派出固定人员与民生公司联合行动。首先我们的宣传队在码头上进行宣传和劝说："中国人要爱国，哪国欺侮中国，我们就不坐哪国的船。中国人要坐中国船，虽然中国船差一点，但是中国人自己的呀！"这种宣传和劝说很成功，再加上我们给民生公司代售船票，使得日本轮船的生意马上跌了下来。日本船商不服输，马上将船票大幅度降价，以招揽顾客。一些贪图便宜的人又跑去坐日本船。宣传队见此极为愤慨，一面加紧宣传，一面阻止人们去买日本船票，还在日船售票处和停泊地高呼"中国人不要上当""不要受人收买""不要贪小便宜""中国人决不当汉奸"等口号。那些买了日本船票和拿着票要上日本船的中国人，一听到这些口号，没有不把头低下来的；特别是听到"不当汉奸"的口号更受刺激，有的当时就把船票撕了，愤愤地往回走。当然也有个别顽固的家伙，故意昂首阔步地上船，并且还骂："老子买票坐船，哪个管得着？"对于这种毫无爱国心的家伙，我们愤恨之余，最后还是想出了惩治他们的办法。

在运动高潮时期，坐日本船的人确实很少。但日本船依旧按时开船，照样行驶。它的票价一跌再跌，最后甚至可以免票上船。后来还有传说，从重庆到宜昌以至汉口，不但不要钱，下船时还每人送一把洋伞，这恐怕言过其实。但由此可见当时抵制日本船是卓有成效的。可不管怎样，还是有人坐日本船，而我们对此又绝不甘心。为了制裁那些见利忘义的人，我们和民生公司的职工以及补习学校的工人们反复研究，终于想出了一条暗中实行的"妙计"。在上日本船的路上，我们半价出售民生公司的船票（当然是得到公司同意的），劝说那些还有点爱国天良的人回心转意。如他们还不听，一定要上船，那么他们在上船的长长跳板上或是在小划子上，就要倒大霉了。我们已安排好最善于潜水的船工，到时把划子或跳板弄翻，让那些家伙跌入水中，虽然淹不死，可也叫他们尝够了泥汤入口乃至入肚的滋味。这种办法虽然近乎"残忍",却很有效。

消息一传出,果然很少有人敢再来坐日本船了。当时有人说我们做得过分,但对那些人不加以惩罚是不行的。我们不仅是"先礼后兵",而且可以说是"仁至义尽"之后才"惩治顽劣"的。不过现在回想起来,我们当时确实不懂得策略,没有和社会上层取得更多的联系,没有随着运动的高潮下落及时转变斗争方式,以致这场斗争没有坚持多久。后来政府当局禁止我们在码头一带宣传,说是"有碍秩序",实际上是与日本人暗中妥协了,结果是由中国军警在岸上、日本武装在水上,共同保护日本轮船,维护日本侵略者的利益。在这种情况下我们的活动就更加困难了。而且很快学联就被取缔,派出宣传队变成"非法"行为,因而遭到禁止。抵制日本船的斗争终于无形中停顿下来。

学联要展开各项活动,没有钱是不行的。开始用度小,由一些家境富裕的同学慷慨解囊相助。川师的普通班,大部分是重大的预科生,其中颇有些富家子弟,他们捐助的钱不少。求精中学等教会学校也有不少人捐助。后来运动展开了,靠学生自己出钱无济于事了,不能不设法筹集经费。公开募捐,容易受干涉,只是在影剧院宣传时进行了几次募捐活动。虽然所得不少,但还是不够用。怎么办呢?演戏售票,这是最有效的募捐。

为了能把戏演好,我们以艺专为中心,把全市各校的演出力量都动员起来,编排最好的节目,争取观众。为了推销戏票,我们把戏票印得很别致。特制的戏票是石印的,色彩很鲜艳,一面印着既美丽又富有意义的水彩画;另一面当中印着标语——"解囊救国,举世同钦",左上侧是演出时间,右下侧印的票价下面空着,准备让买票人自己填写。卖戏票的同时给一张收条,上面有3角、5角、1元、5元以至于10元等不同的价格。购票者填什么价格就给什么收条。卖票由专门的宣传队负责,队员多半是女同学和善于辞令的男生。他们到繁华的大街上宣传，唱一些很动听的歌，同时向店家劝售戏票。他们根据店铺的大小送给相应的红票和收条，一般都能很顺利地卖出去，当然也有些是经过劝说才销售掉的。

最有意思的是他们看准了卖仇货的店家，故意给他最高价的收条，结果是这些店家都"自觉自愿"地填写了高价票，而且付款时非常客气。是他们真的有所悔悟，还是慑于救亡运动的压力呢？不管怎样，我们推销戏票是很成功的，得到了不少的收入。从此我们的活动就不愁没有经费了。

我们的经费开支是很严格的，不仅有专人负责审批，而且学联的监事会组织了专门的监察组，每开支到一定数目就做一次检查，而每次检查的结果都发现实际开支大于账上开支。原来有不少人自己掏了腰包而没有来报账要钱。学生们的心地是多么的纯洁可爱啊！整个一二·九运动时期的重庆学联，收支是很大的，但从未发现一个人揩油，更不用说贪污肥己了。这是很可以自豪的。特别是我们的"总管"陈泰湖，他不但自己很清白，在他的管理下，所有经管学联财物的人都是很清白的，一切账目也是清楚的。后来当局查封学联，把账本收缴了去，想从经济上找出镇压学联的口实。结果是他们无论怎样吹毛求疵，也没能挑出一点儿毛病，甚至在失望之余，对商会的人开玩笑说："如果你们缺少会计师，最好去找学联吧。"

我们的戏票卖得贵，但演出也是很精彩的。许多人出来后都说"值得"。也有人故意说："一场电影不过二三角钱，一场川剧不过五角钱，就是大名角也超不过一元，怎么学生演戏就要几元钱？"马上就有人回答道："又看戏又爱国，就该多出几个钱嘛。人家演戏全是尽义务，连饭钱也不要呢。"于是人们纷纷议论哪个戏哪个角色演得好，几乎每场戏和每支歌都得到好评。记得《回春之曲》演出后，观众普遍提出一个问题！为什么一·二八事变的时候，光十九路军就敢打，现在却不敢打了呢？人们的抗敌情绪大大地提高了。《回春之曲》《梅娘曲》和《慰劳歌》立即风行一时。那时正是阳历新年和阴历新年之间，《慰劳歌》恰好应时当令，到处都在唱。从"今天是旧历的新年"开始的道白，大家都会念。"你们正为着我们老百姓"，从这句开始唱，人们越唱越感动，唱到结尾"我们要拼着最后一滴血，守住我们的家乡"时，人们的热情越来越高，于是就反复地唱、不停地唱，直唱得热血沸腾、不能自已，乃至痛哭流涕。这些歌，我至今还能唱得出来，有时独自哼哼，即能唤起当年的激情，时时感慨系之。现在有人说这些歌艺术性不高、不美，我却认为它们是当时最美的歌、艺术性最高的歌、最感人的歌。离开了具体的历史条件来谈艺术性、谈美，是不恰当的。今天的历史情况不同了，应该有今天的新歌，但那些老歌仍有它们的历史价值，是不该抹杀的。

重庆学联的活动，自成立之日起即大规模地开展起来，有合有分，有近有远，由于我们主观上比较谨慎，一般来说发展还算顺利。但当时中国的社会情况很复杂，重庆的情形也不简单，四川内部的矛盾已不少，加以蒋介石中央的势力日渐深入，矛盾就更多了。青年学生虽然比较单纯，但个人家庭分属不同的阶级阶层，本人也有多种不同的社会关系，而且学生运动一掀起，就触动了社会各方面，使得各种矛盾激化，使各种利害和各种思想之间的斗争表现出来。于是各种社会力量都插手学生运动，使单纯的学生运动复杂化，使学生单纯的爱国思想不是走向进步，便要走向反动。在当时国民党的反动统治下，学生运动向进步方向发展，就必定要遭到镇压。这种情况，全国如此，重庆也不例外。我们当时没有分析这种复杂情况的能力，但凭一股爱国热情做去，只问是非，不计利害，虽然遇到挫折，却始终没有向邪恶的势力屈服，今天想起来，虽觉幼稚可笑，但也无愧于心。

被川师开除

国民党政府为了瓦解学生的爱国运动，命令全国各地教育当局可以根据情况提前放寒假，重庆便是提前放寒假的城市之一。这一决定倒也合乎我们的愿望，因为不放假，学生都在校，固然有利于发动学生去开展救亡活动，但只要还在上课，我们这班积极分子老在校外奔忙，就很容易暴露出来受到打击；而一宣布放假，学校就管不着我们了。何况我们早已决定，要学习北平学生的榜样，利用寒假到农村去，特别是要到外县农村中去进行活动，因此提前放假正是我们求之不得的事情。于是我们趁机把寒假要回乡的同学组织起来，分为东路、西路和北路三个队，除沿途进行抗日救亡宣传外，还要争取回到本乡本地去办民众学校，所需材料，概由学联负责。另外留下足够的人在本市郊区和邻近各县工作。这次活动搞得很成功，一则因为当时四川的防区制尚未真正打破，国民党"中央势力"还未深入，许多县乡（特别是两个军阀统治交界的地方）对抗日救亡运动并不用力压迫；再则我们的宣传活动针对的是日本侵略者，讲的都是民族大义，无损于任何人，容易受到欢迎而不致引起反对，而且我们筹集到了经费，又准备得早，不仅传单、标语早已印好，就是民众学校用的课本《老少通》、歌本《大众歌》等也都翻印齐全，民校学生来上课，不花一文钱，反而能得到学习用品，所以来就学的人很踊跃。在重庆，则由于大部分学生都回乡，留下的也大都到市郊和邻县办民众学校去了，所以学生在市内的活动减少，当局也不过问，寒假期间相对地比较平静。

等到寒假过后，新学期开始的时候，情况就不同了。大约在二三月间，国民党对全国的救亡运动普遍进行了一次镇压。无论是北平、天津、上海，还是其他省市，都发生过取缔抗日团体、镇压救亡活动的事件，并且还逮捕了一批学生运动的骨干。重庆的气氛也紧张起来。

我们大多数学联的领导成员都主张暂时忍耐一下，不要顶着去干。但有的学校不听，还是用学生救国会的名义去进行宣传，并散发了一些支援各地救亡运动的传单。这样就给当局抓住了一个借口，把市学联给查封了，把李昆明掌管的那颗学联图章也收缴了。

说来也奇怪，这次缴印，缴的是当局颁发的新印，却不再追究从前的旧印。这是什么原因呢？原来这次散发的传单未经我们同意，没盖章；另一方面，新印是经过登记批准的，只能收缴他们自己颁发的印才是正理。那么李昆明为什么不提旧印的事呢？大概他也是怕伤人太多、得罪广大拥护学联的群众吧？学联表面上被取缔了，但它的活动并未终止，只是转入秘密或半秘密状态罢了。而且李成之还不断到重庆来，大概他这时已与外地党组织或个别党员取得了联系，所以他能带来许多全国性的信息，对我们的活动能提出指导性的意见。陈泰湖被默退后，他父亲为他谋得一个小学校长的位置，但他却托给别人代理，自己跑到重庆来搞学联的工作。这样一来，重庆学联似乎无声无息了，实际上，它更严密更坚强了。

3月以后，全国救亡运动又趋高涨。在北方，由于刘少奇到天津领导中共北方局，加强对救亡运动的指导，克服了"左"倾关门主义倾向，不仅注重下层群众的发动，同时注意开展上层统战工作，这样就把宋哲元第二十九军的官兵大部分都争取到抗日战线方面来了。刘少奇还派人到南方去恢复或重建党的工作，推动抗日救亡运动的发展。

这时，以上海为中心的救亡运动非常活跃，不仅上海市的学生界、教育界、文化界、妇女界以及职业界的救国会组织已经成立起来，而且全国性的救亡组织如全国学生救国会和全国各界救国会等，也正在筹备中。由于上海是当时远东最大的国际性都市，有外国人的租界地，华洋杂处，国民党在镇压救亡运动时不得不有所顾忌。上海的抗日志士们对国民党的威胁镇压采取蔑视的态度。国民党中宣部发表《告国民书》,居然说爱国救亡运动是"共产党阴谋",上海文化界救国会立即发表一篇《对国民党中宣部告国民书之辩证》的宣言,予以痛斥,指出其所捏造的"赤色帝国主义""赤色汉奸""共产党阴谋"等全是颠倒是非的呓语,是自绝于人民的拙劣手法,并且公开表示坚决的态度说:"我们倘使是中宣部一纸文告所能恫吓得退的人,我们早就不敢在'爱国有罪'的环境之下,公然以救国相号召了。"虽然发表这一宣言的《大众生活》很快被查禁了,但更多的救亡刊物继续涌现出来。

就在北方救亡运动遭到严重挫折的时候,3月8日,上海各界以纪念妇女节为名,举行了万余人的反日大示威。何香凝、史良、刘王立明等著名人士和各妇女团体都参加了这一次活动。上海的抗日运动并没有被国民党镇压下去,我们派到上海去联络的人经常把那里的信息传递回来,所以重庆学联虽遭取缔,但学生的活动从未停止,而且士气一直是高涨的。《救亡情报》在上海创刊后,我们通过它对上海以及全国的情况都更加了解了。4月下旬,重庆发生地震,人心惶惶,都说天下要大乱、日本鬼子要打来了。5月中,胡汉民在广州逝世后,两广与南京的关系趋于紧张。而这时日本又向华北增兵,日本庇护的武装走私更加猖獗;天津海河里又不断发现浮尸,都说是日本人把修秘密工程的华工扔到水里的。人们对日本的仇恨和对当局的不满达到极点。

5月28日,天津工人和学生为反对日本增兵、反对武装走私和要求彻查海河浮尸,举行了规模盛大的示威游行。这次游行得到各阶层人民的一致支持,军警也不干涉并暗中表示同情。党的统一战线政策显示出巨大无比的威力。天津全民团结的行动鼓舞了全国的人心。我们重庆学联也准备响应。

就在这时,6月1日发生了两广事件。国民党西南当局陈济棠、李宗仁、白崇禧等打出抗日招牌,说是要"请缨抗日",要求南京政府立即做出抗日决策。这下全国为之震动。我们对陈济棠毫无好感，对李、白稍好一些，但认识到他们也是军阀，因此对他们的主张是否真诚抱怀疑态度。不过，他们提出抗日，好嘛，看蒋介石怎么办？管他们抗日是真是假，反正我们抗日是一片赤忱，而抗日是人心所向，谁也不敢反对，我们何不趁此机会活动起来？于是我们决定再搞一次扩大宣传，并且把学联的招牌重新公开打出来，所有的宣传品一律盖上学联的图章。为了避免遭到打击，这次不搞游行，并且把各区活动的时间错开，分别定为上午9时、11时和下午2时、4时开始，尽量减少声势，但求实效。

这次活动结果很好，不但市民都很同情，军警也没干涉。但实际上当局非常注意，只不过当时我们不知道罢了。而且这次的宣传品，除我们拟定的以外，还出现了一些别的口号，如"北方、南方、华北、西南团结起来！一致要求中央抗日！""立即对日宣战！"很显然，提这些口号的人，可能有背景，这样就使问题复杂化了。李成之事后责备我们，说我们乱提口号。我把学联事先拟就的口号单子给他看，并指出那些口号没有盖学联的印章，必要时我们可以公开声明，以正视听。他说那倒不需要，不过这次两广的行动，动机究竟如何，有人反对，情况很复杂。情况不明的时候，不宜轻举妄动，否则被人利用，于抗日未必有利。以后我们学联只能接受正确的指导，绝不可受他人的影响，乱提口号，那样反而不利于抗日救亡。对李成之的这番话，我虽不完全信服，但是觉得他主张慎重其事，还是有道理的。

当我们正在讨论的时候，忽然有一个不认识的人闯进来，递给我一封信就走了。我打开信一看，上面写着："方君电告，陈泰湖已走，吾兄应即离渝。"我把信给了成之，因为他已从我处知道方子成和我及泰湖的关系。他看后，仔细考虑了一番，对我说道："看来是'中央'的人要下手搞我们了。这些家伙好厉害，连我们在这里碰头都知道。

现在我最不安全,今晚我就离开重庆。你也要准备走,不过晚几天也不要紧,方君对你还是讲朋友的,但也要小心些!"我经过几天紧张的工作,把一切需要交代的事都处理好以后,就离开学校回到了家乡。

回家后不久,我收到学校寄来的一封通知书,那上面说我"思想乖僻,行动诡秘",要我"下期毋庸来校"。同时还附有一张"悔过书"和一张"保证书",说填写了悔过书还可以到县教育局去领官费;如不愿填悔过书,只要填了保证书,保证以后永不闹事,仍可复学,但这样就没有官费了。我看后很生气,但稍一想就平静下来了,因为这本是意料中的事。

我反复考虑该怎样告诉母亲。母亲因为大哥于1932年参加义勇军未归而哭瞎了一只眼,现在我若远走,她该是多么伤心啊!后果将是怎样呢?我不忍如实告诉她:我已被学校开除,除了远走去进行抗日工作外,已别无选择。我决不会留在家乡,也决不会屈辱地留在重庆。但我能骗我的亲生母亲吗?除了对她隐瞒大哥的死讯外,我从小在母亲面前没说过一句假话。在即将永远离开家乡的时候,我若对母亲说谎,必将饮恨终身。最后我还是决定说实话。万万没想到,我一说到被学校开除的时候,母亲倒安慰我说:"孩子,你没错,你从小不做坏事,你是李家的好后代。你爱国,要抗日,娘决不阻拦你。"我于是鼓起勇气说:"娘!我决心离开家,离开重庆。我要去抗日,不赶走日本人,绝不回家乡!可我……"我哽咽了,"可我就是舍不得娘啊!"我扑到娘的怀里痛哭失声,娘也泪下如雨。最后还是母亲止住泪说:"一切都由你自己定吧。外面的事,娘不知道,但娘相信你,你不会做错事。你能留下,娘喜欢;你若要走,娘也不强留你,耽误你的前程。你走了,家里的人都长着两只手,不会饿死的,你只管走吧。不过,要常写信回来,不要像你大哥那样,没有钱寄回家,就连信都不写了。"

提起大哥,她又止不住落泪了。这时,我心倒宽了一些,原来她还相信大哥活着,一点未起疑心。于是我又振作起精神对母亲说:"中国人多,地大物博,一定能打败日本,大哥和我都会得胜回来的。娘,世事就像戏上演的一样,好人有好报,最后总要团圆的。"母亲明知我是一番安慰她的话,但也就转而收起泪容,安详地对我说:"看来你是走定了,那也好。不过走之前,一定要到你爷坟上烧一把纸,他好保佑你前途顺利。"我当然是谨遵母命。但这回到父亲坟前,已没有像大哥走时那样的激情,大概是一个人太孤独了吧。我只草草地烧了几张纸,鞠了三个躬,就算尽了为人子的心意了。我从11岁上高小一年级起,就坚决反对迷信、反对跪拜礼节,所以今天是只烧纸而非纸钱、只鞠躬而不磕头。我见过不少的人,只要环境不利就改变初衷,我幸而坚持了下来。

被川师开除以后,我到哪里去呢?对此我已有所考虑和准备。陈泰湖早就对我说过:"咱们有福同享,有祸同当。重庆待不住就回来,咱们在一起教书,将来一起远走。"李成之说可以到涪陵他那里去当小学教员。万县省四师(省立第四师范学校)有我在棠香中学时的同学郑思贤、罗义淮、蒋忠槐等人,在学运中就已建立起联系,这时他们主张我转学到万县去,省四师今年正要招插班生,他们已问过学校当局,对重庆川师学生转学去表示欢迎。郑思贤就是我们安富镇上去的人,我俩从小学到初中,非常要好,他说放假回家后,我们可以一同到万县。我到镇上他家去问,说还要等几天才能回来。去看陈泰湖,他生病住到亲戚家去了,但给我留下了信,要我见到他以后再走。访两友都不遇,心中很难过。但我能等他们吗?不能。我想重庆开除的学生,绝不止我一人。学联自当局取缔后,转入秘密状态,无法改选。杨兆临毕业走了,成之早已离开,李昆明和我们又不是一个方向,实际上这时的学联只有我一人负责。当此危难之际,我就只顾自己不顾大家了吗?难道学联就此寿终正寝了吗?我若就此撒手不管,实在可耻！我决定立刻返回重庆，争取再作一次斗争，挽回局势。如果无法挽回，也要做好善后工作，让被开除的人有个去处，留下的人能继续奋斗。

我把我的行期告诉母亲，母亲还特地杀了一只鸡为我饯行，并嘱我以后不必惦念家里，一心报国。我的母亲实在太好了！她深明大义，既爱子，又爱国，到紧要关头，既有牺牲精神，又有斗争精神。我们伟大的祖国有多少这样伟大的母亲啊！正是因为有无数这样的母亲，激励着她们的孩子们英勇斗争，我们才能取得抗日战争和人民革命的胜利。

当我含着眼泪离开家乡的时候，我频频回首，望着屋后山上那著名的"三块石"，顿时产生了莫大的勇气。原来有个传说，说舜帝晚上耕田到这里，恰好鸡鸣天亮，于是牛和犁就变成了这三块石头。我是学文史的，当然不会相信这些传说是事实，但不能不说，这些优美的传说，是多么地鼓舞人心啊。中华儿女就是应该日夜奋斗、勇往直前。"马儿不吃回头草""大丈夫只有向前，绝不后退"！我下定决心，不仅要离开家乡，而且要离开重庆。到平津上海，看能否找上关系。到涪陵，太近。起码要到万县去，再向前发展。

经过安富镇，不停脚就走了。经过荣昌，故意到教育局去问一下。局里的人说，你的官费川师已来函停止，必须按学校规定填写悔过书才发给。我笑一笑就走了。本想去看一看郭先恺和何叔宽，稍一犹豫也就算了。郭先恺是我功课上和生活上的好朋友，我俩的感情特好，有时几乎是形影不离。何叔宽是棠香中学八班的四大金刚之一，毕业分手之后非常思念，可现在都顾不上了。但这次不见却遗憾多年。等全国解放后再见时已是1963年。这时何叔宽已因在重庆白公馆受刑而留下面部麻痹、两手发颤的残疾，连说话都很困难。郭先恺还不错，在自贡市当了电力总工程师，不过已不像从前那样貌若处子，正是"昔别君未婚、儿女忽成行"啊！

我在荣昌城里虽未去访友，却去城外狮子桥边流连了一番。那石碑坊上的一副对联又引起我无尽的感慨："风送马蹄趋郭北，月移人影到桥西。"有多少次我们一伙少年朋友在这里游玩，触景生情，才真正领会到这副对联的美妙。可现在就要离去了，什么时候才回来呢？这些伙伴什么时候才能再见呢？再见时又将是什么情景呢？想到这些，心中不免有些怅然。恰好这时上弦月已挂在天空，我徘徊到河边，西方彩霞与水光月影交相辉映，给我留下了难忘的印象。

别了，重庆

1936年夏，我接到被学校开除的通知后，匆匆地离开家乡。到重庆后就四处找人，但很少找得着。因为大多数的同学都像寒假期间一样，按计划组成宣传大队，分三路返乡去了。本市的也分散工作去了，很难结合起来。看来在暑假期间再搞什么斗争已不可能。经过各方了解，才知道各校这次被开除的共约10人，现在重庆的只有我和另外两人，其余的都回家去了，这些人是否已接到被开除的通知尚不清楚。他们是否会立即返回重庆也无从得知。这样，也就无法要求被开除的同学采取统一的行动。怎么办呢？各位被开除的同学只好自己解决自己的问题了。如果找到学联来，学联也只能给他们介绍一些情况或提供一些意见，但学联绝不能就此垮台。好在我已通知王方名，要他早日返渝。

果然我到重庆不几天，王方名就回来了。我委托他以后负责学联的工作，因为他对以前的工作较熟悉，而且印信也在他那里。他与陈泰湖和民生公司的有关人士有较深的关系，要用钱可以去找他们。我们两人活动了几天,把几乎断了线的学联机制又恢复了起来。我问他,学联以后的命运会怎样?他说,死灰尚可复燃,何况这灰并没有死呢。他又说,李成之有信,不久就会来重庆,有成之出主意,学联会随着形势的发展,愈挫愈奋,更加活跃。

当时全国的救亡运动,因两广事件而更趋高涨。全国人民都赞成抗日,反对内战,既不赞成两广用武力对付南京,更反对南京用武力解决两广。传说陈济棠发动事变前,要他倚为高级智囊的翁半玄为他扶乩,以便决策。结果沙盘上出现了"机不可失"四个字,他于是急急忙忙地在6月1日发动了事变。蒋介石在全国要求抗日反对内战的强大舆论面前,不敢公然动武,转而利用金钱和官位,收买陈济棠的部下。很快,陈的空军人员驾机投蒋。接着,陈的两员大将余汉谋和李汉魂宣称接受"中央"任命。至此,陈不得不通电下野。下野前,陈责怪翁半玄说:"都是你坏了大事。"翁辩解道:"不是说'机不可失'吗?谁叫你不注意,让飞机跑掉了呢?"陈气愤已极,传说下令将翁杀了。

我在重庆的时候,陈济棠还没有垮台,全国空气都很紧张。由于有全国各界救国会和全国学生救国会等具有广泛群众基础的权威团体的号召,团结抗日的呼声响遍全国。我虽然被开除,但心情并不沮丧。我和方名都认为抗日战争即将到来,继续上学与否并不重要,重要的是要学会抗日的本领。我们于奔走学联的事情之外,每天还争读进步书刊,研讨救亡理论。

一天,川师聂校长找我去谈话,见面时他很客气,要我坐下来谈。他问我见到学校的通知没有?有什么意见?我回答:"见到了。我的思想和行动,全在抗日救亡,一切光明正大,有什么'乖僻'和'诡秘'可言?如今爱国有罪,学校要开除我,我纵有一肚子意见又有什么用呢?"他见我虽然很气愤,但又挺冷静,一时竟然语塞。他考虑了好一阵子才说："评语嘛，可以改。对我们川师学生，刘甫公和甘主任都很爱护。对荣昌人，甘主任尤其关怀。你不想继续学业吗？""把我开除了，怎么继续学业呢？""只要填张表，不就可以了吗？"这时我实在忍耐不住了，就站起来问他："填什么表？那是什么意思？"他不回答。两人沉默良久，他才开腔："通知书里面那两张表，你不是都看见了吗？"我气愤已极，狠狠地对他说道："要我悔过，办不到！抗日要悔过，卖国不悔过，请问这是什么道理？"校长听了并不生气，只轻轻地、冷冷地又问一句："填个保证书也不行吗？"我仍狠狠地回答："保证什么？保证不救国？"他连忙插话说："保证好好学习嘛。"我打断他的话头问："我哪门功课学得不好？校长，请看看成绩单，这还用得着保证吗？"他看了看我的成绩单，确实是无话可说了。最后，才慢吞吞地说："看来，我们是无缘了，你转学好吗？年轻人还是应该上学才好。"这时，我已冷静下来了，转而很认真地问他："通知书那样的评语，怎么能转学呢？"他也很认真地回答："我说过嘛，评语可以改，马上就改。"并立即问我："你准备转到哪个学校呢？"我回答："省四师。"他说："很好，那是个好学校，著名的学校。不过，离你的家乡远一些。"他又沉吟了一下后才说："那么，把你的保证金退给你……这是没有先例的。你家境困难，我知道。退给你当作路费吧。"他说这些话时，声音很轻，仿佛自言自语一般。然后他让我把通知书留下，第二天再去领。

我从聂校长家出来，正碰着重庆大学的叶君带着饶、吴二女士来找我，他们三人决定到上海，希望学联帮助他们到民生公司买船票，那样可以减价。我于是与三君同去。到上海路远，坐统舱太苦，买三等舱，钱又不够，我把保证金拿了出来，才凑足数。拿到船票后，我们沿着江边漫步。那天江雾茫茫，阴云密布，江水波涛滚滚，浪花飞溅。

来到一座茶楼，我们进去坐下，钱已不多，除茶水外，只买了一瓶酒和一些花生之类的零食。我们一面喝酒，一面喝茶，边吃边谈。他们中只有饶君被默退。我问他们为什么要一起去上海，他们说上海是全国救亡的中心，眼看抗战就要爆发，只有先到上海，才能一听到抗战枪声，就奔赴最需要的战场上去。他们问我的打算，我说先转学到万县，然后等抗战开始，就到华北。我问他们在上海有什么关系，有无具体办法，他们迟迟不能回答；后来又说有办法，但无把握。我说："既然没有把握，为什么贸然行事呢？那不是冒险吗？"他们又都不回答，吴君叹息了一声。我劝他们先别走，等与上海找好了关系再走。这时饶君愤然地说道："重庆这鬼地方还能待得下去吗？"一声之后，戛然而止，大家又都沉默起来。我心中一阵凄怆，起身便朝廊子走去，并回头对他们说："你们还是再商量一下吧！"在廊边扶着栏杆往江上望去，只见天色更加阴沉，似有大雨将至，但水鸟仍旧在飞翔，渔船依旧在飘荡。我待了一会儿，回到座中问道："决定了吗？"他们齐声答道："决定了！"叶君还加了句："义无反顾。"同时对我说，"将来你到华北，我们不知到哪条战线，但我们都打向东北，直取黄龙，收复白山黑水，打到鸭绿江边。"我拿起酒瓶，给每人斟上一杯，随即将酒杯高举，一饮而尽道："今日为三君饯别，有酒无肴，惭愧之至。但长江胜似易水，花生不亚狗肉，我们从此分别，有去无回，不除暴日，誓不还乡！抗日战争必将到来，抗日战争也必将胜利。让我们到黄龙府再痛饮吧！"我又斟上一杯，与他们同饮而尽。

这时，忽然一声雷响，震动山川，随即大雨如注。大家非常兴奋，一起把瓶中酒喝尽，然后才尽兴而归。晚上回到寝室，心中还不平静，于是奋笔疾书，写就一篇长诗。这首诗至今仍是记忆在心，只可惜把三位志士的名字忘记了，今天只好把这首诗定名为《送三君之沪》：

重重惨雾压山城，万里长江逐吴云。

买舟既使囊如洗，送君难得酒盈樽。
有酒无肴愧送君，盘中惟有落花生。
少年送别心悲切，对酒无歌更怆情。
送君不快反留君，无奈君心已决心。
君心决似长江水，一泻东流不复停。
愿随江水送君行，送君行至海之滨。
与君共化长江水，东流入海没长鲸。
中华儿女四亿人，岂能坐视任鲸吞！
长鲸若犯神州境，四亿人民葬其身。
送君此去作先行，先行后继岂无人！
今日长江如易水，风萧萧兮壮士惊。
劝君更进酒一樽，劝君莫弃落花生。
痛饮黄龙当不远，白山黑水再逢君。

第二天我去找方名，寝室没有他，只由同室人交给我一封他留下的信。信中告诉我，他大哥有急事要他到合川去，三五天即可回来。信中还附有10元钱，说他知道我有断炊之虞，留下钱要我在此等他。但我屈指一算，必须马上起身到万县去，否则会误了转学的编级考试。方名给我留下的钱正好拿来买票。我于是又到民生公司去买了减价船票，回来时路过女二师，明知吴梅秀不在，还是到里面去转了一趟。凡是以前同行过的路或停留过的地方，我都不由自主地徘徊一番。而每一次徘徊，都感到若有所失。心中有一种预感，这次两人不在一起的分别，也许就是永远的分别（当然，后来的事实证明预感是靠不住的，我们在万县还待了半年多。但自从在江城万县一别，就再也不曾见面了。如今生死相隔，她既已离开人世，我也进入耄耋之年，而我又绝不相信灵魂与再世一类的说法。那么，除了无益的怀念之外，还有什么可说的呢）。

　　我极盼与李成之和周极明等好友能在重庆聚会一次，这更是幻想。他们可能知道我被开除，知道我转学到万县的打算，但他们怎能知道我此刻就要离开重庆呢？即便知道，又怎能这么如意地想来就来呢？成之此时可能在涪陵，他曾说我如果没有去处，可以到涪陵去，他也许正在为我谋求一个职位而奔走呢。极明在合川，方名可能见到他，他们都会以为我在重庆等着，哪里知道我已经不能再等他们了？我一个人悄悄地离开了学校，只拿着一点行李，别无长物，既简单，又不惹人注意，很顺利地上了江轮。

　　说也奇怪，我每次送人登舟，都要遇上风雨。送杨兆临的时候遇着风雨，我在赠他的一首词中说："风雨凄其巫峡暗，一别天低吴楚。"送三君之沪又遇着风雨。我今天独自登程，也是天昏地暗，大有非雨不可之势。好在无人送行，我上得船来，也就毫无牵挂了。等我找着铺位，又去吃了晚饭回来，天已愈来愈阴，最后终于淅淅沥沥地下起雨来。船在夜雨中启行，我走上甲板，频频回首眺望。重庆是一座山城，晚间从江中往上看，万家灯火，如在天上。那天街夜色的壮丽景观，是很迷人的。今晚有雨，看不十分清楚，但迷蒙中望见山城错落的灯光，却更为别致。而且越离越远，渐渐由微茫而消失。这时感到江风愈大，雨声愈紧，一种莫名其妙的凄凉感觉袭入心头。啊，这不就是巴山夜雨吗？

　　我无心在甲板上流连了，回到自己的铺位上，斜躺下来，任凭自己的思绪心猿意马地驰骋。到重庆两年来的经历，如同电影一般，一幕幕地从眼前闪过。这两年中，自己的变化可真不小！从一个乡下的土娃娃变成一个现代都市的城里人。眼界宽了，思想领域也扩展了，关心国家的命运，也关心世界大事。对近百年来的中国历史，非常认真地钻研、学习。对辛亥革命以来的史事更为关切。特别是对四川、对重庆的革命烈士和革命人物尤为敬仰。

霎时间,邹容的形象就在眼前,他那本《革命军》是那样的鼓舞人心,其中一些警句,我都能准确地背出来。"《苏报》案"发生后,他不肯让章太炎一人受累而自动投案的勇敢精神,一直令我钦佩。我仿佛看见章太炎在给他吟诵那首赠诗:

　　邹容吾小弟,被发下瀛洲。
　　快剪刀除辫,乾牛肉作糇。
　　英雄一入狱,天地为悲秋。
　　临命须掺手,乾坤只两头。

多么雄壮的诗啊!邹容纪念碑就在我们川师附近,我们常去瞻仰,怎能忘记呢?

我眼前又展现出重庆辛亥起义的一幕:夏之时领兵到城外,城内革命党人举义旗响应。群众结队游行,不就是在朝天门开的大会吗?啊,朝天门,好地方,值得人们永远纪念的地方。

转瞬间,我面前又出现了20年代大革命的一些场景:

吴玉章,气度非凡,既是学者、教育家,又是革命家,据说他现在国外,什么时候回来了能见到他就好了。

杨闇公,坚贞不屈的烈士呀!你看,"三三一惨案"发生的时刻,他多么的沉着、勇敢!在敌人的屠刀面前,他脸上毫无惧色。

漆树芬,多好的学问,多好的口才,《帝国主义铁蹄下的中国》,写得是多么深刻呀!他不就死在我们学校旁边吗?我们该怎样继承烈士的精神呀!

……

日兵占领沈阳,上海一·二八抗战的场面,北平学生的"一二·

九"游行。这些情景一一闪现在面前。

我们重庆学生扩大宣传、游行示威的场面也出现在眼前了,下乡宣传和办民众学校的情景格外清楚。

啊,这些都是真实的历史,眼前的现实呀!

我的思绪又从历史中回到现实。我从铺位上突地站了起来,重新走向甲板。这时雨声已停,风声渐小,但听得轧轧的机器声有节奏地轰鸣着。船在破浪乘风地前进。

别了,山城,再见吧,重庆!我是在你的抚育中成长起来的,我永远忘不了你。是川师开除了我的学籍,不,是反动派开除的,川师无罪。我是川师的学生,我爱川师;我是重庆人,我爱重庆,爱这美丽的山城。我不应当有任何悲凉的情绪。这次告别,是壮别而不是惨别。"今日长江如易水,风萧萧兮壮士惊",这才是我应有的情怀。

别了,重庆;别了,山城。我是要回来的,打败了日本之后我一定会回来。我回来的时候,将是胜利者,而人民也已成了胜利者。中国是不会亡的。巴山风雨多,总有停止的时候;蜀日尽管被云遮雾盖,但总有一天要普照大地。一旦云开日出,壮丽的山城将是多么可爱呀!到那时我一定回来瞻仰你盛装的仪容。

中共北方局整风记

彭德怀走了

中共北方局整风的高潮是在1943年，但从毛泽东1941年5月发表《改造我们的学习》之日起，我们关于整风的学习就开始了。那时，我在北方局青委工作，主要的任务是办青年干部训练班，训练县青委书记以上的青年干部。杨献珍当时是北方局的秘书长，同时又担任北方局党校的教务长，实际上党校的工作都由他负责。北方局党校和青训班驻在一起（同住一个村）。我和献珍同志关系很好，他认为我不但政治上可靠，而且能干、会办事，不像他那样书呆子气（杨献珍自己这样说）。他把北方局秘书处和党校的一些事情都委托我办理。因此，这个时期，中共关于整风的函电，我全都看过。

关于中央发出来的函电，有一件闹了个大笑话，那就是《改造我们的学习》这篇文章的误读。中央用电报发出了这篇文章，北方局和《新华日报》（华北版）都收到了。其中有一句说："无实事求是之意，有哗众取宠之心。"电码中"哗众取宠"有错（或不清楚）。献珍同志因电码不清，便回电延安要求重发。在未收到重发稿前即不往下传。《新华日报》收到电稿后，明明看不清"哗众取宠"这四个字的电码，却凭估计，臆想这四个字为"雾中取宝"。更荒唐的是他们不仅错误地发表了《改造我们的学习》这篇重要文章,而且还写了一篇类似社论的文章来加以赞颂和解释。这篇文章的题目竟然是《雾中焉能取宝?》,真是可笑极了!杨献珍一看见这篇文章就很生气,等延安重发的电稿来到,他确知"雾中取宝"是"哗众取宠"的误释之后,气愤地批评了《新华日报》的领导人:"你们把毛主席的文章弄错并发表,就已经犯了大错误,你们竟敢擅自发挥,而且是胡乱发挥,你们把毛主席和他的文章置于何地?"虽然《新华日报》的领导人(何云)连连认错,杨献珍还是气愤不已。直到1988年,杨老(献珍)已年逾九十,他还清楚地记得这件事情。我们同住北京医院,他和我谈起这件事的时候,我们大笑不已,旁边的护士听了,也都觉得可笑。

1941年,北方局书记的职务由彭德怀代理。他对中央发表的一切指示,都奉命唯谨。所以,《改造我们的学习》在延安还没有受到重视时,我们北方局已经认真地学习了。

根据整风学习的要求,我们一方面认真地学习整风文件,一方面根据文件精神,认真地检查自己的思想和工作。经过自我的思想检查,发觉自己过去在工作中,有不少主观主义、不符合实事求是的地方。当发现自己的毛病那么多,而过去却常常沾沾自喜,自以为年轻有为、党对自己还重视不够时,就感到自己对不住党而非常痛苦。可是,经过大家友好的讨论和帮助,自己进一步学习和思考,便认识到自己能清醒地认识到自己的错误和缺点,乃是党性的提高,战胜了自高自大的个人英雄主义思想。这便是无产阶级思想战胜了小资产阶级思想,是个人思想上的进步,这正是整风的要求。看来,我们这些小资产阶级出身的知识分子,必须经过整风改造自己的思想,才能改变立场、观点和方法,站到无产阶级方面来,成为无产阶级先锋队合格的一员(合格的共产党员)。

随着整风文件的增加(后来增加到22种),我们学习的范围也越来越广泛和深入。特别是对《联共（布）党史》第四章第二节和《论布尔什维克化十二条》的学习，领导上（当时的领导叫学习委员会）要求得格外严格。大家逐字逐句地学了又学，把"十二条"几乎能一字不差地背诵出来。随后还要根据文件精神，联系实际，检查自己的工作和思想。当时我们这样做，确是自觉自愿的，并不勉强，而且这样做的结果，也确实把自己的思想纳入了整风要求的框框里。正因为全党都纳入了这个框框，所以才能达到全党思想的统一，统一于"毛泽东思想"，终于取得革命的胜利。这个思想框框，是很难突破的，直到20世纪末的今天还是如此。

当然，在整风学习期间，我们的思想也不是没有矛盾的。例如：延安开了文艺座谈会，提出了文艺要为什么人和如何为法的问题，毛主席发表了著名的《在延安文艺座谈会上的讲话》，这在我们心中引起了很大的震动。与此同时，北方局推荐了赵树理的作品《小二黑结婚》和《李有才板话》，这在太行山引起的震动更大。我们一方面认为我们过去的思想太落后了，没有和广大的工农兵站在一个立场上，因而痛责自己，以后一定要把屁股转过来，和工农坐在一条凳子上。但同时在思想深处，仍有未能解决的疑问：难道古今中外的文艺都要为工农兵服务吗？难道只有为工农兵服务的才算是文艺吗？此外就没有文艺了吗？我们这些知识分子读过不少中外的文艺名著，很自然地会发生这些疑问。我们想：屈原、李白的诗当然不是为工农兵的，但能说它不是好诗吗？《西厢记》不能算是佳曲吗？《红楼梦》不能算优秀的小说吗？就是鲁迅的作品，也大多不是为工农兵写的，难道也不能算文艺吗？那毛主席在抗战时期为什么又把鲁迅鼓吹得那么高呢？对于西方的文艺，我们更想不通。希腊的文艺算不算文艺？文艺复兴算不算文艺复兴？但丁、达·芬奇、莎士比亚等等，一切世界文坛、艺坛上的大师、名人，难道都要被否定吗？这些疑问都曾在我的头脑中闪过,但也只是一闪就过去了。因为那时整风学习正紧张,我们正要用无产阶级思想去克服头脑中的小资产阶级思想。所以这些疑问,这些"错误的疑问和思想",只能埋藏在心底。直到今天,我们的文艺界还在争论这些问题,还被这些问题所苦恼呢。

还有一个更突出的问题是青年工作的独立性问题。我们当时从事青年工作的同志,都认为青年工作应该在党的领导下进行,服从党的领导,这是天经地义。但是,青年工作应符合青年的特点,符合青年的特殊要求。只有这样,青年团体(当时叫青年救国会)才能具有真正的群众性,青年人才能自觉自愿地自由参加,并成为青年团体(青救会)的主人。而不至于像国民党那样,建立许多官办的团体,结果是死气沉沉,并无群众基础。我们在整风学习中根据文件精神,检查自己的思想,觉得我们过去在工作中虽然犯过不少错误,但在青年工作应有相对的独立性方面,并没有错;而在这方面各地党委领导却把青年工作卡得太死了,有不少地方,干脆把青救会取消了,我们认为这种做法是不符合马列主义、毛泽东思想的。在讨论中,我们青委的干部思想上大体是一致的,妇委(中共北方局妇女工作委员会)的同志们也大都同意我们的意见,因为她们也认为下面党委对妇女工作重视不够。

当时中共北方局对青年工作比较重视,并不认为我们有闹独立性的问题。特别是组织部长刘锡五同志很支持我们,所以1942年5月以后就把我调到组织部去了。但北方局下属的各级党委,大多认为青委爱闹独立性,不听从党的指挥。尤其是太行区,从区党委地委直到各县委,都发生过这方面的问题。太行区党委书记一直和他的青委书记有矛盾,说青委不服从党的领导,并指责北方局青委支持太行区青委闹独立性。官司打到北方局,北方局既不支持他,也不批评他,最多不过是劝他要对青年人宽宏大量一些。因此,太行区青委书记不断换人，在我的记忆中，从刘南生、张罕涛、石民以至彭华，没有一个能和他搞好关系。但他都把责任推到青委方面，党委方面（就是他自己）则没有错。张罕涛从太行调到冀南，临走时诚恳而又严肃地向他提了意见，他也拒绝接受。不久张罕涛在冀南牺牲了，据说，太行区党委书记听到噩耗，也曾落泪，非常沉痛。1963年我在邯郸见了他，谈起张罕涛，他知道我和张关系好，特地对我说：张罕涛是个好同志，我不该让他离开太行。

从1941年到1943年，是敌后抗日根据地最艰苦的时期。日军的"扫荡"频繁，使得我方根据地缩小，经济困难，有时连吃饭都成了问题。但只要一安定下来，我们的整风学习还是继续进行，而且联系当时的困难情况来思考，可以说整风学习更深入了。尤其是1942年5月"扫荡"后，胡服（刘少奇）同志经过太行时，批评了北方局的工作，更启发了我们的思考。

我们这班青年人，十分天真，过去总是认为下面有错，而北方局是不会有错误的。因为北方局的领导人，都是老革命，是经过千锤百炼的人，怎么能有错误呢？但胡服说，北方局自从他离开以后，没有及时发动群众，所以经不起敌人残酷的"扫荡"，有被敌人搞垮的危险。胡服说：建立敌后根据地是有规律的：第一步，用军队打开局面；第二步，即应抓住时间，实行减租减息，发动群众，让农民翻身做主（当然也要注意统一战线，团结开明士绅和一切抗日力量）；第三步，即依靠农民，发展和重振武装力量（建立民兵游击队和分区性以至全区性的正规军），同时建立、建设政权和多种群众组织，从事根据地的多种建设事业。他说：这是他从华北和华中敌后工作中总结出来的规律。必须按照这条规律办，根据地才能坚如磐石，日军和国民党顽固派都打不垮我们。如果我们把华北和华中的抗日根据地都巩固了，并把它们联结起来，将来抗日战争胜利了，大半个天下也都是我们的了。

我们听了胡服同志的讲话，用整风精神来加以思考，觉得他讲得好、正确，而北方局确实犯了不少的错误。由此可见，即便在当时战争时期，敌后十分困难的情况下，我们对整风学习还是抓得很紧的。

1942年秋后，为了实行精兵简政，北方局在它的属下成立了太行分局，辖太行、太岳、冀南、冀鲁豫四个区党委。这样，北方局下属便只有晋西北、晋察冀和太行三个分局而没有直属的区党委了，它的机构非常精干，每个部只有三四个人。例如组织部便只有部长刘锡五、部员郭森（干部科长）、部员李新（组织科长）和一个干事周金光。成立太行分局后，我被调到分局任青委书记。分局驻地在河北省涉县的赤峰村（一二九师的驻地），和北方局驻地（山西省辽县的麻田镇）都在太行山中间的清漳河畔，相距大约70里，步行有一天路程，骑马半天多可到。我到分局后，因为整风检查，多半要联系到过去的青年工作，所以我常常到北方局青委去参加他们整风学习的讨论。

1943年春，太行分局在温村（太行区党委所在地，离赤峰村大约3里路）召开了一次全分局的高干会议，四个区党委所属的县委书记以上的干部都来参加了。在这个会上，薄一波、安子文对北方局过去的工作提出了很尖锐的批评，认为从1939年的黎城会议以后，北方局就执行了一条不但不敢发动农民，反而压制农民起来斗争的右倾路线。我没有参加过黎城会议，听说前任黎城县委书记说过，对地主应"先打击而后团结之"。他的这一"理论"在黎城会议上受到严厉的批判，他本人也因此受到很重的处分。

我听到这些情况后，对薄、安的批评意见很同意。但北方局的领导人彭德怀、罗瑞卿等拒绝接受这些意见。温村会议由于这场争论没有结果，实际上是不欢而散。随后中央把争论双方的主要人物都调回延安"整风"。后来在延安"整风"中，彭德怀受到"围攻"，这是中共党史上抗战时期的一件大事。不过在温村会议上，薄、安等人却没有提"百团大战",因为那时人们都认为打日本没有错,谁也不能提出打日本是犯了错误,特别是"百团大战"这样的大战役,在前方,谁如果说它错了,人们心目中都会认为他的思想是汉奸思想。

邓小平来了

1943年秋彭德怀回延安后,北方局书记由邓小平代理,我于是又随邓小平回到了北方局。不过这时我已离开了青年工作,专门担任组织科长了。其实这时北方局的青年工作和妇女工作已经没有人管。妇委自浦安修随彭德怀走了以后,连一个人也没有了。青委的宋一平早就回延安了,江明到太行担任了地委书记,周惠到太岳区士敏县担任了县委书记,青委这时也是空无一人。整风运动到1943年秋,已进入审干的阶段。按毛主席的说法:审干以前,整风属于思想清党阶段;而审查干部、清除特务则属于组织清党。这时延安的清查运动已进入高潮,北方局受延安的影响,整风审干也进入高潮。邓小平到北方局后,最主要的任务就是抓整风审干,特别是反奸斗争(反对内奸,清查混进党内的特务分子)。

1943年的夏天,由于胡宗南准备进攻延安,延安在备战声中加紧清查内奸。7月,康生在中央直属机关作了《抢救失足者》的报告。延安地区在10多天内就"抢救"出1400多个"特务"分子。以毛泽东为校长、彭真为副校长的中央党校也召开了坦白大会。新中国成立后曾担任复旦大学党委书记的陈传纲在这次坦白大会上承认自己是"特务",并供出柯庆施也是"特务"。整风审干本来是由总学委领导的,总学委以毛泽东为主席,刘少奇、康生为副主席,而由康生主持展开日常工作。为了加强反奸斗争的领导,又成立了一个反内奸斗争委员会，由刘少奇任主任，康生、彭真、高岗为副主任。刘锡五在北方局组织部的一次会上对我们说：中央现在的领导实际是由毛、刘、康、彭负责。

邓小平于1943年10月到北方局接替了彭德怀的工作。他立即抓紧整风运动，展开审干反奸的斗争。10月下旬的一天，他作整风报告，号召大家要和党一条心，坦白交代历史上和现在的一切政治问题，如有隐瞒，后果自负。他说话的语气和正在学习的文件《抢救失足者》精神一样。就在当天晚上，总政治部的敌工科长张义权自杀了。第二天又开大会，宣布张义权畏罪自杀，党组织决定永远开除其党籍，并说：像张这样以自杀来威胁党，是毫无意义的。他自杀，就说明他有问题。有问题，坦白交代，党自然会宽大处理。有问题不交代，又怕隐瞒不了，于是产生了精神上的矛盾。矛盾解决不了，最后只好自杀。要知道，自杀是最不光彩的，是自绝于党、自绝于人民，是对党、对人民的背叛。大家要认真讨论，引以为戒。同时要加强监督，不许再发生类似的事件。散会后各单位回去分组讨论，形势极为紧张。我平时和敌工部的同志都很友好，从漆克昌部长到两位科长（张义权和覃应机），都比较熟悉。张义权经常跑平、津、石家庄以及安阳等地，覃应机主管内部工作。他们都是老革命，对党是忠诚的，对同志也襟怀坦白，非常正直，是不会有问题的。我因为有这样的认识，所以在小组会上没有发言。张义权是总政治部的干部，北方局和总政没有直接的隶属关系，而且又不驻在一起（北方局和总部驻上麻田，总政驻下麻田），平常的往来不多，所以小组会比较平淡地就过去了。但总政和总部各小组则非常紧张，这种情况，我们是知道的。

就在这个时候，中央发来一个电报，这是针对领导同志的。电报中说：不要以为你们身边的同志都可靠，"说不定日特、国特就睡在你的身旁"。刘锡五让我看完电报后，极其恳切地对我说：你刚到延安时，把家庭、上学和从事救亡运动中的一切事和人都向我谈了，我了解你，相信你，但你可不能有隐瞒呀！如有隐瞒，趁早向我交代，我保证你没事。如果再不交代，那你就太对不住我了！"

他说话时，充满了感情，让我几乎感动得流泪。我非常诚恳地回答道："锡五同志，我参加革命，到抗日前线，是抱着必死的决心的。去年5月反'扫荡'，我也是用生命来保存了党的机密文件。我的一切都向党交代了。锡五同志，请你相信我吧！我确实没有隐瞒任何问题。我知道你信任我，对我特别好……"

说到这里，我哽咽起来，说不下去了。刘锡五也许久不说话，最后，他站起来对我说："那，那，你先回去吧，有问题就交代。"稍一停，他又说："如果没问题，也不能胡说啊！"他大概已经知道延安在坦白运动中发生了问题，可我是什么也不知道。但他要我"有问题就趁早交代、没问题就不要胡说"的教导，使我在整风、审干、反奸运动中坚持了真理，而且以后在一生中也坚持了真理。这，我不能不感谢刘锡五——这位对党、对同志都无限忠诚的老革命。尽管后来在"文化大革命"中，我也不能不作假检讨，不能不说几句违心的话，但至今我感到无愧于心的是，我从来没有说瞎话去伤害任何人。

运动的发展，果然越来越紧张。一天下午，紧急集合的号声响了。传来命令：不用打背包，跑步到村后漳河边集合。人们到河边整齐地排队站好后，一声命令：坐下，不许动！真是令下如山倒。开始，人们都正视前方，谁也不敢往旁边看一眼。约莫半小时，队伍里没有人说话，队前也没有人下命令，全都呆呆地坐在那里。慢慢地，紧张气氛缓和了一些。我偷偷地扫视了一下队伍，发觉没有一个女同志来集合。再注意一下，发觉支部委员们都没有来参加。我知道：那时领导北方局整风的是邓小平、刘锡五、李大章和滕代远几位同志。滕代远负责军队方面，李大章负责宣教系统所属和冀南区干部集中在偏城的整风班，北方局机关的整风由刘锡五负责，邓小平总揽全局。北方局机关的支部书记是秘书处长陈鹤桥，支部委员是组织部的干部科长郭森和宣传科长朱穆之。

我正在考虑支部委员为什么没有来，这时他们三个人都来了。他们要大家都脱下衣服，并可以下水，但不许交谈。我为了能看清一切，没有下水。我看见他们把每个人的衣服（特别是口袋）翻来翻去地搜查，看里面有什么东西，如看见有信件或什么字条之类的东西，还凑到一起认真研读。等全部搜查完毕之后，才叫大家集合。集合后一声"解散"，各人回到自己的宿舍。

各人回到宿舍后，发现自己的背包已经被搜查，所有的"隐私"都曝光了：有的是家人、朋友、爱人的照片被弄乱了乃至被拿走了，不少人的书信（家信以至情书）被拿走了。至于写的稿件，无论是已发表的或未发表的，几乎全被拿走，片纸不留，因为这些都是审查思想和行为最好的材料。

至于为什么包括卓琳同志在内的女同志没有到河边去集合，原来她们首先回到各自的住室里被搜查。关于支部委员搜查女同志的具体情况，我当时不得而知。后来到60年代初，我陪吴老（玉章）到韶山参观毛主席故居时，在湖南省委碰见郭森（当时任湖南省委组织部部长），提起1943年整风审干时搜查女同志的情况，真是骇人听闻，无法形诸笔墨。后来，由于没有认真总结这次审干的经验，所以新中国成立以后发生的"文化大革命"，情况比审干时不知严重多少倍！郭森还对我说："老兄，那次审干，多亏锡五同志给你说了话，说你到延安时，他详细地审查过你。他说四川过去情况复杂，你虽然1936年就入了党，现在到延安，还是重新入党的好。你说，不必叫重新入党，就算现在入党吧。后来你到前方，主要是在北方局工作，表现一贯很好，大家都觉得你可靠。正因为锡五向支部说了话，所以你的检查很快就通过，没有出麻烦。"

当时所谓的检查，虽然名义上仍叫个人的整风思想检查，但实际上小组讨论时主要是追查个人的历史，特别是与政治有关的历史。有的同志初到延安或敌后根据地时，因为不懂得如何划分阶级，填写履历表时，常常把家庭成分写错了。也有人故意把家庭成分提高，说是地主或资产阶级家庭、书香门第（在旧社会都不愿说家庭贫寒，更羞于说是工农出身）。这样一来可就糟糕了！整风小组会上就追查这些"阶级异己分子"为什么投机革命，钻入共产党内，一直要追逼到承认是"特务"，是专门打入革命阵营来搞破坏的，才能完结。有的女同志有意隐瞒年龄，在履历表上填小了一两岁，这也不得了！小组会的积极分子都是很有社会经验的人，他们能发现矛盾，找出你是否隐瞒。当你承认隐瞒后，就逼着你承认隐瞒有政治目的，最后将你打成"特务"，打成"反革命"。

我因为无论是填写履历表，或写自传，都毫无隐瞒。所以在小组会上，不管大家怎样地追查，都找不到破绽，一点矛盾也没有。大概折腾了两个半天，算是全小组中顺利通过的第一人。刘锡五虽然向支委会给我说了话，但全小组的人并不知道。他们对我的追问也并不轻松，我认为我的历史检查之所以能顺利通过，还是因为我对党忠诚老实，对自己的家庭，以及求学和从事救亡活动的经过，早就如实地交代了，没有隐瞒任何问题。对所提出的问题，回答时既没有夸大，也没有缩小，一切都是实事求是的，所以小组会上虽有人十分挑剔，也有人诱我乱说，但我都不管。我坚持讲真话，认真理，他们见无缝可钻，就放我过去了。

到今天我还是认为我的历史检查是诚实的，能通过并不是侥幸，也并非由于刘锡五说了话。要说是侥幸的话，那倒也真是侥幸。因为在这之前，胡其谦在延安被逼不过，已经在1943年的夏天"坦白"了：

李成之介绍他加入的不是共产党，而是复兴社；李忠慎（我的原名）也早已由李成之介绍加入了复兴社。只是由于交通不便，胡其谦的"坦白"材料，没有寄到前方（中共北方局）来。如果这个材料寄到了，我怎么能逃得脱"复兴社特务"这顶帽子呢？这可真是莫大的侥幸呀！胡其谦交代的材料，早已装进了我在延安的档案袋里。直到1960年组织上要我担任中国文字改革委员会的党组副书记（书记是吴玉章）时，中央组织部才从我的档案里发现了这份材料。这时胡其谦正担任重庆钢铁公司的党委书记，这份"坦白"材料理所当然地被抽出来销毁了。

历史问题最麻烦、最难通过的要算秘书处的杨公素了。对他的追逼使我终生难忘，我必须把它如实地记载下来，以为后世的警示。

杨公素是我的四川同乡，比我年龄稍长。曾在蒙藏学校读书，会藏文。后来用杨度之子杨公素的名字到燕京大学读研究生，所以他的英文很好，知识水平也较高。抗战开始后他到刘戡的九十三军工作，得刘戡信任，被刘任为中校（或上校？）秘书。在九十三军秘密加入共产党，后经八路军总部转北方局秘书处工作。

当时把追查称为劝说，由三四个人组成一个劝说小组，每个人劝说两三小时，三四个人轮流劝说。被劝说者一天24小时都不能休息，其身体的疲乏和思想紧张的程度非身历其境者所能想象。所谓劝说，就是要你"坦白"。你"坦白"一点，他们再追问一步，一直要把你追问成"特务"，才算了事。为了要你坦白，他们有的可以跪在地上劝你，说只要"坦白"，就可以和党"一条心"干革命了，否则你不可能在革命阵营中有立足之地。那时，把一般的小资产阶级知识分子革命者称为"半条心"，而把敌对分子如"特务"等统称为"两条心"。无论"半条心"和"两条心"，都需要向党"坦白"交代。只要"坦白"交代了，就可以和党"一条心"，成为真正的革命者。杨公素就是在这样的劝说下交代了他的"特务"身份。

于是杨公素终于被打成"特务",我们的审干、反奸终于取得了"伟大的胜利"!

多年来,我一直对杨公素在审干中的表现很敬佩。像他那样历史复杂的抗日战士,在当时审干的四面楚歌中,除了张义权学楚霸王乌江自刎的一条路以外,只有忍痛承认自己是"特务",才能苟活。而承认"特务",势必牵连别人。杨公素为了不连累别人,不惜百般自污。他当时的心情该是多么难过啊!他这种宁肯自污也不危害别人的品德是很高尚的,是值得敬佩的。我一直是抱着这样的态度来看待他的。

1997 年

与任弼时的三日长谈

自从参加革命工作以来，和领导、下级、左右同志，不知有过多少次谈话，但连续三天作竟日长谈，却只有一次。那就是 1948 年夏天和任弼时同志的谈话，因此毕生难忘。

大约是 1948 年的 8 月末，我在永年接到党中央的来电，要我立即赶赴西柏坡。到时知道中共中央华北局已成立，要立即组成华北局青委。刘澜涛代表华北局接见了我们几个人，许世平、康濯、李梦华、杨泽江、蒋毅和我，说明华北局青委即由我们组成，暂由我和许世平负责。接着，就接到通知要我到任弼时那里去谈话。那天我去得早，一则因为我对弼时同志很尊敬；再则我知道他在国外待过，很守时。果然弼时同志已经在等着我了。

我们寒暄几句之后，立刻进入正题。说是正题，其实还是很随意的。他随意（恐怕也事先经过考虑）向我提出各种问题，我尽我所知，一一回答。问答中常常又扯到别的问题上去了。这样自由自在地谈，毫无拘束。谈累了休息片刻，接着再谈。午饭就在他那里吃，稍事休息，接着一直谈到傍晚，才让我离开，如是谈了整整三天才告结束。当时仅我两人，既没秘书参加，也没人在旁记录。案子上放着他的一个小本子，只在他认为很必要时才在上面记上几笔。现在档案馆保存下来的记录本就是他当时那个小本子，那上面只有一些零星的数目字和并不连续的几句话，人们看了是无法了解其含义的。

20世纪80年代后期，中央文献研究室询问我那次谈话的内容，我当即在电话里作了简单的回答。后来又寄来复印的小本子上的记录，希望我把那次谈话，根据记录作引子，详细地用文字写出来。但我随后因病住院，出院后又继续休养，一直拖延至今，仍未完成这项任务。

已经是40多年前的事了，要详细地把当时谈的话都记起来已不可能。可是那次谈话在我印象中是那样的深刻。弼时同志当时的音容笑貌，都历历如在眼前，所以那次谈话的内容，我基本上牢记在心，不会遗忘，现在写出来，自信还是比较准确的。

我记得他一见面就问我："你不是邯郸中央局的青委书记吗？"我说是。他又问："那怎么又去做了永年县委书记呢？"我答："那是中央局的决定，当然也是我自愿去的。"他笑了笑说，那也好。于是又问我："你对邯郸的情况熟悉吗？"我说："邯郸的情况知道一些，永年的情况比较熟悉。"

因为邯郸是战国时期赵国的都城，我们便从赵国谈起。从赵武灵王胡服骑射，谈到蔺相如完璧归赵，蔺相如与廉颇的关系——由回车相避，到负荆请罪而重归于好。他问道："胡服骑射好吗？"我说："那怎么不好？我们解放军穿的衣服也不是大汉衣冠了。我们用枪炮不也是学的外国吗？如果只用大刀长矛怎么能打败日本、打败蒋介石？就是小米加步枪也很不够呀。"他又问："邯郸真有个回车巷吗？"我说："是的，真有那么个巷，不过，不一定是真的。我去看过那个地方，如果真是那里，蔺相如的车子恐怕也回不过去。我们中国人就好古，甚至于'造古'，西安不是还有个王宝钏的寒窑吗？"说到这里，我们不禁大笑起来。从古谈到今，就问到了邯郸战役的情况。我说，打邯郸战役时我不在，我那时刚从豫东杞县回到峰峰矿区——邯郸中央局搬到了那里——战斗已经基本上结束了。任弼时同志忙问："杞县，什么地方？是杞人忧天那个地方吗？你在那里干什么？"我答："就是杞人忧天那个杞国，现在叫杞县，我在那里当县委书记。"他笑着又问："那里的人果真胆小、怕天塌下来吗？"我说："恰恰相反，那里的人很勇敢，当兵的很多。在十年内战时期，尽管白色恐怖严重，那里的党组织也没有垮。吴芝圃就是杞县人，他曾在那里组织过农民暴动，还曾打开杞县城坐过三天大堂呢。抗战时期，杞人参加新四军的不少，那里人只认新四军不认八路军，我一到那里就由八路军变成新四军了。日本一投降，我们打开了杞县城，我也算坐过了大堂。后来根据《双十协定》撤退，也和吴芝圃一样，被'赶走'了。"说罢，又都笑了起来。

我们从杞县谈到永年，也是从古到今。任问："有个'脱颖而出'的毛遂，埋在永年，你知道吗？"我说："知道，可惜毛遂墓已淹在永年洼的水底了。"他又问起临洺关，问李世民和窦建德作战的地方是否还有遗迹。我曾到过洺关西面山上李世民驻兵的地方考察过，我把考察的印象告诉他："从西面山上进攻洺关，居高临下，颇占地利。至于用水淹洺关，按现在的水流量，不可能达到史书上所载那样大的效果。也许隋唐时代的河水，要比现在浩荡得多。"

我们又说到太平天国北伐军从山西东下河北，经临洺关北上，想直捣北京。任弼时同志说，那样孤军深入是不可能成功的，而且像洪秀全那样的农民领袖到南京后即已斗志消磨，怎么能打败帝国主义和封建主义结合起来的反动统治呢？他沉吟了一下，然后严肃地说："要克服农民意识，克服那些落后的东西。"听了这些话，我是从心底佩服，我想，他那篇《土地改革中的几个问题》写得多么好啊！那些深刻的思想不正是针对着农民的落后意识而来的吗？这些我并没说出来，只是深思而已，因此我们彼此沉默了一段时间。

接着，他开始详细地询问围困永年和土地改革的情况，我尽可能详细地给予解答。说到全国土地会议和中央局冶陶会议时，我大胆地说出了自己的看法,并对冀南区党委和三地委提出了批评意见。听我说时,他听得极为认真,有时似乎首肯,但没有说话。最后他问我:"那么现在问题解决了吗?"我说:"地富路线的帽子,没有给我戴上,但并没有澄清是非。现在,正在动员干部南下,如果许多思想问题、政策问题不搞清楚,对今后革命的发展是会有影响的。"他听后,沉思不语,没有再提问,恰好到了吃饭时间。吃饭时,我们都没有说话,不像前两次那样有说有笑。

最后一个下午的谈话内容,主要集中在生产救灾和党务工作上。他对我们搞的生产推进社很感兴趣,详细了解情况后问我:"你们借边区的粮款今年能还清吗?"我说:"不但能还清,而且有盈余,能把生产社办成群众的合作社。"他听后很高兴,要我们写个总结给边区政府。(后来赵县长把总结交给了边区政府,杨秀峰主席大大地表扬了一番,赵县长和李长生都得到了提拔。)

谈到党务工作时,他问我县委书记是怎么当的。我一时不知该如何回答,他于是又问:"你管军事工作吗?"

我答道:"围城司令部成立之时,我多少管一点,也不过是去开会提点意见罢了。司令员是李大磊,老同学,他要我到新区发动群众,我到了临洺关一带,离司令部较远,就去得少了。后来,分区直接管围城工作,围城司令部名存实亡;再后来冀南军区也直接来抓围城工作,围城司令部无形中被取消了。"

他又问:"那你对独立团或县大队怎样领导呢?"

我答:"我到永年,独立团就归了分区,新成立的县大队,由军事部门派来了大队长和副政委,我兼政委。主要的任务是协调军队和地方的工作和关系。副政委参加县委,我要他每两个月或一个季度到县委汇报一次,由县委会讨论一次全县的军事工作和有关前方的一切工作。就这样,我们的大队、区游击队和民兵,以及围城、支前和公安部门的工作，都是很协调的，没有发生过大的问题。尤其是参军和修筑围城工事，成绩很大。"

这时，弼时同志又问："你是怎样领导政府工作的呢？"

我说："县政府有个党团，党团书记是县长，政府的事情由党团解决。我们县委也是每两三个月讨论一次政府工作，开会时一般只是县长参加，必要时全体党团成员都来。"他又问起群众工作，我介绍说："冀南的群众组织工、农、青、妇，联合到一起，以前各称×救会，后来称救国会，那里也有个党团，因为救国会主任不是党员，所以党团书记是别人。不过开党团会时一般都请他参加。县委的领导也是通过党团，有时我也找救国会主任来商量。"

他说："救国会是工农青妇联合起来的吗？"我答："实际上是混合，工会早就并入农会，青救会、妇救会后来也并入了。所谓救国会实际上就是农会。"

他说道："你是搞青年工作的，为什么不争取点儿独立性呢？"

我说："在太行山，我们争取过，但受到批评，说是闹独立性，有的青年干部还因此受到处分。后来战争越来越严重，也就不提了，心想等打败日本再说。"

他说："打完了日本，你们青年工作也没有恢复呀。"

我说："日本打完后，不是又打蒋介石吗？要不是去年召开全国青年工作会议，连我自己也不知道自己是中央局的青委书记呢。"

他说："别的地区早已动手办青年团了，你们为什么不动呢？"

我说："我在下面当县委书记，连个消息都不知道，我怎么能动？当然，作为青年干部，我早就不称职了。不过，我也是无职可称的。"

他听后不觉一笑，说："你呀，真会推卸责任。不过嘛，当县委书记也好，将来总会有用武之地的。"随后又问，"你怎么领导全县干部呢？经常开全体会吗？"

我说:"永年解放前,每月开一次会,后来每两月开一次。"

他问:"怎样开法呢?"

我说:"一般是由我先做一个政治及工作报告,然后讨论两天(主要是讨论工作),并由县长、副书记等二三人做专题发言,最后由我做总结。整个会议大约三四天,各部门的会也要自己找时间插在这三四天内开。会议一完,全体干部就赶到前方或赶回村里去了。"

他又问开会效果如何。

我说:"在战争时期,干部最关心的是革命形势。他们在下面,连报纸都看不上,所以我做报告总要先讲形势,因为我准备得比较充分,所以一讲形势就很受欢迎。其次是讲工作。下面的干部,不但要求任务明确,最希望的还是要讲明完成任务的方法。我做报告特别是做总结时注意到这一点,所以讲得比较具体,能满足他们的要求。而且开会时我们注意把伙食搞好,要让他们不但能吃上馒头,并要吃上一两次肉。因为他们在下面生活很苦,回来开会都希望能改善生活。我们开会时既能使他们了解形势和任务,在精神上得到满足,又吃得较好,物质上也能得到满足,他们怎么能不高兴呢?所以每次大会的效果都是较好的。"

他马上接着问我是怎样准备形势和工作报告的。我告诉他,我在永年时,大约三五天能收到一次报纸(三五天的报同时送来),上级的指示文件也来得较快。我认真地看报并研究指示,这样就能准备好形势报告的内容。我每个月总有20天以上坐村,直接参加村里的工作;同时通过下面的汇报和县委的会议,对全县的情况也基本掌握;所以我的工作报告能讲得比较全面、具体和深入。他听后很表赞赏,说领导者一定要参加具体实践,同时要掌握全面情况,只有这样把点和面有机地结合起来,才能进行有效的领导。

后来,他又具体地询问了全县党务工作干部的情况。县委多少人,常委几人，都是些什么样的人；县委机关多少人，每年需要多少经费；全县共有几个区委，每个区委有多少脱产干部，不脱产的又有多少；全县共有脱产干部多少；全县共有多少个党员，多少个支部；乡村支部是否有脱产人员，支部书记是否脱产，不脱产他们的生计又怎样解决；全县共有多少脱产的党务人员，全年党务工作的经费大约多少；等等。他问得极为详细。我虽没带任何材料，但当时年轻，记忆力好，平时又抓具体工作，所以基本上能完满回答他所提的这些问题，包括具体的数字。前两天谈话时任弼时同志很少记录，现在他却把党务工作方面的情况一一记了下来。我看他对数字记得很清楚，有时还重问一次，核对他记的是否有错。我感到很奇怪。他随后又向我提出一个问题："你们现在的党务干部不很多，全县只有几十个人，开支也不太大，你看，如果不靠政府供给，自己搞生产，能解决问题吗？"我稍微考虑了一下，回答道："我们能组织生产推进社，解决几十个干部的生计和党务工作的经费，是不成问题的。"他表示同意我的看法，我却更加感到奇怪了。经过一番踌躇，我终于向他提出反问："弼时同志，你为什么单单问我们党务干部的生计和党务工作的经费呢？难道要停止对我们的供给了吗？"他慢慢地说道："你放心，不会让你们没饭吃。"

停了一下，他又说："现在不是要准备召开新政协、成立新政府吗？新政府是联合政府，不只有共产党，而且有各党派；那时，如果各党各派的经费都是自给的，我们共产党的经费怎好由政府供给呢？"听了这番话，我才明白他详细询问党务工作的原因。不过我仍不了解他为什么要考虑党务经费自给的问题。因此，我又问他："党务经费为什么一定要自给呢？将来新政府成立，对各党派也给点经费不就行了吗？"他笑了笑，说："问题不那么简单。你给他们多少？给共产党多少？谁来决定？而且，政党的经费由政府供给，这样好吗？"说到这里他停住了,并没有回答他自己提出的问题。

片刻,他对我说:"你这个县委书记做得不错。但是青年工作,你没有完成任务。但这也不怪你,党委的决定你哪能不服从呢?好,现在调你来做青年工作了,咱们就谈谈青年工作吧。"当他知道我们那个区域没有单独的青年工作已多时,所以没让我谈具体的工作问题,而要我对整个青年工作发表意见。他问我研究过青年运动的历史没有?我说对青运史没有研究,但有兴趣。在他的启发下,我大胆地提出了对青运史上一些问题的意见。我说:"我党的青年工作,大革命时期很活跃。十年内战期间,青年工作在'左'的指导下严重脱离了群众。'九一八'后没有跟上抗日形势的发展,因此1936年取消共青团是正确的。但没有在思想上搞清楚,以后就只搞青救会而没有骨干组织。这样也就只有肉而没有骨头,形不成力量。抗战期间,人们都看不起青救会,所以后来就让农会并过去了。许多人都说农村与城市不同,青年没有多大的特殊性。其实不尽然。当扩军的时候,青救会就很起作用,所以把青救干部称作扩军干部。扩军一完,也就不要青救会了。这是实用主义,没有远大眼光。当然,青年农民也是农民,他们首先要求抗日,要求土地,和中老年农民是一致的。但他们还要求识字、读书、学文化、搞体育、娱乐,要求男女自由交往、自由恋爱、自由结婚,反对封建家长制度,要求独立自主,喜欢科学知识,敢于破除封建迷信。总之,他们还是有特殊性的,应该发挥这些特殊性的优点,让青年在抗日和民主这两件大事中起先锋作用。在抗日中,特别是参加正规军时,人们赞成青年打先锋;等组织游击队和民兵时,他们对青年的先锋作用就开始打折扣了,所以不少地方把青年游击队和'青抗先'全都并到一般游击队和民兵组织中去了。至于青年反封建的民主要求,在许多地方至今仍受到压抑。所以在我们那里,听说要搞青年团,许多人包括领导同志,都不够积极,都怕搞成第二党,闹独立性，脱离群众。其实十年内战时期，共青团的失败，不只是组织问题，而首先是路线问题。那时的工会、农会、妇女团体，还有党组织本身，不是都脱离了群众吗？我们如果不能很好地总结历史经验，群众团体如果不是建立在群众的基础上，只按党的命令办事，最后总会脱离群众。现在办青年团，应该吸取历史教训。既要有青年团做骨干组织，还要有青救会（或青联会）、学生会、少先队、儿童团等一般性、全体性的组织，而且所有这些组织，都要建立在群众要求的基础上，要多为群众办好事，不能光为党办事，要把二者统一起来。干部要由群众民主选举，不要指定……"我如此长篇大论地讲了一通，他没有打断，也没有插话。讲完之后，他才说："现在要你到华北青委去工作，你可以把你的意见提出来让大家讨论嘛。"

实际上，我早不想搞青年工作了，趁此时，我提出希望调动工作的要求。他马上问我想做什么工作。我说想做教育工作，并告诉他我见到了荣高棠，荣不想到华北大学去，而我却愿意去，是否可以让我去代替他。弼时同志考虑了一会儿，说："当然可以。"随后又半开玩笑似的说："你根本没有进过大学的门，怎么敢到大学去工作呢？"我当时心里一震，但随即沉着地回答："到大学，是去学习嘛。我去和学生们打交道，对教授则是当徒弟，拜个师总是可以吧。"他听后笑了，鼓励我说："不用怕，大学也没什么了不起，恽代英就没有上过大学，不是也当过教授吗？只要肯学习，你将来也可以当教授。我看你可以，就像永年那里的毛遂，敢于自荐。既然你愿意去，我就向吴老（玉章）推荐你，要是他同意，你就到华北大学去好了。吴老是四川人，你们还是同乡呢。你们四川人呀，就是觉得四川好，爱拉同乡关系，照吴老的话说，那是乡谊，可以增进同志之间的友爱。你们四川人都很痛快，我想他是会欢迎你的。"说罢哈哈大笑，我们就在这异常愉快的气氛中告别了。

八角亭编书记

近代史时期的划分

1956年，中国科学院制定十二年科学规划，哲学社会科学部（今社会科学院前身）因此也要制定自己的十二年规划；在学部的领导下，历史学科也在制定规划。这一规划后来写成两大本，一本白皮的，人们戏称之为"白皮书"；一本蓝皮的，戏称之为"蓝皮书"。范文澜拿着这两本计划书曾风趣地向大家说道：这两本书多好啊！大家照此努力去做吧！将来千万别只拿这本书来交卷啊！范老说笑的话，虽未完全言中，可也相差无几。因为自1957年"反右"以后，两本计划书中所列的大部分著作，因其主编或重要编著人员都被打成了"右派"，因此大部分落空。所幸我们编写的四卷本《中国新民主主义革命时期通史》，竟能于1962年最后完成并全部出版。虽然随即遭到批判，但比起别人来，我们毕竟幸运得多。这是怎么回事呢？是由于曲学阿世才幸免于难吗？还是有什么大权威庇护或支持我们呢？都不是。这其中有许多很复杂的因素，我们当时也并不清楚。现在事隔30余年，应当探究一下，从中总结出一些经验教训来。

1956年，我当时在中国人民大学管教学行政工作，同时兼任一点革命史课程。一天，接到高教部来文，要我校编写中国现代史提纲，供十二年科学规划（历史学科）讨论。因为胡华养病去了，我就找彭明商量，随即决定由我们两人草拟提纲。高教部来文中所说的现代史，是中国通史的一部分，而时间却是1919—1949年。这虽然是当时社会上的习惯，但我反复考虑，觉得它不科学，我主张把1919—1949年的中国历史仍称为近代史。因为自1840年以来，中国逐渐沦为半殖民地半封建社会，直到1949年，这一情况才得到根本改变。1919年以后，中国新民主主义革命兴起了，但社会性质没有改变，不能成为中国现代史的开端。只有中华人民共和国的历史才能称为中国现代史。于是我们即按自己的思想写提纲，写成后把它称为《中国近代史（下）提纲》，提到科学规划会上去讨论。

在近代史科学规划的讨论会上，我们很孤立，绝大多数研究近代史的人都反对把1919—1949年的历史纳入近代史的范围。尤其是科学院系统的，如近代史研究所的与会者，几乎没有人同意我们的提纲，只有荣孟源对我们的意见表示同情。但我们在高等学校系统却有几个坚定的支持者。北京师范大学的王真、山东大学的孙思白、中山大学的金应熙，他们都在讨论中坚决同意我们的意见，毫不动摇。而且讨论愈深入，愈显得我们的理由充分，反对的意见愈站不住脚。但他们人多，我们人少，彼此相持不下。怎么办呢？高教部的人"和稀泥"，说先编书吧，提纲暂且勿论。但由谁来编书呢？谁也不肯承担这个责任。最后高教部指定我组织一个写作班子来完成这项任务。

进驻八角亭

1956年秋，我约请北师大的王真、山东大学的孙思白，各带助手二三人来人民大学，并把彭明和冷超等从系里调出来，集中到桃条胡同人民大学的几间宿舍内,开始编书。本来还约请中山大学的金应熙,但他没有来,后来又从湖南和东北调来几个人。桃条胡同挤不下了,又从人民大学借到张自忠路的两间大屋子。因为我们用的资料,大部分在近代史研究所,为了工作方便,最好住到近代史所去。我于是去找近代史所的所长范老(文澜)商量。我说:范老,我们要编的这部书按规定是由科学院和高教部两方面负责的,现在高教系统已经调集人来了,住在人民大学,已经开始工作。你看,科学院方面(也就是近代史所)出多少人呢?能否挤出点房子来?商量的结果是:人,没有;房子,东山上的八角亭和旁边的几间小屋可以借用。这样,我们便于1957年春搬到了近代史研究所,正式建立起一套编书的班子,由我担任编书组组长,并请高教部二司的副司长胡沙来担任党支部书记,整个机构都归高教部直接领导。

近代史研究所的地址在东厂胡同。东厂是明代皇家的重要机关,类似近代的特务组织,东厂胡同就是因为东厂设在这里而得名的。到了清末,这里是权臣荣禄的府第,八角亭就是荣禄接见宾客的地方。袁世凯当政时,买下了这座府第来送给黎元洪。后来黎元洪当上了总统,这里便成了总统官邸。日本占领期间,在其中东北部临街修建了一座图书馆。日本投降后,国民党中央研究院接收了这个地方,其历史语言研究所就设在这里。胡适也住在里面,他为了留取五四运动的纪念,特意从电话局取得"54"这个号码(他的电话号码是"5.5400",前面那个"5"是电话5分局,后面两个"0",是故意空着,以凑足五个字的号码)。北京解放后,范文澜领着他的历史研究室进驻了这个地方,胡适的住室便成了范老的住室。从此,范文澜辞去了华北大学的一切职务,专心写书,后来这里便成了科学院的近代史研究所。1946年范老在邢台担任北方大学校长时,我在中共邯郸中央局工作,因工作关系我常接触范老,从此建立了友谊,成为忘年交。1948年后,我们都在华北大学,都参加学校党委,关系更为密切。进北京后,吴老(玉章)常有事找他,我因而也不断去向他请教。我们见面时无话不谈,情谊深厚,所以我提出借房时,他慨然应允了。

我们搬到近代史所后,便以八角亭为工作间。孙思白、彭明、王真和我还有两三个助手,在里面都各有一张书桌。八角亭建筑在人工堆砌而成的一个小山包上,虽已破旧,但修得精致古雅,而且周围花园里遍植名贵的花木,一年四季都有花开。我们去的时候,丁香花香溢满园,随后牡丹盛开,格外鲜艳。在这样的环境里,我们的工作进展也很顺利。但不久就开始了反右派斗争,全国的政治空气都紧张起来了。工作单位在北京的要回本单位参加运动;从外地借调来的,也有被催回去的。例如山东大学就一直催孙思白回校,高教部无法,只好让他回去一段时间再来。好在反右派期间,我们这里没有一个人被打成右派,所以工作进度虽然受到一些影响,但毕竟还在进行,没有完全停板。

谁知到1958年,我们这里却发生了问题。经过是这样的:有一天,我的助手冷超查资料时,在《蒙藏月刊》上发现一篇反共文章。他回过头来对我说:这个研究边疆问题的刊物,怎么刊登这样与边疆问题毫无关系的文章呢?我因为分工写少数民族问题,所以让冷超给我找这方面的资料。他现在发现这篇奇怪的文章,也引起了我的注意。我把它拿过来仔细揣摩。这时王真正在我旁边,也留意到这件事。晚上,他来找我谈话,说这篇文章是他写的。他30年代初曾被捕,被捕后没有供出任何人和组织,但必须写一篇反共文章才能出狱。为此他化名写了这篇文章,投在不引人注意的研究边疆问题的刊物上发表。他谈话时表现极为悔恨。我把这件事告诉了胡沙,他随即向高教部党委作了汇报。高教部让北师大把王真调了回去。这时反右派运动已经过去,王真的问题也不是右派问题,但北师大党委却把王真补划成右派分子。这样一来,我们的编书工作受到了很大影响。

历史研究遇上"大跃进"

1958年,全国"大跃进"。北京各机关也都修起土高炉炼铁炼钢。人民大学嫌我反右派不积极,现在要我参加炼钢。我去问范老:我们编书的怎么办?到哪里去炼钢呢?范老说:就在我们这里炼吧,东山下不是有个高炉吗?原来近代史所和考古所合办了一个高炉,许多人到那里去炼钢,都不过是做个样子罢了。我们更是隔岸观火,眼看炉火通红,引以为乐。炼钢虽然应付过去了,但编书也要"大跃进",就不好办了。高教部二司司长李云扬[1]一再催我们的"跃进计划",我们说两年完成,他说:不行!一年半,也不行!最后定为一年左右,而且寒假前一定要把初稿写出来,以便召开一个全国性的会议来讨论。

"大跃进"的时候,举国若狂,北京也红火得很。修十三陵水库,由周恩来总理扛着大旗,带领中央和国家机关的干部全去参加。我们也去了。田汉因此写成了一个《十三陵水库畅想曲》,并在报上公布了他写作的"跃进计划"。一时,人人写诗,个个作画,各机关学校晚上灯火辉煌,还准备夜餐,让大家夜以继日地创作。《人民大学周报》出特刊,用大红字登载该校的"十、百、千、万、亿计划"。我拿着这个计划去见范老,范老笑道:这算什么!你看,我老家三年便要进入共产主义,这才是宏伟的计划呢。他顺手拿出山东范县三年进入共产主义的规划,彼此看后大笑不止。其实范老虽姓范,却不是山东范

---

[1] 李云扬是个好同志,在新疆被捕坐牢期间表现很坚强,但在"大跃进"中也随着大流来催我们"跃进"。

县人，而是浙江绍兴人，他把范县称作老家不过是谈笑而已。范县地处黄河故道，穷苦得很，三年进入共产主义，简直是异想天开。就是在这种形势下，高教部要我们"跃进"，否则就是"右倾""观潮派"，我们有什么办法呢？只好先答应下来，随后再说。

那时史学界有人提出：马克思主义史学必须"以论带史""突出红线"。社会各界也都反对"白专"，谁如果强调业务，就可能被扣上"白专道路"的帽子。研究历史的，如果认真搜集资料，追求历史真实，就被认为是烦琐考证，脱离现实，违背马克思主义。当时，"以论带史"的著作真的出现了，而且受到吹捧。我们编书组也有人很崇拜这种东西，把它拿给我看，要我们学它的样。我看这种作品，空洞无物，史不像史，论不像论，不伦不类，不忍卒读。但这是权威之作，怎能反对呢？于是我说：人家是权威嘛，理论水平高，好比西施一样，无论浓妆淡抹，都很适宜，我们是东施，怎能相比？如果去效颦，那就更丑了。

当时写历史还有一种风气，说什么历史要为现实服务，其实就是要根据政治需要去改写历史，把历史的真相弄得面目全非。对此我很不以为然。我去问范老，范老说：写历史嘛，就要写成真史、信史，史而不真、不信，怎么能以史为鉴呢？他那时正在写隋唐时代的历史，就是不管环境怎样，都坚持按照这一精神写下去，这有他的《中国通史》第四卷为证。我接受了范老的教导，也按照写真史、信史的精神写书。

在"大跃进"的压力下，我们改变原来先编资料后写书的计划，改为搜集到资料就写书，等书写成后再编资料。我把这种做法向李云扬说：这是"倒行逆施"，你看可以吗？他说：可以嘛。先倒行逆施，以后再颠倒过来不就行了吗？于是我们又做了分工：人民大学写第一卷（1919—1927）；山东大学写第二卷（1927—1937）；北师大写第三卷（1937—1945）；然后再集中起来写第四卷（1945—1949）。并且要加快速度，一定要于 1958 年底以前把前三卷的初稿写好并打印出来。

贴满大字报的讨论会

1958 年寒假期间，高教部召开了一次全国性的专门会议来讨论我们的初稿。开会之前，就把前三卷的打印稿（第四卷没有写出来）发到一些学校去讨论，还特别发给北京大学、人民大学和北师大三校历史系的学生，要他们讨论提意见，并且把意见写成大字报贴到我们开会的会场。这次开会的会场设在高教部花市大街招待所。学生们的大字报不但贴满了会场，而且从招待所大门口一直贴到了招待所最后的房间，红绿纸相间，大小字不等，真是琳琅满目，招引了无数宾客前来观看。

大字报的内容主要是批判，批判我们没有坚持毛泽东思想挂帅，没有贯穿红线，甚至说我们是贯穿了白线（写了许多国民党区的事情）和黑线（写了不少敌伪统治区的事情）。又说我们没有厚今薄古，把五四运动和第一次国内革命战争时期写多了，而对后来特别是解放战争时期写少了（其实那时还没有把解放战争写出来，只写出了个提纲）。如此等等，意见很多、很尖锐，而且都上了纲，提到了原则的高度。按照这些意见，我们的书稿一无是处，就该付之一炬，而且作者都该挨板子。编书组的同志们看到这些大字报后，都很泄气。特别是对孙思白和彭明所写的部分大字报最多，因为他们两人承担了写国民党区和敌伪区的任务。

在大字报的声势下，会场上也是一片批评责难之声，说我们关起门来写书，两耳不闻天下事，完全是学院派的模样，成天在书本中讨生活，写出来的东西，当然反映不出时代精神。但是来开会的代表都是教师，有的同志不仅学识丰富，而且在旧社会已经历过世变沧桑，在新社会又经历过不少运动，所以他们能力排众议，提出不同意见来，请大家认真地、冷静地展开讨论。他们说贯穿红线并不是不要写国民党区和敌伪区，厚今薄古是指整个历史而言，"五四"以后都是今，并不是什么古……由于他们讲出了真理，而且讲得很策略，平心静气、低声细语，不伤人、不刺激，所以得到了多数人的赞赏。于是，会场的空气逐渐和缓下来了。最后大家认为初稿还是比较好的，并同意以初稿为基础进行修改，将来即把它作为各高校的教材。在几位"稳健"的发言者中，以蔡尚思和陈旭麓最为突出。我以前并不认识他们，就是在这次会议中我们交上了朋友。

　　意见逐渐一致，会议可以收场了。按照惯例，会议需要做个总结，何况会上虽然大体上解决了问题，但各学校和社会上"左"的风气依然很炽烈，必须要有一个明确的总结意见，以后的编写工作才好进行。由谁来做总结呢？我去找高教部部长杨秀峰。杨部长一见我就说："你们的会开得不轻松吧？"我说："现在轻松了，可以结束了，所以来请你去做个总结。"他已大致知道了开会的情况，我又向他做些补充说明，并表示我个人对一些问题的看法。他表示同意我的意见，但不愿去做总结。在我一再地坚请下，他诚恳地对我说："我坚决支持你，高教部坚决支持你，但当前情况下，有许多意见，都不宜由我去说，而由你去说最好。因此，这回的总结要由你去做，我看就这样定了吧！"杨秀峰过去是晋冀鲁豫边区政府主席，我们同在太行山打游击，老关系，很不错。他现在把真心话都和盘端出来了，怎好再勉强他呢？我于是转个弯请求道："总结，既然有你撑腰，那我就大胆去做吧，但高教部总要有位负责人来主持会议才好。"最后商定请刘皑风副部长主持总结会，因为他是主管计划财务的，他主持会议，表示不介入学术和政治问题的争论。

总结会在高教部礼堂举行。由于李云扬的提议,别人也不好反对,参加会议的人,除招待所的代表外,还从北京各高校请来了不少的人,其中有不少学生代表,有的还是大字报的作者。在这样的情况下,我的总结很难作。经过反复地考虑,我终于写成一个详细的提纲。

总结会开始时,刘皑风只讲了几句冠冕堂皇的话,马上就说:"现在请李新同志做总结。"我一下怔住了,心想:你怎么连一句表态的话也不说呀!但我很快就镇定下来,非常严肃地做我的总结报告。我首先对那些针对我们的书稿提意见的人,特别是贴大字报的人表示感谢。接着对许多具体的意见(列举了出来)表示接受。随后我说道:"凡是我们认为好的意见,我们都有明确的态度,即接受下来,并在修改稿中吸收进去。凡是我们不能同意的意见,我今天在这里也要明确表态,如果含糊不清,我们下一步的修改工作就无法进行。"我于是从如何才算是坚持马列主义、毛泽东思想说起,说写历史一定要写成真史、信史,才算得坚持了马列主义、毛泽东思想。"整风运动中不是首先反对主观主义吗?写历史不真不信就是犯了主观主义的错误,就是党性不纯的表现,就违背了毛泽东思想。"在谈到贯穿红线时,我说:"贯穿红线是要求用马列主义、毛泽东思想去叙述历史、分析问题,而不是说只写正面的、不写反面的。如果立场、观点、方法不对头,写正面的也不一定是红线。反动派不是也写共产党、红军,写八路军、新四军吗?请问:他们那些东西贯穿的是红线,还是白线、黑线?至于写国民党、写敌伪、写一切反动派,只要坚持了正确的立场、观点、方法,照样可以贯穿红线。请问:陈伯达写的《窃国大盗袁世凯》《人民公敌蒋介石》《中国四大家族》,他贯穿的是什么线?"当时人们把陈伯达视为宣传毛泽东思想的代表,我举出他为例,谁还能不服呢?我看这时全场鸦雀无声,于是接着说:"写1919—1949年这段历史,我们能不写北洋军阀吗？能不写蒋介石吗？能不写日本帝国主义和汉奸卖国贼吗？如果不写、不敢写，那算什么马列主义、毛泽东思想？问题是怎样写。如果我们把反动派写成了革命派，同志们说我们没有贯穿红线，骂我们贯穿了白线、黑线，我们是罪有应得；但如果不是这样，我们只不过写了反动派，而且揭露了他们的反动罪行，分析了其所以反动的原因，这样就说我们没有贯穿红线，甚至说我们贯穿了白线、黑线，那我们怎么能承认呢？如果我们承认了，我们以后应怎样写？同志们！如果谁有办法按照那样的'红线论'来写这段历史，我一定五体投地，向他请教。"这时我的劲头来了，痛快淋漓地大讲一通。刘皑风一再向我使眼色。我明白他的好意，但我还是把我的意见毫无保留地讲了出来。说也奇怪，全场惊讶地但认真地听我讲完了意见，而且讲完之后，竟然爆发出一阵热烈的掌声。

通过这次讨论会，我们在全国范围内扩大了影响，并找到一批支持我们的人。在会议期间，我曾单独和蔡尚思、陈旭麓深谈，希望他们俩也能参加我们的工作，两人都欣然同意。随后报高教部批准，1959年初，蔡、陈二位被借调来京。陈旭麓还带来了几个研究生做助手，从此八角亭更加热闹了。陈旭麓、蔡尚思、孙思白、彭明都住在八角亭旁边，每人一间屋，工作和睡觉都在其中，倒也非常方便。我仍在八角亭工作，编书组的秘书和主要助手也在这里办公，这里还是我们的会议室和书报室。孙、陈二位带来的助手和研究生多数住到北师大去了，人民大学研究班来的人则仍住在人大，开会的时候才来八角亭。这时编书组总人数已二十有余，极一时之盛。除过去按卷分工外，又按内容做了分工：蔡尚思负责思想文化；陈旭麓着重经济史；国民党区和敌伪方面仍由孙思白与彭明负责；至于一般政治史和革命史则大家都分担，只是其中需要看机密档案的部分由我负责。此外，由于国家民族事务委员会规定，只有司局级以上的党员干部才能参阅他们提供的材料，所以关于少数民族史那部分的责任也落到我的头上。

　　为了争取早日出版，我们首先集中力量抓第一卷的定稿工作。每人按分工去修改初稿。修改稿完成后，逐章逐节集体讨论。然后在由我、孙思白、彭明、蔡尚思、陈旭麓五人参加的定稿会上，逐字逐句地宣读，一段一段地通过。有不妥之处或不同意见，经讨论取得一致并修改成文后再通过。这样做看起来似乎很烦琐，但经验证明，这样做起来速度反而快些。我们第一卷的定稿工作五一劳动节前就完成了。

　　书写成了，但出版却发生了问题。本来1956年开始编写时，人民出版社就来商定由他们出版，并派编辑应德田专门与我们联系，还为我们印了特别的稿纸，供我们改稿使用。1957年后应德田不来了，换了别人。我们第一卷定稿后，他拿回出版社研究，结果是不宜由人民出版社出版，但可由三联书店出版。当时三联专门出资产阶级的书，把我们的书给它出版，是什么意思呢？大家听了都非常气愤。我到高教部去找蒋南翔，他说："把我们的高校教材，归入资产阶级那一类，真是岂有此理！你拿来，我们高教出版社出。"就这样，我们的《中国新民主主义革命时期通史》第一卷于1959年由高教出版社出版了。我写了序言，其中说明了我们为什么不把书名叫现代史的理由，同时无法叫中国近代史（下），因而取了这么一个长长的书名。我把这篇序言送给李云扬审阅，他没有表示意见；转呈杨秀峰，杨部长表示同意。书的作者署了个编写组的名义，而不署人名，这是当时的风气。因为1958年大反资产阶级法权，所以我们也声明不要稿费，但高教出版社还是先给了我们一些补助，后来又按低标准付了稿酬。到1960年第二卷出版，不仅稿酬较高，而且连第一卷的印数稿酬也补发给了我们。第二卷是由教育出版社出版的，因为这时高教部与教育部合并了，两个部的出版社也合并了。

反"右倾"大关

1959年我们正在编写第二卷的时候，彭德怀在"庐山会议"上受到无情的批判，随即在全国展开了大规模的反"右倾"运动。这次运动来势凶猛，人民大学大部分系主任（包括何干之）都遭受批判。刚从人民大学调到北京大学去的副校长邹鲁风因受批判感到委屈而自杀身亡。我们编书组当然也要检查"右倾"问题。好在全国性的讨论会刚开过不久，人们记忆犹新，虽有个别人煽动，终未掀起大的波澜。这时我倒觉得在那次讨论会上的总结发言，我所采取的彻底展开说透的办法是做对了。那次如果不说透彻，那么这次加在何干之等人头上的帽子，什么"白专"呀、"不贯彻毛泽东思想"呀、"不贯穿红线呀"，以及什么"厚古薄今"之类的大而不当的帽子，一定会往我们头上戴。可见风险来了，如果能顶住还是顶住的好，因为顶住了小风险反而能避免大风险。当然，如果风险太大，那是谁也顶不住的。不过也应想别的方法，最好能在不失原则的条件下加以应付。无论如何也不能像邹鲁风那样，总应该看得远些嘛。这次反"右倾"的错误，不是到1962年就得到了部分的纠正吗（彭德怀等少数人例外）？

编书组顺利地过了反"右倾"大关，但第二卷书怎样写呢？还是个问题。彭德怀在第二卷（1927—1937）中很重要，但不能正面出现他的名字，一出现就不能出版。不单彭德怀不能出现，连平江起义也不能写。因为当时有人把建议写平江起义的历史看作是阴谋，是为彭德怀想夺权服务的。怎么办呢？真伤脑筋！经过反复思考，终于想出了一个办法：彭德怀的名字不写，那么相应地在平江起义中滕代远、黄公略的名字也不写。到第三卷抗日战争中，不写彭德怀的名字（他是八路军副总司令），只写总司令朱德的名字。相应地，一一五师只写师长林彪、一二〇师只写师长贺龙、一二九师只写师长刘伯承，副师长一律不写。新四军也是只写军长叶挺，不写副军长项英，这样正好把项英这个难题也解决了。但平江起义却不能不写，不写它，那红五军从哪里来的呢？后来红一军团又怎么写呢？想来想去，决定写红一军团时，说它是由红四军、红五军合编而成的。红四军前面已经写得很多，这里可不再写。对红五军则采取补叙的办法，从平江起义一直写下来，顺理成章，只是像古代史书那样，加一个"初"字，表明是倒叙。这样读者一看也就明白了。我把这一办法向编书组的同志们一说，大家都赞成，甚至鼓掌称善。不知哪一位下来对我说：你真是"用心良苦"啊！是的，我的心是苦的，也是良的，不管怎样想方设法以求出书，总不能连良心也丧失啊！

由于"大跃进"造成了严重的经济困难，全国都在挨饿。不知饿死以及由饿而病死了多少人！北京各单位都有不少浮肿和肝炎患者。所幸我们编书组没有一个浮肿和得肝炎的，因为我们把稿费全拿来吃了。东厂胡同的对面便是华侨饭店，同志们很早便去排队领牌子，到开饭的时候才能去吃饭。开始还有肉菜，后来便只有鲍鱼这样的海味一两样了，而且价格非常昂贵。为了活命，为了写书，忍痛吃饭！我们五位主编（孙思白、彭明、陈旭麓、蔡尚思和我）的情况好一些。我在人民大学吃小灶，便厚着脸皮去请示人民大学的实际领导人，把他们当作客人也让其吃小灶。为了吃饭，我们每天从八角亭到张自忠路来回走四趟，至少也有七八里路程。不过几人同去同归，好像青年时代过学校生活，也很有趣。有时晚饭后皓月当空，我们踏着月色，边走边谈，其乐融融。

大概从 1960 年开始，我们当主编的，还得到一点"特殊供应"，给我们每人发了一个本子，每月持本可以到指定的商店买到一些肉和鸡蛋、糖果，还有两条烟。当时群众对这种特殊供应和高价出售点心糖果就很不满意，流行着一首顺口溜说："高级点心高级糖，高级太太上茅房，手里拿着高级纸，拉了一泡高级屎。"在街上听着小孩们不断念着这样的顺口溜，心中实在难受。

编书组最满意的一年

1960年，中共中央宣传部成立了一个教材办公室，统一组织和管理高校教材的编写。胡沙仍是我们的支部书记，同时又在教材办公室负责，这样，我们的日子就好过得多了。因此，我们编书的速度也就加快，不但出版了第二卷，并且把第三卷也编成了。事实证明，只要把条件准备好，办事的速度是可以提高的，而不顾条件人为地去推行什么"大跃进"，不但"欲速则不达"，反而会把事情搞糟。这年暑假，高教部规定，参加编教材的人可以去北戴河休假。我们几个主编都怕拖长了编书的时期，夜长梦多，对编书不利，因此谢绝了上级的好意。同时，山东大学和上海复旦、华东师大又不断来信催促孙思白、蔡尚思、陈旭麓返校。尤其是山东大学，说孙思白已经借出去几年了，怎么能老不回去呢？难道是刘备借荆州吗？好在胡沙善于从中斡旋，并站在高教部立场上要三校顾全大局，三个学校也只好服从。我怕他们三人回校后不能再来，决定暑假中把他们三位的夫人接来北京。蔡尚思的夫人好像是因病未来，孙、陈二位的夫人都来了。为了凑热闹，我和彭明也把夫人请出来作陪。

这个暑假，过得生动活泼、情趣盎然。城内好地方都游遍了不说，城外的颐和园、香山、八达岭以至十三陵，到处都有我们的踪迹。而且游兴很高，时而在茶座上浅酌吟诗，时而在小船上引吭高歌，不亦乐乎。蔡尚思是爬山专家，彭明是划船好手，他们各显其能，令大家赞叹不已。孙、陈二位诗兴大发，吟出了许多好的诗句。我也追随其后，即兴赋打油诗不少。事隔多年，孙思白的《游颐和园遇雨》里的佳句"天恐豪情收不住，故遣微雨送轻寒"，我至今记忆犹新。

记得一天，大家登上长城，都说不可无诗，要作诗比赛，看谁先作成。我一时兴起，即刻得七律一首："秦皇汉武建奇勋，近世空余万里城！粉黛江南长袖舞，风云塞上大刀横。一轮旭日山河赤，满眼春光柳麦青。蒙汉弟兄手携手，长城内外尽欢声。"大家称我"才思敏捷"，我不过主张"诗言志"，欣赏"打油体"，不守规律，所以来得快。而孙、陈二公则是精雕细刻，"语不惊人死不休"，所以能有佳作。他们当时咏长城的诗，比我的强过了不知多少倍，令我十分佩服。只可惜如今年老，竟然记不起来了。

我们编书组，在1960年时，无论工作和生活都很让人满意。但国内和国际局势却都很紧张。国内形势自1959年庐山会议反"右倾"以来，"左"得更加厉害。例如农村大办食堂，认为食堂里充满了阶级斗争，结果给人民带来极大的灾难。河南信阳地区有一首顺口溜这样说："一进食堂门儿，稀饭一大盆儿，盆里有个碗儿，碗里有个人儿。"由于饥饿和疾病，非正常死亡达到惊人的程度。同时在"国际共运"中展开了反现代修正主义的斗争，把苏联称作"苏修"，把苏联领导人赫鲁晓夫当作新沙皇来批判。记得一次在中南海听报告，碰见当时社会科学部的领导，我问他看见我们的书没有，他说"拜读了"，"很好"。又说："不过你们无论叙事和评论是不是太'客观'了些？莫搞客观主义啊！比如对胡适，你们的评价就和中央的精神不太一致。现在又要'反修'了，请注意点！"我"唯唯地"听他讲，没有作声。回来我也没有把原话告诉大家，只说学部要我们积极参加"反修"，写书要防止客观主义。

好在紧张的国内外形势对我们编书组的影响还不很大，我们倒可以借此动员大家加紧工作。在大家一致努力下，到1960年冬，我们把

第三卷也写成了。本想趁热打铁，一鼓作气把第四卷也写出来，以竟全功，但这时各学校都纷纷来信要人，高教部也无话可说了，只好答应寒假后各校的人都回去。至此，我们又做出规划：第三卷于寒假前发稿，第四卷由彭明带着助手到华东师大去写，陈旭麓和他的研究生也帮着做些工作；我随吴老（玉章）到上海，帮他写辛亥革命回忆录，同时照顾写书，解决编写过程中的问题。至于编资料，等写完了书再说。大概是放寒假前夕的一个晚上，所有参加编书的人齐集八角亭话别。

人们都说，我们在八角亭大学毕业了，有的是四年制本科，有的是二年制专科。八角亭同窗生涯将毕生难忘。于是有人唱起了《毕业歌》，众人继起相和，歌声雄壮激越。之后，又有人唱起了《离别歌》，这时却没有人和着唱了；这人唱完最后一句"一觚浊酒尽余欢，今宵别梦寒"，也颓然坐下。许久没有人再说话，各有所思。当然，最后还是打破了沉寂，转为欢笑，直到深夜才散。我回到家里，久久不能入睡，无限惆怅中提笔写下了一首五言律诗：

一曲骊歌声，怆然八角亭。
书成百万字，人别几多程？
纵有音书至，终无朝夕亲。
何当重聚首，载酒泛昆明？

谁知从此一别，别说全体同志，就是我们几个主编，也再没有在北京重新聚齐过。人生聚散无常，本无足怪，但八角亭数载同窗，却永系我心，至今犹未淡忘。

1961：大功告成

1961年春节过后，我随吴老到了上海。经过一百天的奋战，帮吴老写成了一本《辛亥革命回忆录》。同时，我们的第四卷也进展顺利，基本完成。吴老对我们在八角亭编书，一贯支持鼓励，现在听说我们四卷书都写成了，他非常高兴，特邀我们几个人（蔡尚思、陈旭麓、彭明和助手桑咸之，还有我）同他一起到西湖去游览。

到杭州后，有人把我们接到刘庄。这时省委特派一个同志来对我说："刘庄是只供中央领导同志住的，你可以同吴老住在这里。其余几位同志安排在对面的杭州饭店，这是新修的一座高级宾馆，很不错。请你向他们解释一下，希望他们谅解。"随后，一辆轿车把他们送到了杭州饭店，每人一间客房，的确很好，而且那辆车就专门配给他们游览时用了。此后，我每天吃罢早餐，即乘一辆车到饭店，然后几个人分乘两辆车出发去游览。有汽车之便，就不像古人骑驴游西湖，需要多少天才能游遍。不几天，我们游遍了西湖内名胜和围湖诸山如南北高峰等地，以及湖外的九溪十八涧和更远的地方。

他们在饭店，每天按菜谱吃，不多日子把菜谱上的菜基本吃过来了。这时他们担心饭后算账，恐怕谁也负担不起这笔开销，准备赶快回程。我对他们说："你们为什么不问一声负责人怎么算账呢？"他们说："不好意思。"我说："是省委把你们安排到这里的，他们不会按饭店标价收费，只能像我们那边一样，按供给制收粮票菜金而已。"我劝他们多住几天，他们怕不保险，随即到会计室结账，果然只收粮票菜金。算账回来，彼此相视而笑。但既已清账，就不好再留下了。

1961年，四卷本的《中国新民主主义革命时期通史》全部完成了，我们如释重负，非常高兴。这时人民出版社派人来找我们了，说我们的书应由他们出版，因为这部书政治性很强，以国家政治出版社出版为宜。我问他:"过去为什么要在'三联'出版呢?请问那是什么政治性?"他说:"过去让在'三联'出版是错误的。现在上面已决定由'人民'出版,并已与教育出版社谈妥,第三、四卷由'人民'新出,第一、二卷由'人民'重印。"

为什么人民出版社现在那么积极地要出我们的书呢?因为第一、二卷发行后,很快就卖光了,而且各校在教学中对我们的书反映都很好。其实并非我们的书写得好,只因许多学有专长的编者都被打成"右派",他们主编的书夭折了,而在"大跃进"中应运而出的书,又经不起时间的考验,于是我们的书便成为仅存的"硕果"。对此,我们还是有自知之明的,因此在前言中,明确声明我们这部书是过渡性的,既不成熟,更不完善,诚心期待有佳作出来,像阳光那样代替我们的烛光。同时,出版社的同志还告诉我们,上级规定,从今以后,不用"编写组"之类的集体署名,而必须署作者个人的名字。如是几人合著,则几个人均须署名;如系集体编写,则署名应为一个主编或几个主编。根据这一规定,我们商定这部书(四卷)的主编为:李新、彭明、孙思白、蔡尚思、陈旭麓五人。本来第一卷的主编应有王真,但因他没有参加后面的工作,而且他的问题那时尚未解决,不好列名。这样,北师大参加这项工作的人既多又早,却没有一个主编,在当时就感到遗憾,到今天仍感到不安。世事难平,古今如此,希望后之来者能有法避免才好。

四卷都印出来以后,分别送中宣部、高教部和学部的领导人每人一套,请他们提意见。高教部对我们的工作表示满意,由蒋南翔副部长在鸿宾楼设宴招待我们所有在京的编写人员,并发表了一通热情的讲话。中宣部副部长周扬同志在广州遇见我的时候,说他只粗略地翻看了一下我们的书,对其中文艺方面的评价,表示赞成。特别是对鲁迅的评述,他认为比较全面,也比较深入。1962年春,我由广州回到北京，收到了学部某领导一封信，说我们不应在书里公开批评冯友兰和贺麟的学术观点，并说冯、贺都是政协委员、学术界的知名人士，我们这样做有碍统一战线。

看了这封信我感到很奇怪，前些时候你们不是给人家戴上"右派""右倾"的帽子吗？怎么现在（"七千人大会"之后）竟连学术批评（而且是历史上的）也不能进行了呢？要么就是一团和气，要么就是把人打倒整死，这算什么样的统一战线？我于是给他回了一封信，说明统一战线主要是政治上的，应该团结一切可以团结的人，不应随意斗争、扩大打击面；至于学术问题，无所谓统一战线，而是追求真理的问题，应该实行百家争鸣的方针，不管是不是党员、是不是名家，都可以平等地进行讨论。听说他看到我的回信，很不高兴。可是当我见到他，问他我回信的观点是否妥当时，他却乐呵呵地回答说："好嘛！"虽然笑得有些勉强。

陪绑的毒草

1962年夏天，在北戴河会议上，毛主席提出"不要忘记阶级斗争"，说阶级斗争要年年讲、月月讲、天天讲。于是刚刚稍微轻松一些的政治环境又紧张起来了。康生说《刘志丹》是株大毒草，毛主席同意，由此说借写小说反党是一大发明。于是意识形态领域内的"阶级斗争"更加尖锐化。这时有人写信给人民出版社，对我们的书提出了一些意见。出版社既不分析这些意见（其实这些意见都没提出什么重大问题，而且有的意见并不正确），也不将意见转给我们，就背着我们组织批判。从此我们的书被停止发行了。我们作为作者，对这些情况，竟然全不知道，只不过有些风闻而已。

出版社的这种做法，连我们这些研究历史的人，也闻所未闻。不过这在那大讲阶级斗争的年月，又何足怪哉！我们这部书的遭遇，只是其中的小焉者，又何足道哉！你看，那些批判我们的人，那些组织批判的人，后来不是也都受到更严重的批判吗？按理，这些人是应该觉悟了吧？但奇怪得很，至今还有人认为他们当时批判我们是完全正确的，只是对他们的批判错了。

本来，1962年，高教部为了教学的需要，还要我们编写一套1919—1949年历史的资料。正如我先前所说的，这是"倒行逆施"，但毕竟是件好事，所以我们答应下来了。高教部还为我们调了几个人来，并开始展开工作。但不久，随着形势的变化，这件事也就吹了。1964年，近代史所大部分人员到甘肃张掖去参加"四清"。我和我的助手们也都"踊跃参加"，于是八角亭人去楼空，只好用一把大锁将它锁了起来，怕的是许多资料失散，将来难以寻找。1965年回京，范老要我去帮助他写通史，并强给我加上了个通史组组长的名义。这样，八角亭依然锁在那里。

谁知不过一年，"文化大革命"开始了！一开始，我即被打成"三反分子""牛鬼蛇神"，并且当上了近代史所的"黑帮队队长"（第七、八班联合班长）。毛主席虽然保了范老，使他免于被批斗，但他的书还是受到批判。

一天，我的孩子回来告诉我，范老的《中国通史》被当作毒草在美术馆展览，我们的那四卷书也"陪绑"在那里。我对孩子说：这下我可真要出名了。孩子莫名其妙。我说，这道理很简单：范老的书好比是千里名骥，我们的书在那里奉陪，岂不是真的"附了骥尾"？这真是一次太好的机遇呀！我还对孩子说：你知道我的教授头衔是怎么来的吗？是在困难时期，高教部要给我们一点特殊供应，但必须有学衔的才能领。蔡、陈、孙、彭诸位都有学衔，唯独我没有，怎么办呢？

问杨秀峰部长，杨部长说：给他个教授吧。于是我便成了教授。你看我这人运气多好！杨部长一句话，我便成了教授。现在革命小将把我们的书和范老的一起展览，岂不是把我们的书也看作权威之作了吗？（而且还没有说是反动权威呢。）孩子听了，都大笑不止，觉得爸爸真开心，受批判毫不在乎，是不会发生什么问题的。

蓬蒿满目八角亭

1970 年，我到了河南干校。1971 年回北京探亲，到近代史所一看，呀，八角亭完全变了！亭内空无一物，四周杂草丛生，满目凄凉景象。原来在"文化大革命"派斗期间，两派都争八角亭，因它是制高点，可以用作司令部。因此亭内的资料，被全部烧掉或扔掉，家具被拿去作了防御工事。后来造反派也被赶下干校，八角亭无人管理，遂致破败不堪。见此情景，我不胜感慨，回家写成《风萧吟》一首，其中有这么几句：

> 上东山，蓬蒿满目，萋萋八角亭边。
> 见亭中饥鼠，窥人无惧，竟自盘桓！
> ……
> 难堪！自都门一别，到而今白发苍颜！
> 倩谁挥彩笔，似龙蛇飞舞，再续长篇？

林彪事件之后，形势有所好转，学部搬回北京。从 1972 年秋天开始，我们又开始编写民国史。我设法将孙思白调来北京，彭明也来参加了一部分工作，只是陈、蔡二位仍在上海。而八角亭因其又破又脏又乱，无法再用。当年的盛况已一去不复返了！后来，在上级的支持下，近代史所修建高楼，按计划是只拆近代史所的房子，八角亭作为典型建筑物，要保留下来。有一天，我经过建筑工地，见东山及西面的房屋都已拆光，而八角亭巍然独立在那儿，心有所感，即兴作诗一首：

  划却东山好，独留八角亭。
  当时人尽老，遍地草丛生。
  四卷书犹在，重刊事未成。
  …………

  这里所说的"重刊事未成"，是指1972年人民出版社的范用来约我编民国史后，又提出要重印《中国新民主主义革命时期通史》的事，当时我认为时机尚不成熟，还是不印为好。"四人帮"垮台后，高等学校恢复招生，为应付教育部门教学的需要，范用又来找我，希望重印这部书。于是我和彭明两人又重新校订了全书，并请原来编书时担任秘书的萧滋生编成一个简要的大事记附在第四卷后面，并于每卷前面都写了前言，说明各卷编写、出版、重印及这次校订的情况，然后交给了人民出版社。从1979年至1981年，四卷书重印完毕，距离1959年初次出版，恰好20年。这20年我们都干了些什么呢？真不堪回首啊！

  书重印了，但八角亭却拆了。原来保留八角亭的计划行不通。因为施工地方太小，大卡车来往不便，不拆掉八角亭，高楼就盖不起来。是要新的高楼呢，还是抱着破旧的八角亭不放？权衡得失，八角亭便因此作了"牺牲"。建设一座楼房如此，建设一个社会恐怕也有类似的情况，一味守旧复古总是有碍社会进步的。因此，我对八角亭虽有特殊的感情，但对它的拆毁，不仅不感到痛惜，反而感到庆幸。对我们的书也一样，它本是为完成过渡任务而编写的，老是重印它，就说明过渡还没有完，这并不是好事。只有用新书来代替它，才证明过渡已经完成，事业大踏步地前进了。

但是，人毕竟是富有感情的动物，尤其是老年人更充满怀旧之情。80年代我每到一处，碰到当年一同编书的同志，他们对八角亭那段同窗生涯，都不胜怀念。他们说：在一个学校里同学几年，但能同在一个班、一个宿舍共同学习和共同生活的人并不多，时间也并不长。而我们在八角亭时期，大家在一起，同学习、同工作，朝夕相处，共同生活，少则两年，多则四年以上，在每个人的一生中都是少有的事情。何况师生同志之间，已形成一种共同的学风和精神呢。是的，我们几年之间，在惊涛骇浪中同舟共济，如果没有一个共同的信念和作风维系着，恐怕这只船早已翻了。

"文化大革命"中批判我们为"八角亭学派"，是"三反"学派。"三反"倒不是，"学派"也不敢当，但我们确有一种共同的学风。这种学风主张"论从史出"，要写真史，写信史，少发空论，反对"以论带史"，而要把历史事实按照历史本来面目翔实地写出来，只有这样，才能做到史论结合。我们这种学风是从范老那里学来的。

大概是1985年吧，我在上海先后见到陈旭麓和蔡尚思。陈旭麓当时感慨颇多，提起八角亭编书的事，他建议由我牵头，每人写篇回忆性的文章，并最好能把当时的诗词收集起来，留作纪念。我说现在大家正忙，恐怕还不是时候。随后，蔡尚思邀我们夫妻到他家吃饭。席间，他谈起八角亭一段，颇动感情。谈到"批孔"问题，他说我们书中的见解基本上是正确的，"文化大革命"期间的所谓"批孔"，那是别有用意。而现在有些人在那里提倡什么"新儒学"，也不是味道。他提议我们写文章批驳，并希望我们八角亭的那些人能有再聚会的机会才好。谁知1988年我大病一场，几至不起。而陈旭麓以其非常健旺之身，忽然先我弃世而去。看来诸人重聚已不可能，每人写篇文章也成泡影。为此，我写这一篇"编书记"聊以塞责，并借以寄托对故人的思念。八角亭当年一起编书的同志，倘见此而引起怀念，那么，请你也提笔来写一篇吧！我年老体弱，记忆力衰退，错讹之处必多，望诸同志有以补正之。

1991年9月

后记

2017年夏秋之际，几位老友多次提及李新先生百年诞辰的纪念事宜。11月底，李义彬、邵维正、肖甡、黄修荣和我，齐聚义彬兄府上，商定编辑《李新百年诞辰纪念文集》。邀请撰稿者，一为李新先生生前编书助手：李良志（中国人民大学）、李义彬（近代史研究所）、杨云若（中国人民大学）、杨天石（近代史研究所）、李玉贞（近代史研究所）、耿云志（近代史研究所）、邵维正（解放军后勤学院）、肖甡（解放军政治学院）、姜华宣（北京化工大学）。二是李新先生弟子：陈铁健（近代史研究所）、黄修荣（中央党史研究室）、梁澄宇（全国政协）、潘荣（天津师大）、章百家（中央党史研究室）、汪朝光（世界史研究所），以及李新先生的长子李小丁、四子李大兴。北京大学张注洪、清华大学刘桂生，因年事已高身体欠安，未能如约撰文。

李义彬因突发心梗，于会后二十天遽然谢世。编辑组由邵维正、肖甡、黄修荣、陈铁健分别邀稿、读稿。近代史所王士花研究员，受邀负责收纳电子文稿、打印文稿、统计字数并作技术性编排。

知名出版策划人、老友尚红科先生对本书出版慷慨予以赞助，并与我联名转托金以林兄，恭请年逾米寿的金冲及先生赐序。金先生立即俯允，以十天读完全书文稿，写下精彩序言，所论至允至当，为文集增辉，令吾辈深感荣幸。

编辑组对各位作者来稿，只做些许必要的文字处理；对于来稿内容悉遵作者原意，未做任何改动，文责自负，以昭真实；按年龄高低排列文序。

本书选录李新先生生前回忆数篇，涵盖新中国成立前后中共北方局整风、编写革命史等方面内容，并附简要年表。

山西人民出版社原社长李广洁、编辑王新斐，汉唐阳光编辑李占芾、高正哲，近代史研究所离退休办公室崔军主任，对本书编辑工作，给予积极支持、热心帮助，在此深致谢意。

本书编辑组（陈铁健执笔）

2018年6月20日于北京

图书在版编目（CIP）数据

踏遍荒山罕见松：李新百年诞辰纪念文集 /《踏遍荒山罕见松：李新百年诞辰纪念文集》编辑组编．-- 太原：山西人民出版社，2018.9

ISBN 978-7-203-10530-5

Ⅰ．①踏… Ⅱ．①踏… Ⅲ．①李新（1918-2004）-纪念文集 Ⅳ．①K827=7

中国版本图书馆CIP数据核字(2018)第209800号

踏遍荒山罕见松：李新百年诞辰纪念文集

编　　者：	本书编辑组
责任编辑：	王新斐
复　　审：	贾娟
终　　审：	李广洁
选题策划：	北京汉唐阳光
出 版 者：	山西出版传媒集团·山西人民出版社
地　　址：	太原市建设南路21号
邮　　编：	030012
发行营销：	010-62142290
	0351-4922220　4955996　4956039
	0351-4922127（传真）　4956038（邮购）
E－mail：	sxskcb@163.com（发行部）
	sxskcb@163.com（总编室）
网　　址：	www.sxskcb.com
经 销 者：	山西出版传媒集团·山西新华书店集团有限公司
承 印 者：	北京玺诚印务有限公司
开　　本：	655mm×965mm　1/16
印　　张：	18.75
字　　数：	250千字
版　　次：	2018年9月　第1版
印　　次：	2018年9月　第1次印刷
书　　号：	ISBN 978-7-203-10530-5
定　　价：	56.00元

如有印装质量问题请与本社联系调换